COLLECTION MICHEL LÉVY
— 1 franc 25 cent. le Volume —
PAR LA POSTE, 1 FR. 50 CENT.

CAMILLE BODIN

MÉMOIRES

D'UN

CONFESSEUR

NOUVELLE ÉDITION

PARIS

MICHEL LÉVY FRÈRES ÉDITEURS
RUE AUBER, 3, PLACE DE L'OPÉRA

LIBRAIRIE NOUVELLE
BOULEVARD DES ITALIENS, 15, AU COIN DE LA RUE GRAMMONT

MÉMOIRES

D'UN CONFESSEUR

OUVRAGES

DE

CAMILLE BODIN

Publiés dans la collection Michel Lévy

F. Aureau. — Imp. de Lagny

MÉMOIRES

D'UN

CONFESSEUR

PAR

CAMILLE BODIN

NOUVELLE ÉDITION

PARIS

MICHEL LÉVY FRÈRES, ÉDITEURS

RUE AUBER, 3, PLACE DE L'OPÉRA

LIBRAIRIE NOUVELLE

BOULEVARD DES ITALIENS, 15, AU COIN DE LA RUE DE GRAMMONT

1875

Droits de reproduction et de traduction réservés

MÉMOIRES

D'UN CONFESSEUR

Les aveux faits aux pieds d'un prêtre dans le sanctuaire de la confession, doivent vivre et mourir renfermés au fond de sa pensée ; il doit les y ensevelir et garder le plus inviolable silence : et quand sa bouche a prononcé les paroles qui relèvent le pécheur, il a cessé d'être son juge, et il devient son ami et son guide. Honte donc sur moi, si j'osais écrire un seul des aveux que j'ai reçus, revêtu d'un caractère sacré. Cependant, c'est à ce caractère, dont je suis revêtu, que j'ai dû de recevoir, hors du confessionnal, les confidences d'une famille dont la destinée a tant influé sur la mienne ; et il me semble que je ne commets point une faute en les confiant au papier. De même, je ne crois manquer en rien au secret de la confession en me rappelant ici les réflexions qu'ont fait naître en moi les erreurs de mes pénitents ; et l'étude que j'ai été appelé à faire du caractère et des passions qui les ont entraînés, et qui ont presque toujours amené le crime et le châtiment.

Peut-être aussi, cédant au besoin d'animer et d'occuper mon existence solitaire, et de vivre dans mes souvenirs, me flatté-je à tort d'être utile aux hommes, en leur racontant les malheurs et les fautes de leurs semblables. Hélas! il n'est que trop vrai, l'expérience des autres nous sert bien peu; la nôtre, que nous payons souvent si cher, nous est souvent aussi inutile : le remords n'a pas cessé de nous tourmenter que nous commettons de nouvelles fautes; notre cœur saigne encore d'une douleur, que nous le donnons de nouveau à déchirer; une cicatrice en couvre une autre, et nous arrivons ainsi à la fin de la vie sans avoir acquis le repos et l'expérience après lesquels nous courons toujours.

Avant de parler des autres, je dois m'excuser d'être forcé de parler brièvement de moi : car, quel intérêt pourrait avoir le récit de la vie d'un homme pour qui tout amour, excepté celui de Dieu, fut, non-seulement un crime, mais un ridicule. Cependant, comme j'ai beaucoup souffert, sans me plaindre, on ne lira probablement pas sans quelque indulgence les passages qui me concerneront. Je ne parlerai pourtant de moi que quand ma destinée se trouvera liée à ceux, ou plutôt à celle dont je vais écrire l'histoire.

Je suis le dernier et quatrième fils d'un président au parlement de Rouen. Fruit de la vieillesse de mon père et de l'âge mûr de sa compagne, sans doute l'un et l'autre auraient dû m'en aimer davantage et saluer ma naissance comme on salue la fleur que l'on découvre sous les feuilles flétries de l'automne, comme on salue le dernier rayon du soleil; mais, quand je vins au monde, la santé de mon père était fort mauvaise; celle de ma mère, qui jusqu'alors était restée brillante et robuste, et qui lui avait conservé une beauté remarquable, fut tout à coup détruite; ma naissance lui enleva ses derniers charmes, elle ne me l'a jamais pardonné. Mon frère aîné, qui portait le titre de chevalier, mon père n'était que baron; mon frère aîné devait, suivant la coutume de Normandie, hériter de la plus grande partie de la fortune de mon père et entrer dans la magistrature. Comme tous mes frères, et surtout l'aîné, étaient déjà des hommes, quand je vins au monde, leur caractère était formé et leur carrière arrêtée : ainsi que je l'ai dit, l'aîné devait être magistrat, le second prendre le parti des armes, et le troisième entrer dans les ordres. Ma naissance changea son sort : il fut attaché à une ambassade et obtint un avancement rapide dans la diplomatie. Ainsi que mon second frère, il avait quitté la maison paternelle avant que je fusse né : mon frère aîné fut le seul avec lequel j'eus quelque contact, et je suis forcé de convenir que, dès que je le connus, son caractère m'apparut peu aimable et dénué de toute sensibilité.

L'esprit de mon père s'affaiblissant tous les jours davantage, mon frère restait garçon et le maître du logis, où rien ne se faisait que par sa volonté et ses ordres : hautain, impérieux et violent, il joignait à des défauts qui rendent la vie intérieure insupportable, une si haute opinion de lui-même, des manières de matador si ridicules, que je n'ai jamais pu me le représenter revêtu de la toge et de la simarre ; je me le figurais toujours avec une longue épée, et le poing sur la hanche. Enfin, soit par négligence, soit par la crainte de déplaire à mon frère, qui ne m'avait pas honoré d'un regard à l'époque de ma naissance, on me laissa en nourrice jusqu'à l'âge de six ans.

Une ligne seulement pour bénir l'excellente femme qui me tint lieu de mère! C'était une belle et fraîche Normande, qui me rendit si heureux pendant ces six années, que je ressentis en la quittant une douleur que je n'ai jamais entièrement oubliée, tout enfant que j'étais. Hélas! je ne revis plus ma nourrice.

Mais arrivons à mon retour, ou plutôt à mon entrée dans la maison paternelle.

Ce fut un valet qui vint me chercher chez ma nourrice, ce

fut lui qui me conduisit dans un antique hôtel qui existe encore au sommet d'une rue déserte, à l'angle du boulevard Beauvoisine; un immense jardin l'entoure, et les branches de ses vieux arbres dominent les hautes murailles qui donnent sur la promenade.

Quand j'entrai dans le salon, mon père était couché au fond d'un large fauteuil de tapisserie placé au coin d'une immense cheminée; ses jambes étaient recouvertes d'une sorte de bottes en carton qui les garantissaient de l'ardeur du feu. Mon père avait alors soixante-dix ans, et sa figure prenait une expression particulièrement plus austère de l'immense perruque qu'il ne quittait jamais. Le domestique, qui m'avait conduit et ouvert la porte du salon, s'était retiré; je restai à l'entrée, intimidé, immobile. Enfin, mon père tourna la tête, me vit, et me cria d'une voix aigre :

— Approchez-vous donc, pourquoi n'approchez-vous pas?

Je fis deux pas en avant, le courage me manqua pour avancer davantage : ma mère entra.

— Ah! fit-elle, le voilà donc, qu'il est laid!

Hélas! ma bonne nourrice m'avait pourtant répété bien souvent que j'étais le plus bel enfant du monde.

Ma mère prit dédaigneusement ma main du bout de ses doigts, et me dit en me poussant :

— Embrassez donc votre père.

Je tendis mon petit visage et ne sentis sur mes joues que le frôlement des boucles de la volumineuse perruque de mon père, ses lèvres ne touchèrent même pas mon front.

— Il a l'air d'un paysan, reprit ma mère, il ne faut pas que le chevalier le voie aujourd'hui.

Elle sonna, et, ni ce jour-là, ni bien d'autres encore, je ne reparus près de mes parents. Une femme de charge, assez douce, fut chargée de moi; on m'habilla, et, au bout de plusieurs mois, quand j'eus pris un peu d'usage, on me conduisit au salon. J'y retrouvai mon père, ma mère, et avec eux mon frère, fort irrespectueusement étendu sur un fauteuil de l'autre côté de la cheminée, tandis que ma mère se tenait sur une chaise. Mon frère me regarda avec beaucoup de dédain, me fit tourner de tous les côtés, et s'écria d'un ton important :

— Cet enfant ne pourra jamais réussir dans le monde : il n'a ni tenue, ni figure, ni manières.

Comme on le voit, mon frère jugeait avec beaucoup de prudence, je venais d'atteindre ma septième année.

Dès ce moment, ma famille cessa presque entièrement de me voir; j'étais soigné par la femme de charge, un vieux prêtre venait me donner des leçons d'écriture et de latin, et je ne me trouvais point malheureux. Doué d'une sensibilité réelle, je me sentais un tel besoin d'aimer, que je me mis à aimer Dieu de toute mon âme et avec passion; je devins rêveur et contemplatif; la vue du ciel me causait toujours une joie infinie, je restais à l'admirer des heures entières sans me lasser. Mes plus doux moments étaient ceux que je passais au jardin, où personne ne m'empêchait de courir aussitôt que j'avais pris mes petites leçons. J'éprouvais plutôt de la crainte que du plaisir à la pensée de voir mes parents; cependant, je ne leur en voulais pas, quoique je comprisse le peu de tendresse qu'ils me témoignaient.

Mon caractère était celui d'un enfant, ce qu'il est resté lorsque je suis devenu homme. Fier, timide et profondément sensible, je sentais qu'on était injuste envers moi, je sentais même que cette indifférence d'un père et d'une mère était presque une mauvaise action. Mais je n'éprouvais aucun ressentiment; seulement, bien loin de chercher à rencontrer mes parents, je fuyais leur approche et courais me cacher dès que je les apercevais au jardin. Quant à mon frère, je le voyais souvent sans qu'il m'aperçut; il ne m'inspirait au-

cune sympathie, je dois même avouer que je le trouvais
instinctivement parfaitement ridicule.

Un matin, on m'avertit de me rendre au salon. Depuis six
ans que j'habitais l'hôtel de mon père, c'était la quatrième ·
ou cinquième fois que l'on me faisait cette faveur. Je n'avais
jamais mangé à la table de mes parents, je prenais mes repas
avec la femme de charge.

— Vous avez douze ans, me dit ma mère; nous vous des-
tinons à l'Église, et il est temps que vous entriez au séminaire.

Je gardai le silence.

— Avez-vous entendu, s'écria mon frère, et auriez-vous,
par hasard, quelques objections à faire ?

Ceci fut dit d'un accent ironique. Je le regardai froidement et n'ouvris pas la bouche.

— Parlez donc ! cria ma mère.

— Que répondrai-je, Madame, que je ferai la volonté de
tous, celle de mon frère.

Dire pourquoi je dis *mon frère* m'est impossible, même aujourd'hui. Heureusement, le chevalier ne découvrit qu'une
passive obéissance dans ma réponse; il dit d'un ton satisfait :

— C'est fort bien. Et il ajouta : Puisque nous n'avons personne d'étranger et qu'il part demain, qui empêche qu'il ne
dîne aujourd'hui en famille ?

— Rien, dit mon père. Ma mère fit écho.

— Vous dînerez avec nous, ajouta mon frère d'un air important et protecteur; on vous avertira.

— Je saluai et courus au jardin.

Deux minutes étaient à peine écoulées que j'avais totale-
ment oublié l'entrevue que je venais d'avoir et la faveur dont
je devais jouir quelques heures plus tard. Je ne pensais qu'à
une chose, c'était à l'espoir d'aller revoir ma nourrice; j'espérais qu'on ne me refuserait pas ce bonheur. J'étais dans le

fond du jardin quand on vint m'avertir qu'on allait se mettre à table.

Je ne mangeai presque point, mais je ne montrai aucun embarras ni aucune gaucherie, et le sardonique regard de mon frère fut forcé de s'arrêter sur moi sans moquerie.

Quand le repas fut fini et qu'on fut rentré au salon, je m'approchai de mon père et lui demandai la permission d'aller voir ma nourrice.

— Demandez à madame la baronne, répondit-il en se plongeant dans son fauteuil.

— Demandez à votre frère, dit ma mère.

Je me tournai vers lui.

— Pourquoi faire, me répondit-il, c'est perdre du temps bien inutilement.

Je n'insistai pas, et j'eus la force de retenir mes larmes; je courus pleurer au jardin et dégonfler mon pauvre jeune cœur. Mais, dès ce moment, je sentis une répulsion arrêtée pour les parents qui ne savaient pas aimer leurs enfants.

Le lendemain, j'entrai au séminaire, et ainsi finirent toutes les relations que j'ai eues avec ma famille, qui depuis ne s'est jamais inquiétée de moi. Heureusement, je me fis des amis, heureusement j'aimais Dieu et je rêvais aux anges. Je m'abandonnai beaucoup à la lecture, je lus et relus les Pères de l'Église, l'Histoire des Empires et plusieurs autres livres sérieux. Je réfléchissais beaucoup, j'étais grave sans être triste, et comme je n'avais aucune idée des plaisirs du monde, comme mon cœur et mes sens étaient purs, je n'eus point à souffrir de ces combats dont la lutte est une douleur. Je ne puis pas dire que j'étais heureux, le bonheur ne naît que de la comparaison; mais j'étais calme, mais j'étais persuadé, et je le suis encore, que le calme est le seul bonheur auquel l'homme raisonnable doive prétendre.

Dix ans après mon entrée au séminaire, je reçus les ordres

et heureusement, je crois, pour mon repos et pour me faire trouver ma vie tout à fait convenable : ma constitution, qui avait toujours été délicate, devint tout à fait mauvaise ; je ne sortais d'une douleur que pour en éprouver une autre, et je devins si maigre et si chétif, qu'on s'imaginait que je ne pourrais supporter les fréquentes attaques faites à mon tempérament par la maladie.

Je n'avais point quitté le séminaire où la vie des religieux est parfaitement inutile, je n'étais retenu par aucun lien, même par ceux que l'on forme avec les malheureux, et durant mes longues souffrances je voyais souvent approcher la mort avec une indifférence parfaite.

Je n'avais pas encore trente ans quand j'appris la mort de mon père. Je priai pour lui, mais je ne le pleurai pas ; à cette époque, il m'eût été impossible de pleurer, ma sensibilité était endormie. Je n'étais pas méchant, mais je n'étais pas bon ; je ne pensais qu'à Dieu, et ce n'est point ainsi qu'il veut, qu'il ordonne que sa parole divine soit interprétée. Il ne veut pas seulement qu'on l'adore et qu'on le prie ; il veut qu'on aime les hommes, qu'on les soulage ; il veut qu'on soit utile, enfin, et jusque-là je n'avais été utile à personne. Le séminaire regorgeait de prêtres, on en demandait pour desservir de petites paroisses de village ; je fus nommé à l'une d'elles, ce fut à celle de Melmont en Normandie.

Le village de Melmont, situé entre le Havre et Honfleur, prend son nom d'un magnifique et antique château appartenant depuis des siècles à une noble et très-riche famille. Le supérieur du séminaire me félicita du hasard qui me donnait une cure si belle, si lucrative. Je reçus ses félicitations avec indifférence, et ne m'émus pas davantage quand il m'apprit que mon père m'avait laissé une rente de douze cents livres. Toutes mes sensations étaient si engourdies, j'étais tellement épuisé par les souffrances physiques, tous les sentiments de mon cœur avaient été si complétement refoulés par l'indifférence des miens, que je me croyais insensible. Hélas! je me trompais, j'ai appris à craindre les passions. Pour me les faire mieux comprendre, Dieu m'a châtié, mon cœur n'est pas resté pur comme il devait l'être toujours; j'ai connu enfin ce que c'était que l'agitation qui cause la douleur et les joies coupables.

Mais bientôt ce ne sera plus de moi dont il sera question; cependant, celle dont je parlerai le plus a été l'objet qui me fut le plus cher après Dieu.

Ce fut par une riante et douce matinée du mois de mai que je quittai le séminaire dont je n'étais sorti depuis quinze ans que pour faire, dans les commencements de mon séjour, quelques promenades dans les environs de Rouen, en compagnie des jeunes séminaristes dont je faisais partie.

. Je ne connaissais même pas ma ville natale; le séminaire était placé en dehors de la ville, et nos promenades étaient constamment dirigées du côté le plus solitaire.

J'ai dit que ma famille ne s'était plus occupée de moi, que je ne l'avais jamais revue, que mon père était mort, suivi de près par mère, sans que ni l'un ni l'autre eussent témoigné le désir de m'embrasser. J'ai cherché à expliquer le motif de la cruelle indifférence qu'ils m'ont témoignée, mais je n'en ai jamais reconnu la justice. Était-ce ma faute, à moi, si j'étais né, comme on le répétait dans ma famille, laid, chétif et disgracieux? était-ce ma faute si j'avais fait tant de mal à ma mère? et avais-je demandé à naître?...

Il était assez naturel que les injustes préventions qu'on m'avait toujours témoignées eussent non-seulement froissé ma pauvre jeune âme, mais m'eussent habitué à renfermer en moi-même tout ce que j'éprouvais. Le calus établi sur mon cœur était devenu si épais, je paraissais si froid, si impassible que j'étonnais les plus vieux, les plus graves de nos prêtres. Il est vraisemblable que j'aurais vécu et que je serais mort sans témoigner la plus légère émotion, si je ne fusse sorti du séminaire pour devenir curé de campagne.

Il n'existait point à cette époque de faciles moyens de transport ; ceux qui n'avaient point assez de fortune pour voyager dans leur voiture, allaient à mulet, à cheval ou à pied. Ma santé était trop délicate pour que je pusse voyager de cette manière, et comme je me trouvais à la tête de deux années de la pension que m'avait laissée mon père, je me décidai à retenir une voiture pour moi seul; elle emportait en même temps ma nombreuse bibliothèque.

Je ne sais si j'ai omis de dire que je la devais à un de mes oncles paternels ; comme elle était composée d'ouvrages religieux et graves, elle ne pouvait convenir qu'à moi seul. J'ai perdu ces solides amis, et je les ai bien souvent regrettés.

Je mis huit jours pour faire la route (encore en ayant soin de partir à l'aube) pour me rendre de Rouen au Havre. La vue de la mer me causa non-seulement une grande émotion, mais de plus une profonde terreur; on le comprendra si on veut se souvenir quelle avait été mon existence jusqu'à ce moment.

Il est bien certain qu'à l'âge de vingt-neuf ans, j'étais plus ignorant de bien des choses qu'un enfant de douze qui aurait vécu dans le monde. J'avais passé la moitié de ma vis dans mon lit et l'autre à souffrir doucement et patiemment dans ma cellule; je ne connaissais d'autre consolation que celle de la prière. Souvent abattu et rêveur, j'étais naturellement peu parleur, et persuadé que je ne pouvais plaire à personne, qu'on me souffrait par bonté et par esprit de religion; physiquement je me croyais inférieur à toutes les créatures de mon espèce, mais intérieurement je me reconnaisais des sentiments et des pensées qui relevaient secrètement mon orgueil. Affligé d'une très-grande méfiance de moi-même et d'une timidité souffrante qui m'aurait rendu très-malheureux dans le monde, je bénissais le sort qui devait m'en éloigner pour toujours; je pensais que je ne devais jamais quitter la retraite, et je m'en félicitais.

Comme je l'ai dit, la vue de la mer m'avait produit une impression profonde et terrible : je ne pouvais m'imaginer que, fussé pour sauver sa vie, on se hasardât sur ce profond abîme. Aussi j'appris presque avec un sentiment de joie que du village de Melmont, où était située la cure que j'allais desservir, on ne pouvait découvrir l'Océan : on l'apercevait en plein du haut des fenêtres du château qui dominait le village, et la mer baignait les murailles du parc.

Il me fallut presque une journée entière pour me rendre du Havre à Melmont; c'était une route peu accidentée, et qu'un autre eût sans doute trouvé qu'on parcourait bien lentement. Mais, moi, je ne pouvais me rassasier de la vue de ces campagnes si bien cultivées, des prairies verdoyantes constamment arrosées par de frais ruisseaux; la nature me semblait si riante, si neuve et si riche.

A mesure que j'avançais dans ma route, je me sentais plus fort, plus ranimé. L'air vif et même un peu âcre de la mer opérait en moi une sorte de révolution; il me semblait que j'aimais Dieu avec plus d'ardeur, il me semblait que je pouvais être bon à autre chose qu'à prier; mon âme endormie se réveillait enfin.

A une demi-lieue environ du village que j'allais habiter, mon conducteur prit un chemin qui raccourcissait, disait-il, de beaucoup; il traversa une superbe prairie émaillée de mille pâquerettes. Je ne saurais dire le chagrin que j'éprouvai en voyant les lourdes roues de sa voiture écraser ces jolies petites fleurs. Je demandai au conducteur s'il n'était pas possible de les épargner, quitte à prendre une autre route plus longue.

Il me regarda avec un étonnement où je crus lire de la moquerie.

A la nuit tombante, nous entrâmes au village de Melmont. A la vue, ou plutôt au bruit de la voiture, tous les habitants accoururent sur la porte. A mon habit, ils devinèrent que j'étais le pasteur qu'ils attendaient, et ils se découvrirent avec respect; plusieurs enfants se mirent à courir comme pour me servir de guides. La voiture s'arrêta sur une petite place plantée d'arbres. Au milieu s'élève une petite église gothique dont les arceaux étaient découpés comme une fine dentelle. A côté je vis une modeste maison beaucoup plus basse, elle n'avait qu'un étage; un petit mur à hauteur d'appui, surmonté d'une haie vive formée d'églantiers et de sureau, entourait une jolie cour plantée de quelques tilleuls. Une jeune et robuste fille se tenait dans la cour sans m'adresser la parole.

J'entrai dans le presbytère dont la porte était ouverte; en face de cette porte s'en trouvait une autre donnant dans le jardin; ce jardin, bien planté, paraissait plus grand qu'il n'était réellement, parce qu'il n'était séparé de la campagne que par une haie vive, selon la coutume de Normandie.

J'ordonnai à mon conducteur de dételer ses chevaux et de les conduire à l'écurie.

J'allais descendre dans le jardin pour prendre connaissance de ce qui m'intéressait le plus dans ma nouvelle demeure, quand une vieille femme m'arrêta, et après m'avoir fait dix révérences et adressé autant d'excuses, elle me demanda si je voulais garder sa fille à mon service; elle avait été à celui de mon prédécesseur, qui n'avait eu qu'à s'en louer, durant plusieurs années.

— Ce n'est pas, ajouta la bonne femme, que je ne me sois

déjà précautionnée d'une autre condition pour Catherine, parce qu'on avait répandu le bruit qu'on allait envoyer ici un jeune pasteur ; et alors, je croyais..... mais dès qu'on a changé d'avis, je ne vois plus d'inconvénient à ce que ma fille reste au service de M. le curé.

Ma figure jaune et maigre, mes tempes dégarnies, mes yeux éteints par la maladie, le peu de grâce de mes traits, mon dos voûté, justifiaient parfaitement le jugement que portait de moi la bonne femme. Je n'essayai point de la désabuser, et il fut convenu que Catherine resterait à la cure.

Je ne dormis pas une heure de suite dans la nuit ; ma nouvelle position m'agitait. Je n'avais connu jusqu'ici l'insomnie que par suite de douleurs physiques, et dans ce moment je ressentais une agitation morale qui me rendait mon lit insupportable. Je me levai au point du jour et entrai dans l'église par une petite porte qui donnait dans ma cour ; j'y priai avec une ferveur qui me sembla bien douce, et quoique j'eusse passé une très-mauvaise nuit, je me sentis plus de vigueur que de coutume. Je rentrai chez moi, je me mis à feuilleter des livres de notes qui étaient parfaitement tenus par mon prédécesseur ; il m'avait laissé une excellente marche à suivre. Je me promis, non de faire mieux, mais de faire aussi bien.

Je me fis un plan de conduite dont je me promis de ne pas m'écarter. J'étais accoutumé à une excessive sobriété, je résolus de ne pas changer d'habitude ; par conséquent, il me resterait beaucoup à donner aux autres, car j'étais riche pour un curé de campagne.

Quoique le village de Melmont ne renfermât point précisément de pauvres, il y avait encore bien des malheurs à soulager. Le château n'était point habité depuis quelques années ; il n'y avait donc eu que mon prédécesseur pour

s'occuper des habitants du village; il donnait ce qu'il pouvait donner, mais il possédait bien peu.

Quoique j'eusse presque l'apparence d'un vieillard, au
bout de quelques semaines mes jambes s'accoutumèrent à
l'exercice, et je fis de fréquentes visités à mes paroissiens.

Depuis longtemps, le curé que je remplaçais avait été
obligé de renoncer à prêcher; c'était une grande privation
pour ces bons paysans, qui suspendent pour ainsi dire leur
attention aux lèvres de leur pasteur pour y recevoir l'instruction qui dirige et console; le prêche est aussi au village la
plus grande distraction. Dès les premiers jours de mon arrivée, on attendait un sermon de moi, c'est-à-dire depuis un
mois, et je ne me sentais pas encore le courage de monter
en chaire. J'avais su vaincre ma timidité pour faire un peu
de bien, mais à la seule idée de formuler ma pensée, d'arranger des phrases et de les jeter à une assemblée du haut
d'une chaire, une sueur froide me saisissait, et mon cœur,
plein de bons sentiments, ne trouvait pas une parole pour
les exprimer. Quand j'étais seul, je me croyais du courage,
et tous les samedis je me disais : je prêcherai demain.

J'avais composé des sermons que je trouvais bons, non d'é-
loquence, mais de maximes saines et utiles; je ne les écrivais
pas sans que mes yeux ne se remplissent de larmes. L'apathie qui m'avait enveloppé si longtemps se soulevait peu à
peu, excitée par l'humanité, la vue de mes paroissiens; j'a-
vais un extrême désir de les rendre plus heureux et par conséquent meilleurs. Je comprenais que la mission du pasteur
n'était pas seulement de prier, et à mesure que mon âme se
relevait, ma tête abattue se relevait aussi, et tout en moi,
jusqu'à ma taille courbée, reprenait quelque vigueur.

Enfin, je me décidai à prêcher.

Il existait, à cette époque, dans le village de Melmont, un
ménage désuni. La femme s'était retirée depuis peu chez son

père; le mari gardait les enfants et ne voulait même pas
qu'ils vissent leur mère. La femme, cependant, n'était coupable que d'imprudence, et le mari montrait trop de sévérité.
Je leur avais parlé à chacun en particulier, sans pouvoir
parvenir à les rapprocher; ils ne se voyaient qu'à l'église,
et de loin seulement la pauvre mère pouvait apercevoir ses
enfants. Je composai mon sermon de façon à faire ressortir
la plus belle vertu du Christ, l'indulgence, qui ne juge point,
qui pardonne. Je rappelai avec douceur les mutuels égards
que se doivent des époux; je peignis la douleur d'une mère
séparée de ses enfants. Tous les yeux se remplirent de larmes : comment en aurait-il été autrement, les miens en
étaient baignés. Ce foyer de sensibilité qui vit au fond d'un
cœur bien placé, et qui avait dormi si longtemps au fond du
mien, se réveilla; le besoin de faire du bien se développa
chez moi avec passion, et toute passion généreuse est entraî-
nante.

En cherchant des yeux le mari et la femme qui m'avaient
inspiré, j'aperçus, occupé, le banc seigneurial, ordinairement
désert. Si j'avais fait cette découverte au moment de monter
en chaire, il est vraisemblable que je n'aurais pu me décider
à prêcher; mais dans cet instant j'étais animé par mon sujet,
ému par l'effet que j'avais produit, et enfin arrivé à cet état
d'exaltation qui fait taire les souffrances et la timidité de
l'orgueil. Je poursuivis donc mon discours sans me préoccuper davantage des personnes qui siégeaient au banc seigneurial.

En descendant de ma chaire, j'eus le bonheur d'apercevoir
ensemble les deux époux à l'intention desquels j'avais prêché. Ils tenaient chacun un de leurs enfants par la main et
paraissaient réconciliés. Ils venaient à moi, quand tout à coup
ils s'arrêtèrent, et tout le monde se rangea pour laisser passer
une femme d'une taille haute et majestueuse. Son regard

froid et hautain semblait commander le respect et la crainte.

— Monsieur le curé, me dit-elle avec cette expression altièrement polie qui ressemble toujours à une protection, monsieur le curé, je suis arrivée cette nuit au château avec ma fille, et notre premier devoir a été de venir ce matin entendre la sainte messe. Je savais que nous possédions un nouveau pasteur, mais je ne m'attendais pas à entendre prêcher avec autant d'éloquence et de conviction ; je ne m'attendais pas à entendre une parole aussi choisie, aussi élégante.

Je tremblais de tous mes membres, et je craignais de ne pas avoir la force de répondre. C'était la première fois qu'une voix de femme, pour me dire des paroles flatteuses, s'adressait à moi. Ces paroles venaient de chatouiller à la fois mon orgueil et mon cœur. Ah ! que la louange est agréable et dangereuse pour l'homme même qui s'en reconnaît indigne! avec quelle pénétrante perfidie elle s'infiltre dans tous nos sens !

—Monsieur le curé, continua madame de Melmont, quand j'habitais cette terre, où je ne suis pas venue depuis quatre ans, votre prédécesseur me faisait l'amitié de venir dîner tous les dimanches au château, j'espère que vous suivrez son exemple. S'il est nécessaire, j'irai vous répéter mon invitation au presbytère.

— Ce serait une faveur dont je n'ai pas besoin pour vous obéir, madame la marquise, répondis-je en m'inclinant ; mais j'aurai l'honneur de vous faire observer que je suis un véritable curé de campagne, bien indigne de jouer un rôle dans une société aussi brillante que la vôtre.

— C'est ce dont je veux être juge moi-même, me répondit en souriant la marquise ; ainsi donc aujourd'hui, à trois heures, je vous attends.

Et passant son bras sur celui d'un très-bel homme déjà

âgé, qui s'était tenu à quelques pas, la marquise s'éloigna suivie de deux autres femmes que je pus alors considérer.

L'une était assez âgée, et n'avait rien de remarquable qu'une grande distinction; l'autre, si jeune et si belle que, quoiqu'elle ressemblât beaucoup à sa mère, madame de Melmont, elle l'effaçait entièrement. Cette jeune personne marchait la tête baissée, et une sombre et amère expression voilait ses beaux traits; elle ne me remarqua pas, elle ne regardait personne.

Après vêpres, je pris la route du château. Je n'avais jamais poussé mes promenades jusque-là, ayant eu beaucoup à faire dans le village et dans mon enclos; mais j'avais remarqué de loin sa magnifique situation et l'étendue des bois qui l'environnaient. On prétendait qu'il fallait bien des heures pour faire le tour des murailles qui entouraient cette superbe propriété. Quand je fus au milieu d'une longue et double avenue de peupliers d'Italie, d'une hauteur et d'une grosseur prodigieuses, je découvris, derrière une magnifique grille dorée, le château de Melmont. Il étalait sa large façade, flanquée de tourelles à chaque coin; devant le château se déroulait une immense pelouse bordée de caisses d'orangers qui commençaient à fleurir; un large perron, formé de pierres blanches comme du marbre, et entouré d'une balustrade sculptée, conduisait à un vaste vestibule. J'y trouvai une foule de laquais en grande livrée; ils me firent traverser plusieurs pièces avant de m'annoncer à la porte du salon où se trouvait madame de Melmont.

Elle avait changé de toilette. A cette époque, Marie-Antoinette avait déjà apporté beaucoup de simplicité dans la mise des femmes; la marquise était donc fort simplement habillée, et cependant elle me parut encore plus digne et plus majestueuse. A côté d'elle était assise la dame âgée que j'avais vue le matin. La personne qui lui avait donné le bras

se tenait penchée sur son fauteuil ; mademoiselle de Melmont, debout près d'une fenêtre qui ouvrait sur le parc,
tournait le dos au reste de la société. Elle paraissait tellement absorbée, qu'elle ne m'entendit point annoncer et ne
bougea pas.

— Mademoiselle, dit la marquise d'une voix impérieuse,
est-ce que vous ne daignerez pas nous honorer de votre attention, et vous unir à nous pour souhaiter la bienvenue à
notre nouveau pasteur ?

Mademoiselle de Melmont se retourna, me salua sans parler, et s'assit très-loin de sa mère. Je devinai qu'elle était
très-malheureuse.

Je n'aurai pas de peine à faire comprendre l'extrême embarras que j'éprouvais. Je n'étais jamais allé dans le monde,
jamais surtout je n'avais échangé la moindre parole intime
avec une femme, et, pour mon début, je me trouvais en présence de trois femmes du monde qui devaient être fières de
leur rang, de leur beauté et de leur naissance. Ce qui augmentait aussi mon embarras, c'était la présence de ce gentilhomme, dont la bouche me semblait railleuse. Puis il y
avait là, devant moi, une jeune fille qu'on traitait durement,
et je m'en voulais de ce que ma présence lui eût attiré une
réprimande aussi acerbe. Mais les personnes bien élevées et
haut placées savent bientôt vous mettre à l'aise ; d'ailleurs,
par quelques mots que me dit la marquise, je compris
qu'elle savait parfaitement qu'elle ne recevait point à sa table
un pauvre curé sans naissance, elle appuyait avec trop d'affectation sur la noble particule qui précédait mon nom. Je
m'en souvins peut-être aussi un peu trop moi-même, et je
repris assez d'assurance pour soutenir la conversation.

Elle roula, durant le dîner, sur le village de Melmont et
sur ses habitants. Mademoiselle de Melmont, à qui j'entendis
donner le nom d'Herminie, n'y prit point de part et ne fai-

sait même aucun effort pour cacher sa sombre tristesse. La
vieille dame, amie de la maison, me parut un de ces esprits
caustiques et inquisiteurs, qui ne se décident pourtant à devenir méchants que quand on leur refuse sa confiance et
une sorte d'autorité dans les affaires des autres. Ses regards
malins, curieux, s'arrêtaient tantôt sur madame de Melmont
et tantôt sur sa fille : mais elle les ramenait avec insistance
et moquerie sur le baron de Martigues, c'était le nom du
gentilhomme qui était présent. Quant à moi, chétif, elle ne
m'honorait pas d'une grande attention, pensant sans doute,
avec raison, qu'un prêtre obscur et simple d'esprit, comme
je paraissais l'être, n'était pas fait pour jouer un rôle important dans la société où il se trouvait introduit par circonstance. Cette dame paraissait fort intime dans la maison et se
nommait madame de Vernandé.

Après le dîner, durant lequel elle soutint la conversation
avec beaucoup d'esprit et de gaieté, on passa au salon pour
prendre le café ; M. de Martigues paraissait soucieux.

Le soleil ayant perdu de sa force, la marquise prit mon
bras d'un côté, et faisant de l'autre main un signe sévère à
sa fille pour qu'elle acceptât celui du baron, nous descen-
dîmes dans le parterre qui s'étendait devant toute la façade
de ce côté du château. J'aurais été bien heureux si j'avais eu
la liberté d'admirer seul les longues allées qui bordaient ce
parterre, les jaillissantes fontaines qui jetaient sur les fleurs
leur pluie éblouissante, et tout ce luxe inventé par l'art à
qui la nature venait si généreusement en aide. Mais je marchais, contraint et embarrassé, à côté de ces deux dames,
sans trop savoir quel langage tenir à ces brillantes femmes
du monde. Je pris, je crois, le parti le plus sage, ce fut de
garder le silence, la marquise le rompit par ces mots :

— Monsieur le curé, avant mon départ de Paris, on m'a-
vait appris qu'on avait envoyé à Melmont, non-seulement

un prêtre capable de remplir la sainte mission qui lui était confiée, mais encore un homme bien né, et que par conséquent je trouverais en lui un pasteur digne de confiance, en même temps qu'un homme qui comprendrait la position et les droits d'une femme de mon rang.

Je m'inclinai. La marquise reprit :

— J'arrive au fait, Monsieur. Ma fille et moi, nous remplirons nos devoirs de religion ; son âge exige qu'elle y mette plus d'exactitude, et c'est dans leur accomplissement, Monsieur, que votre mission sacrée peut m'être extrêmement utile. Je veux marier ma fille de bonne heure, de suite même. Elle m'oppose sa jeunesse, son inexpérience, la différence d'âge qui existe entre elle et le mari que je veux qu'elle accepte ; enfin elle me résiste, elle ose me résister. Et c'est ici, monsieur le curé, que votre concours peut prévenir une désobéissance qui me rendrait plus que sévère. Je compte sur vos conseils, sur votre autorité. Mademoiselle de Melmont se présentera à votre confessionnal ; je veux que vous ordonniez l'obéissance à cette fille rebelle, ou bien je...

— Madame, interrompis-je respectueusement, mais avec une énergie dont je me croyais déshérité, Madame, la mission d'un prêtre, d'un confesseur surtout, est de conseiller à chacun les vertus de son état : mademoiselle votre fille doit vous obéir ; mais vous, Madame, vous ne devez rien exiger de contraire à son bonheur. Si sa répugnance, pour le mariage que vous lui proposez, est fondée sur des motifs raisonnables, il faut l'entendre avant de la condamner ; s'ils ne le sont pas, il faut tâcher de la ramener en lui montrant de la tendresse et de la douceur.

La marquise s'arrêta tout à coup, et me regardant avec hauteur, elle s'écria :

— Ainsi, Monsieur, si j'envoyais ma fille à votre confessionnal, au lieu de lui donner de bons conseils, au lieu de lui dire qu'il faut qu'elle m'obéisse sans réflexion, comme sans murmure, au lieu de lui annoncer que vous ne lui donnerez pas l'absolution de ses fautes si elle résiste à sa mère, vous...

— Ma chère, interrompit madame de Vernande, comme pour me sauver l'embarras de répondre, vous continuez à suivre une mauvaise route; vous voulez agir par l'autorité, par la violence, tandis que vous réussiriez cent fois mieux par l'adresse et par la douceur. Essayez d'un moyen : gardez votre fille six mois, un an, s'il le faut, dans cette terre; qu'elle n'y voie personne, qu'elle s'y ennuie profondément, et elle cédera, j'en suis certaine. L'ennui, voyez-vous, est une grande puissance; c'est peut-être la chose qui éteigne plus sûrement l'amour.

Car voilà le grand mot lâché, continua madame de Vernande, en se tournant vers moi. Mademoiselle Herminie ne veut pas épouser le baron, parce qu'elle a de l'amour pour un autre plus aimable.

Je sais bien, ma chère marquise, que vous allez encore me répéter que je n'ai pas le sens commun, c'est que vous y mettez de l'entêtement; car vous savez bien qu'une jeune fille ne refuse le mari qu'on lui propose, que parce qu'elle en aime un autre.

— C'est impossible! s'écria la marquise avec humeur, déjà bien des fois vous êtes revenue sur cette absurde supposition; Herminie n'est sortie du couvent que pour venir chez moi, où elle n'a vu personne. Vous savez qu'elle ne paraissait jamais dans mon salon, il est donc impossible...

— Heim! heim! interrompit madame de Vernande, il y a bien des choses invraisemblables qui sont fort possibles. Mais enfin, essayez de suivre mon conseil, traitez la doucement et laissez-la s'ennuyer, vous verrez.

— Ma fille ira à votre confessionnal dès demain, reprit la

marquise, je m'en rapporte à votre caractère, à votre probité, Monsieur ; mais, quant à son mariage avec le baron de Martigues, je n'y renoncerai pas, il faut qu'il se fasse.

Je m'inclinai avec un respect mêlé de terreur et de répugnance. Nous rentrâmes dans le parterre dont nous nous étions un peu écartés ; mademoiselle de Melmont s'y promenait toujours, tristement appuyée sur le bras de M. de Martigues. Il lui parlait avec chaleur, elle l'écoutait avec impatience et ne lui répondait pas. Quand nous fûmes rapprochés, elle jeta sur sa mère des regards suppliants, contraints et irrités. Ses regards m'émurent et m'étonnèrent ; mais madame de Melmont, loin d'en paraître touchée, y répondit par une expression plus sévère et plus inexorable.

Nous rentrâmes au château, et je me disposais à me retirer, quand la marquise, prenant sa fille par la main, et m'attirant dans une embrasure de fenêtre, me dit d'une voix basse et brève :

— Mademoiselle ira demain vous trouver au confessionnal, Monsieur, j'espère qu'elle en sortira raisonnable et obéissante. Elle retrouvera alors en moi tous les sentiments de tendresse qu'elle m'a forcée de lui retirer.

Je m'inclinai et répondis :

— Madame, j'attendrai demain mademoiselle de Melmont au confessionnal ; il ne tiendra pas à moi que la paix et l'union ne renaissent entre vous.

Mademoiselle de Melmont me fit une profonde révérence, mais ne leva pas les yeux, et je sortis.

Le soirée était magnifique, le soleil tomba tout à fait lorsque je n'étais encore qu'à moitié de la grande avenue de peupliers. Alors des milliers de lucioles éparses sur le gazon se mirent à voltiger, et semblaient lutter avec les étoiles du ciel. Je n'avais jamais rien vu de si beau ; car de ma vie encore je n'avais passé une soirée dans la campagne. De chaque côté de l'avenue s'élevaient des massifs d'arbustes, chargés de lilas et de seringas; ils jetaient dans l'air leurs parfums odoriférants. Je marchais doucement et avec une volupté qui m'avait été jusque-là inconnue; il me semblait que mon esprit s'était ouvert à des sensations extraordinaires; mon cerveau brûlait; ce calme si monotone que j'avais éprouvé jusque-là, qu'était-il devenu?

Je levai les yeux au ciel comme pour le remercier d'avoir fait la terre si magnifique et si majestueuse. Il me semblait qu'il s'y trouvait des jouissances qui m'avaient été jusque-là inconnues.

L'agitation que j'éprouvais me faisait souffrir, et pour rien au monde je n'aurais voulu qu'elle cessât. Ah! si ce que je ressentais était un crime, qu'on songe, pour m'excuser, que je ne connaissais rien du monde, de ses exigences ni de ses passions; et je puis assurer que j'avais conservé le caractère et l'âme d'un enfant dans le corps d'un homme déjà vieux. Car je l'ai dit, j'étais chétif, mal portant, laid, et au premier abord on pouvait me donner vingt ans de plus que je n'avais. Et c'était tout à coup, sans préparation, que je venais d'être introduit dans une élégante société de femmes, de femmes titrées, belles, fières, dédaigneuses; et j'allais devenir le confesseur d'une jeune fille qui allait sans doute m'initier à des douleurs, à des fautes nées de passions exaltées. Qui sait si en lui parlant des dangers qu'elle courait, je n'appesantirais pas trop ma pensée sur des délices que je ne devais jamais connaître. Ces réflexions, ces craintes, ouvraient un vaste champ à mon imagination; mon sang qui, jusque-là, avait circulé si lentement, s'agitait dans mes veines. J'avais peur de la nouvelle route qui s'ouvrait devant moi, je ne me croyais ni la force, ni l'intelligence nécessaires pour ne pas m'y égarer. Je me sentais si maladroit, si peu fait pour jouer un rôle quelconque dans la vie, que j'éprouvai tout à coup un insurmontable désir de ne plus revoir ces dames. J'aurais donné beaucoup pour que mon presbytère se trouvât dans un désert.

Cette timidité, c'était de l'orgueil. A force d'y réfléchir, je me l'avouai; j'étais mécontent de n'avoir qu'un rôle secondaire à jouer dans ce monde où je venais de m'introduire. Je me disais qu'on ne me croyait bon qu'à sermonner une jeune fille et à la ramener à son devoir. Mais cette jeune fille n'avait pas seulement daigné lever les yeux sur moi... Qu'étais-je en effet pour elle, si ce n'est un vieux curé de campagne, qu'on avait envoyé à des paysans pour les baptiser, les sermonner et les marier. Ma vie était marquée ainsi; je ne devais pas m'en détourner, car on ne m'avait pas jugé digne d'être bon à autre chose. Qui le croirait? sous ce beau ciel bleu, étoilé, où se révélait la puissance de Dieu, je conservai pendant plus d'une heure ces mauvaises, ces atroces pensées; je commis pendant plus d'une heure le péché de l'envie. Oh ! que j'aurais voulu être un beau jeune homme, riche, brillant; que j'aurais voulu qu'on pût s'arrêter un moment à la pensée que je pourrais devenir le rival du baron de Martigues. Honte sur moi! j'étais prêtre, et je l'oubliais.

Dans mon trouble, je ne pris pas la route qui conduisait chez moi; je ne sais comment je me trouvai dans un des massifs qui bordaient l'avenue; je descendis par un petit chemin au fond d'un vallon tout entouré de rochers. Du haut de l'un d'eux s'élançait une cascade; la lune se leva alors et fit brillanter de mille facettes cette masse d'eau qui tombait sur un lit de mousse entouré de fleurs plus charmantes les unes que les autres. La *belladona*, au calice vermeil comme une cerise, la fleur d'*aconit*, azurée ainsi que le plus beau ciel, et puis la mélancolique *pervenche*, montaient aux arbres qui ombrageaient la cascade des grappes de clochettes aux mille

couleurs; le chevrefeuille sauvage y mêlait ses tiges flexibles :
ce lieu était si délicieusement solitaire, qu'il était impossible
de ne pas y revenir à la pensée de Dieu. Je me jetai à genoux,
je trempai le bout de mes doigts dans l'eau de la cascade et
je fis le signe de la croix.

Un calme salutaire et adorable rentra dans mon âme: Dieu
sans doute avait béni cette eau pour purifier mes sens et
ma pensée.

Je rentrai chez moi extrêmement fatigué, et même affaibli, cependant sans éprouver aucune souffrance; mon
sommeil fut court, comme de coutume, mais profond et salutaire. Pourtant, quand je me levai, Catherine me demanda
si j'étais plus malade, et quand j'entrai à l'église pour le
service du matin, je remarquai que mes paroissiens me regardaient avec inquiétude et étonnement.

'avais encore vieilli.

Ah! que serais-je donc devenu si j'étais resté dans le
monde! Comme les passions m'eussent brisé, puisque seulement le contact de celles des autres produisait sur moi un
effet si étrange?

Madame la marquise de Melmont m'avait averti que sa fille
viendrait à mon confessionnal dans la matinée. Je me hâtai,
après la messe, de rentrer chez moi pour prendre une légère
réfection; à peine avais-je fini qu'on vint m'avertir qu'on
m'attendait à l'église.

L'équipage de mademoiselle de Melmont était resté sur la
place, devant l'église, où j'entrai par la petite porte qui, du
presbytère, donnait dans la sacristie, et j'allais marcher droit
vers mon confessionnal, quand mademoiselle de Melmont
s'avança rapidement vers moi.

—Pardon, me dit-elle, Monsieur; mais ce n'est pas au

confessionnal que je désirerais vous parler. Si vous le permettez, ce sera dans la sacristie ou chez vous.

Je rentrai dans la sacristie, je fis respectueusement signe à mademoiselle de Melmont de s'asseoir sur un banc ; mais elle préféra rester debout, appuyée contre le dossier.

J'osai alors lever les yeux sur elle : sa charmante tête blonde était à demi cachée dans une calèche de taffetas noir au bord de laquelle tombait une large dentelle. Elle la repoussa derrière sa tête : ses beaux cheveux à demi défrisés tombaient sur son cou. Elle était belle, et ses yeux, mouillés de larmes, rayonnaient cependant de fierté et de résolution.

— Monsieur, me dit-elle d'une voix brève, madame la marquise vous a dit hier que je viendrais chercher près de vous les consolations de la pénitence ; il eût été inutile de résister à son autorité, à son autorité qu'elle fait respecter, dût-elle briser toutes les destinées. Mais je ne suis point une hypocrite, Monsieur, et, le cœur rempli d'un secret que je ne veux point confier, je ne viens pas vous arracher un pardon en vous cachant mes fautes. Je ne veux point me confesser.

— Vous êtes parfaitement libre, Mademoiselle, parfaitement libre de vous refuser à vous-même les consolations que vous trouveriez, j'en suis sûr, dans la religion. Je désirais votre confiance dans l'espoir de vous faire quelque bien ; mais je n'ai ni le droit ni l'intention de l'exiger.

— J'espérais cette réponse, reprit-elle avec plus de douceur ; cependant, que dirai-je à madame de Melmont, que lui direz-vous vous-même, Monsieur, si elle vous interroge, si elle vous demande ce que...

— Madame votre mère ne peut espérer que je trahisse les secrets du confessionnal, elle ne peut m'interroger sur eux.

— Ainsi, vous ne lui direz point que je ne me suis pas approchée du tribunal de la pénitence ?

— Si elle me le demande, je ne puis mentir.

— Et moi ! s'écria-t-elle, et moi, si vous m'accusez, je suis
perdue !

— Mon Dieu ! que puis-je faire ? répondis-je avec anxiété :
madame votre mère désire que vous lui obéissiez et que vous
épousiez M. le...

— Ah ! ceci est impossible, interrompit-elle avec résolution ; je le voudrais que je ne le pourrais pas. Et elle tomba
les mains jointes, le visage baigné de larmes, sur le banc
contre lequel elle était appuyée. J'étais vivement ému, et,
m'asseyant près d'elle, je lui dis doucement :

— Mon enfant, il ne faut désespérer ni de Dieu, ni de
soi-même : je ne tromperai pas madame votre mère ; mais je
lui dirai ce qui est vrai, c'est que je vous ai conseillé d'attendre quelques jours avant de vous approcher du tribunal
de la pénitence. Jusqu'à ce moment qui arrivera, je l'espère,
plus tôt que vous ne le pensez vous-même, réfléchissez si
vous ne trouveriez pas quelque douceur à me confier vos
douleurs, vos fautes même.

— Écoutez, interrompit mademoiselle de Melmont avec
véhémence, écoutez, je ne veux pas vous tromper : ce n'est
pas seulement parce que je rougirais de dire mes fautes, mais
parce que, de tous les sacrements institués par les hommes,
c'est celui de la Pénitence que je trouve le plus absurde.
Quoi ! venir confier à un étranger, dont on ne connaît ni
l'âme ni le caractère, les secrets qu'on ne laisserait pas
échapper en présence d'un ami ! Quoi ! donner à un inconnu
le droit de vous mépriser !

— Un ministre de Dieu ne peut ni ne doit mépriser personne, et il me serait facile de vous prouver combien sont
faux vos raisonnements.

— C'est possible, reprit-elle avec une agitation fébrile ;
mais je vous l'ai déclaré, je ne me confesserai pas.

Je levai, sur les siens, mes yeux remplis de tristesse ; car je sentais que j'aurais donné bien des années de ma vie pour qu'elle sortît de la route dangereuse où je la voyais se lancer, et je demandais mentalement à Dieu des paroles pour la convaincre.

— Vous me plaignez, reprit-elle, je le vois. Vous obtiendrez de ma mère qu'elle ne me force point à ce mariage; et si vous ne réussissez pas, je me tuerai, oui, je me tuerai !

— Ah ! m'écriai-je, en êtes-vous donc déjà arrivée à ne savoir échapper au malheur que par le crime? Vous me semblez une personne, je le vois, chez qui l'imagination a devancé les années, mais vous comprendrez facilement la simplicité de la mienne ; vous comprendrez que je dois craindre que mes efforts pour convaincre madame votre mère soient inutiles. Quel empire, en effet, pourra prendre sur elle un homme qui ne lui a été recommandé par aucun acte sérieux, un jeune prêtre qui...

A cette expression de jeune prêtre, mademoiselle de Melmont tourna les yeux vers moi. Pour la première fois, elle les y arrêta avec quelque attention; je me sentis rougir. Pourquoi avais-je dit cette phrase? pourquoi avais-je repoussé, avec une sorte de prétention, ce manteau de vieillesse qu'on avait prématurément jeté sur moi sans que jusqu'ici j'eusse pensé à m'en offenser?

— Vous êtes jeune, en effet, me dit mademoiselle de Melmont, je n'avais pas pensé, je n'avais pas remarqué...

— Non, Mademoiselle, non, m'écriai-je, je ne suis point un jeune homme, ne voyez-vous pas à mes traits flétris, à mes yeux abattus, que je ne le suis plus, ou plutôt que je ne l'ai jamais été? Mais il me vient une espérance : pourquoi ne m'adresserais-je pas plutôt à M. le baron de Martigues ? il ne peut désirer de vous obtenir malgré vous...

— Gardez-vous-en bien ! s'écria-t-elle, il m'aime, et vous ne savez pas combien l'amour rend personnel et cruel.

Elle avait raison, j'étais bien peu habile à m'expliquer les passions ; il me semblait cependant que celle de l'amour devait rendre plus généreux, plus dévoué.

— Oui ! oui, il serait tout à fait inutile de parler au baron, reprit-elle, et je ne sais plus à qui m'adresser. Ah ! je suis bien à plaindre.

Et elle cacha sa belle tête dans ses mains et pleura, avec tant d'amertume et de désespoir, que je me mis à la consoler sans trop savoir ce que je lui disais, ce que je lui promettais, je sais seulement que je finissais une phrase par ces paroles :

— Je ne vous abandonnerai pas, et si vous ne pouvez obéir.

— Elle obéira, prononça une voix dure et sévère ; elle obéira !...

Mademoiselle de Melmont et moi nous nous retournâmes avec effroi, et nous nous trouvâmes en face de la marquise. L'expression de sa figure était effrayante de hauteur et de colère.

— Elle obéira ! je le veux, répéta la marquise ; elle va le jurer devant vous, ministre de Dieu, devant le Christ.

Et d'une main à qui la rage prêtait une force extraordinaire, elle fit glisser sa fille à genoux et l'y retint impérieusement.

— Jurez devant ce prêtre, devant cette croix, répéta la marquise en me désignant, et en montrant un modeste crucifix de bois attaché dans la sacristie ; jurez, je le veux.

— Non ! non, répondit avec force mademoiselle de Melmont ; non ! je ne jurerai pas.

La marquise leva les bras pour maudire sa fille ; j'osai retenir ce bras en la conjurant de se calmer.

— Elle jurera ou je la maudirai, reprit cette terrible femme.

— Qu'importe, s'écria Herminie, parvenant à échapper à

la marquise, qu'importe la malédiction d'une mauvaise mère. Descendez dans votre cœur, Madame, et vous vous trouverez face à face de l'indigne sentiment qui vous rend implacable envers moi.

En parlant ainsi, elle s'était réculée de quelques pas et semblait défier sa mère. C'était une chose à la fois effrayante et douloureuse que la vue de ces deux femmes, que tant de sentiments tendres et sacrés devaient unir, échangeant des paroles haineuses et des regards furieux, et tout cela devant un ministre de Dieu, devant l'image du Christ!...

Vainement j'avais essayé de leur rappeler leurs devoirs mutuels ; et lorsque cette horrible scène fut finie, et que je me ressouvins de tout ce que j'avais osé dire, je m'étonnai de la hardiesse avec laquelle je m'étais exprimé.

Enfin, la marquise saisit sa fille par le bras, et se tournant vers moi, elle me dit :

— Monsieur, je vous ai entendu soutenir la rébellion d'une fille indigne du nom qu'elle porte, et je vous retire la confiance que je vous avais si imprudemment accordée.

Mademoiselle de Melmont me jeta un regard reconnaissant, qui me fit supporter cette humiliation devant laquelle je m'inclinai sans essayer de me justifier.

Hélas ! il eût été bien heureux pour moi que mes relations avec cette famille cessassent à l'instant même.

J'avais tout lieu de croire à cette époque que les choses se passeraient ainsi, et je dois avouer, car je ne veux rien dissimuler, que la pensée de savoir mademoiselle de Melmont dans la position affreuse où elle se trouvait, me rendit pendant plusieurs jours incapable de me livrer à mes occupations habituelles, je ne pouvais me tenir en place ; j'accomplissais avec distraction les devoirs qui autrefois me rendaient heureux ; je ne faisais qu'aller du presbytère à la sacristie et de la sacristie au presbytère, en ayant toujours devant les yeux la belle et pâle figure d'Herminie; et le soir, quand je voulais m'occuper d'arroser mes fleurs, je ne pensais qu'à celles qui s'épanouissaient dans le parterre du château.

Ai-je besoin de rappeler, pour qu'on comprenne l'étrange état de mon esprit, quelle avait été ma vie jusqu'à ce moment : j'arrivais devant les agitations du monde comme l'enfant qui n'a jamais marché arrive en face d'une route remplie de ronces et de fleurs, effrayé à la vue des unes, attiré par l'attrait des autres. Quoique je me répétasse que je ne devais jamais connaître les passions ni même avoir à lutter avec elles, du moment que je fus ébranlé par la connaissance de leurs dangers, et devinant peut-être leur entraînement rempli de charmes, je me sentis plus parfaitement heureux, car je ne me sentis plus parfaitement content de mon sort.

Quatre dimanches s'étaient écoulés depuis celui où madame de Melmont avait paru à l'église, quatre dimanches pendant lesquels elle et sa fille se dispensèrent d'assister à la messe; ce qui n'était jamais arrivé à la marquise quand elle habitait sa terre. On savait parfaitement, car tout se sait, qu'après avoir reçu une invitation pressante et remplie de politesse et avoir dîné au château, je n'y retournais plus.

Cette circonstance, qu'on n'expliquait pas d'une manière favorable pour moi, produisit une fâcheuse impression sur l'esprit de mes paroissiens. Nous marchions à pas de géant vers une époque où l'on voulait renverser la noblesse et l'autel; et quoique les habitants du village de Melmont s'occupassent peu encore de ce qui se passait à la cour, ils en savaient cependant assez pour subir l'influence des nouvelles idées qu'on cherchait à répandre dans le peuple.

Je sus donc, par ma gouvernante et par sa mère, qu'on faisait des réflexions peu convenables sur la cessation si prompte de mes relations avec le château. Elles ajoutèrent qu'on s'apercevait aussi parfaitement de ma préoccupation à l'heure du prêche; elles n'osèrent dire à l'heure du sacrifice de la messe.

Dieu permettait, en effet, qu'à cet instant je ne m'occupasse que de lui.

Les paysans, que je croyais si simples, si naïfs, l'étaient moins que moi, et je n'avais pu dérober à leur malignité ma préoccupation involontaire; ils prétendaient que je n'avais plus retrouvé la même éloquence, la même onction depuis le jour où j'avais prêché devant les dames du château : enfin, il me fut facile de m'apercevoir qu'ils jugeaient bien moins de mérite à leur pasteur, parce que leur pasteur n'était pas goûté par la châtelaine.

Je feignis de ne point remarquer ce changement. Mais il arriva ce qui arrive toujours en pareil cas, c'est que le peu de confiance que je savais inspirer diminua celle que j'avais en moi-même; et, me sentant entouré de juges plutôt que de paroissiens soumis, la vie de curé de campagne, qui jusque-là m'avait paru si bonne, perdit tout son bonheur; je me mis à regretter le séminaire et le repos inerte que j'y trouvais. Persuadé que toutes mes actions étaient commentées et critiquées peut-être, je n'osais même diriger mes promenades du côté du château, et, comme c'était le plus beau côté des environs, je finis par me séquestrer entièrement chez moi, sans me hasarder même à jamais prononcer le nom de la marquise ou celui de sa fille. Cependant, j'aurais donné bon nombre des jours de mon inutile vie pour savoir quelque chose du sort de cette jeune personne, dont l'image pâle et éplorée s'élevait souvent dans ma pensée à côté du Christ appendu à la muraille de ma petite sacristie.

Qu'était-il résulté de sa lutte avec son implacable mère? était-elle encore au château? Voilà ce que je me demandais, ce que je n'aurais pas dû me demander. Devais-je en effet, moi qui avais prononcé d'éternels vœux, devais-je me préoccuper des remuantes passions du monde? devais-je m'en préoccuper quand je n'avais pas le pouvoir de les changer ou de les adoucir.

Un soir, le vent soufflait avec violence, la journée avait été orageuse et annonçait que la nuit serait mauvaise, je me promenais encore dans mon étroit verger, quand on vint m'avertir qu'un pêcheur, qui habitait une petite cabane sur le bord de la mer, accourait me chercher en toute hâte pour que j'allasse administrer les derniers sacrements à son père. Il avait emprunté une petite carriole d'osier pour m'emmener, car la course était longue et la mort n'attend pas.

Je montai avec lui en carriole, emportant le pain des anges, le gage du dernier pardon des fautes et des malheurs de cette vie.

Pour aller joindre le bord de la mer, qu'il fallait suivre assez longtemps afin d'arriver chez le pêcheur, il était nécessaire de longer les murs qui entouraient le parc; de distance en distance, on les avait laissés à hauteur d'appui pour jouir de la vue de la mer; par une de ces échappées, on découvrait le château. Quand nous passâmes devant, il parut illuminé; mille fusées s'élancèrent tout à coup vers le ciel et vinrent se mêler aux éclairs qui sillonnaient la nue.

Qu'est-ce que cela signifiait? sans doute que mademoiselle de Melmont avait cédé; sans doute c'était la fête de son mariage qu'on célébrait.

« Que Dieu la rende heureuse! murmurai-je tout bas. »

Dois-je l'avouer, une larme tomba sur le calice que je tenais dans mes mains. Au bout d'une demi-heure, nous aperçûmes un point noir sur le bord de la mer; c'était la cabane du pêcheur. Les vagues se jetaient avec furie sur la plage ; je les regardais avec moins de terreur que la première fois, quoiqu'à cette époque la mer fût calme et tranquille. C'est que j'avais appris à connaître d'autres orages que ceux de la nature, et que ceux-ci ne m'effrayaient plus autant, quoique la nuit s'annonçât terrible dans sa fureur, et que le vent pliât les arbres et soulevât les vagues.

Quand j'entrai dans la pauvre demeure où je venais apporter la promesse d'une seconde vie, mes mains étaient tremblantes d'émotion, et je trouvai de consolantes paroles pour ranimer la pauvre âme du vieillard prête à partir.

Toute la famille se tenait à genoux près du lit du moribond, et comme s'il n'eût attendu que les derniers secours de la religion, aussitôt qu'il eût reçu l'extrême-onction, il s'endormit de son dernier sommeil, et tout fut fini.

La douleur des paysans ne ressemble pas à celle des gens du monde ; elle ne s'exhale point par des plaintes et des exclamations ; ils sont moins effrayés de la mort : soit qu'ils la regardent comme la fin d'une vie bien remplie, soit qu'ils ne connaissent pas toutes ces exagérations à l'aide desquelles on attire l'attention sur les signes de sa douleur, ils pleurent sans murmurer, et leurs larmes se sèchent sans qu'ils cessent de regretter ce qu'ils ont perdu.

Le fils ferma doucement les yeux de son père, le cacha derrière ses rideaux de serge, et renvoya sa femme et ses enfants se reposer.

Je lui avais promis de veiller avec lui jusqu'au matin. Une petite lampe nous éclairait seule ; vaincu par la fatigue et les pleurs qu'il avait répandus, le pêcheur s'endormit en priant ; je continuai seul à lire l'Office des morts. De temps en temps, j'écartais le rideau qui me cachait le corps du vieillard ; c'était la première fois que je voyais mourir, que j'étais appelé à considérer ce dernier acte, cette fin si effrayante pour celui qui en est le spectateur, et si peu de chose, je le crois, pour celui qu'elle atteint. L'affreuse terreur que nous cause la mort est, dit-on, un utile préservatif pour l'existence, c'est, ajoute-t-on encore, une sagesse de nous l'avoir inspirée; et cependant n'eût-il pas mieux valu nous faire considérer notre fin comme une récompense que comme un châtiment?

A mesure que la nuit avançait, elle devenait plus effrayante; le vent redoublait de violence, il ébranlait les ais mal joints de la pauvre cabane, et s'engouffrait en grondant dans le tuyau de la large cheminée; bientôt la pluie vint se mêler aux éclairs, au tonnerre et au bruit de la mer qui roulait ses vagues avec fureur. Ce tumulte de la nature formait un parfait contraste avec le calme empreint sur la figure du défunt.

La violence de l'orage faisait présager d'affreux sinistres en mer; il me semblait que lorsque le vent suspendait par moment ses rafales, j'entendais des plaintes et des cris de détresse. Je voulus continuer de prier, je ne pouvais y parvenir, et ni la violence de la tempête, ni la solennité de la circonstance où je me trouvais, rien ne pouvait me rendre la résignation que j'appelais avec instance. Ma pensée errait malgré moi sur l'illumination du château de Melmont, qui annonçait une fête; elle ne pouvait plus s'en détacher, et en disant et en répétant les prières des morts, je répétais en même temps : Dieu veuille qu'Herminie soit heureuse en récompense de son obéissance, puisqu'elle a su vaincre sa répugnance et sacrifier...

J'en étais là de mes réflexions, quand il me sembla entendre frapper à la porte de la cabane. L'orage était dans toute sa fureur, et, croyant m'être trompé, je ne réveillai pas le pauvre Richard endormi près des restes de son père; mais un second coup plus pressé se fit entendre et ne me laissa plus de doutes.

Ce coup fut si fort qu'il réveilla le pêcheur, et, se dressant en sursaut, il jeta un regard sur la couche de son père et le ramena vers la porte.

— C'est peut-être un voyageur ou quelque voisin qui a besoin de secours, lui dis-je, il faut ouvrir.

Le pêcheur ne s'y décida cependant qu'après qu'une voix de femme se fût fait entendre en réclamant l'hospitalité. Je m'étais rapproché du lit, et, la tête baissée vers le mort, je ne regardai pas du côté de la porte; je ne tournai la tête qu'à cette exclamation de Richard :

— Mon Dieu! à cette heure, par un temps si affreux! Est-ce bien vous, notre jeune demoiselle? et dans quel état!

C'était elle, c'était Herminie de Melmont. Sa robe de mariée était souillée par la pluie; ses cheveux détachés et où brillaient encore des fleurs mêlées de perles et de diamants, ruisselaient sur ses épaules, et le petit manteau de velours qui l'enveloppait à peine était tellement trempé de pluie qu'elle succombait sous son poids.

En apercevant le corps du vieillard, elle se détourna avec effroi; mais quand mademoiselle de Melmont me vit, elle tendit les mains vers moi.

Richard avait solidement refermé la porte de la cabane pour empêcher la pluie d'entrer par torrents dans la maison. Je laissai retomber le rideau qui cachait à moitié le cadavre, et après avoir dit à Richard de faire un bon feu, j'engageai mademoiselle de Melmont à s'en approcher.

Elle jeta dans le foyer les fleurs qui tombaient sur son front, ôta les perles et les diamants qui entouraient son cou et sa tête. Elle fit tout cela avec un dédain et une résolution remarquables; puis elle me dit précipitamment :

— On a voulu me marier de force, la chapelle était préparée; on m'a fait signer hier un contrat; un prêtre est venu du Havre, tout était prêt; j'étais perdue. J'ai demandé deux heures de solitude avant l'horrible sacrifice; je me suis renfermée dans ma chambre, et alors, sans hésiter, je suis descendue par un petit escalier qui conduit au parc; j'ai couru à la porte qui donne sur la plage, je connaissais le secret pour l'ouvrir...

— Malheureuse enfant! qu'avez-vous fait? m'écriai-je avec effroi.

— Ce que je ne pouvais éviter, répondit-elle avec une exaltation effrayante; ah! croyez-le bien, Monsieur, je ne pouvais agir autrement.

— Mais quel est votre espoir?

— Je n'en avais d'autre que de trouver une barque de pêcheur qui me conduisît au Havre, à Honfleur, n'importe où. Cependant, quand j'ai vu sur la plage la mer en fureur, y jetant ses vagues écumeuses parsemées d'étincelles de feu; quand j'ai senti sur mon front l'eau du ciel, m'accablant de son poids, je me suis cru perdue; mais, préférant mourir à la pensée de revenir sur mes pas, j'avançais toujours, quand j'ai découvert de loin la lumière venant de cette cabane : elle jetait une petite lueur à travers cette fenêtre mal fermée, j'ai reconnu alors l'habitation de Richard, de Richard qui passe pour un homme de résolution; je suis certaine qu'il consentira à me conduire dans sa barque.

— Mais la mer est furieuse, m'écriai-je.

— Ah! ma mère est plus furieuse encore, et je redoute moins la colère de tous les éléments rassemblés que la sienne.

En disant ces mots, Herminie se leva droite et résolue; qu'elle était belle ainsi!... Richard, qui l'avait écoutée sans se permettre une objection, s'avança : elle lui présenta une lourde bourse.

— Ce sera pour mes enfants, répondit-il, si je succombe, si nous succombons; cependant, si la mer n'est pas tenable, il faudra vous cacher dans le fond de la carriole, M. le curé se placera sur le devant, à côté de moi, et on n'oserait...

— On oserait tout, répondit avec effroi Herminie ; vous ne connaissez pas la marquise de Melmont. Richard, il faut que vous me conduisiez dans votre barque, dût la mer devenir mon tombeau.

Le brave homme ouvrit la porte de la chaumière et lui montra de loin la mer : ses vagues paraissaient aussi noires que le ciel, et le sifflement des eaux avait quelque chose d'horrible.

Quelle que fût la résolution du caractère de mademoiselle de Melmont, elle recula à cette vue ; mais ce mouvement fut rapide, et elle s'écria :

— N'importe, je veux partir.

— Allons, dit Richard, le passage est mauvais, est péril-leux ; mais nous pouvons être à Honfleur dans une heure : monsieur le curé, pendant ce temps, priera pour nous et pour l'âme de mon père. Je vais préparer la barque, je serai ici dans un instant.

Mademoiselle de Melmont revint près du feu, enveloppa ses beaux cheveux de son voile de mariée que la flamme avait séché, ainsi que son manteau de velours, qu'elle attacha le plus solidement possible, puis elle se jeta à genoux devant moi.

— Que faites-vous, mon Dieu ! dis-je en essayant de la re-lever.

— Écoutez-moi, répondit-elle en me résistant, écoutez-moi : je ne me crois point coupable d'avoir refusé de me sou-mettre à un usage que ma raison ne peut admettre ; mais cette confiance que je refuserais, je l'avoue, à un prêtre in-connu, je sens que je l'éprouve pour vous ; vous n'avez em-ployé près de moi que des paroles de douceur et de bonté : je suis persuadée même que si vous vouliez empêcher Richard de me conduire dans sa barque, il obéirait plutôt à son pasteur qu'à moi ; car je ne me dissimule pas que je dois paraître méprisable aux yeux de cet homme ; mais vous ne savez pas, vous ne pouvez comprendre...

Et les sanglots qu'elle retenait se faisant jour, elle pleura si amèrement que je sentais mes yeux remplis de larmes ; quelque effort que je fisse pour cacher mon émotion, elle n'échappa point à mademoiselle de Melmont. Sa confiance s'en augmenta et elle ajouta :

— Ce que je ne pourrais vous apprendre, car les paroles s'arrêteraient malgré moi sur mes lèvres, je veux pourtant que vous le sachiez ; il n'y a que vous d'ailleurs qui puissiez aller chercher le dépôt que...

Dans ce moment Richard rentra.

— La barque est prête, dit-il, elle danse comme une folle dans l'anse où je viens de l'amarrer ; j'ai tout arrangé le mieux possible, et si nous pouvons conserver une lanterne allumée qui nous guide un peu, nous pourrons atteindre le port le plus voisin. Mais je ne l'espère guère, et je dois vous le répéter, Mademoiselle, non pour moi, mais pour vous, c'est une mort presque certaine que nous allons affronter. Vous avez été bonne pour moi, pour les miens ; aussi, c'est plus par reconnaissance, que parce que vous me donnez de l'or, que je consens à affronter la mort. Cependant, cet or peut assurer l'avenir de mes enfants, et je suis si pauvre... Monsieur le curé, je vous les recommande, ainsi que leur mère, et si au point du jour je ne suis pas là pour conduire mon pauvre père, c'est que nous aurons péri.

— Ah ! ma fille, m'écriai-je, vous entendez ce que dit Richard, c'est votre vie, c'est la sienne que vous allez exposer ; le dois-je permettre ? Je vous en conjure, réfléchissez.

— Toutes mes réflexions sont faites, reprit-elle avec la même résolution, si je ne partais pas avec Richard, si vous tentiez de m'en empêcher, rien ne pourrait s'opposer à ce que je me donnasse la mort ; mais si vous me laissez tenter l'unique voie de salut que j'ai devant moi, j'ai la conviction que nous nous reverrons un jour. Ainsi, Monsieur, promettez-moi de remplir les derniers vœux d'une infortunée au désespoir.

— Je ferai ce que vous voudrez, lui répondis-je, subjugué par sa résolution et par l'empire inexplicable qu'elle exerçait sur moi.

Elle s'approcha près de mon oreille, et me dit d'une voix basse et précipitée :

— Au bout du parc, au fond d'une vallée profonde où tombe une cascade, il existe les ruines d'une petite chapelle abandonnée. Vous soulèverez la pierre rustique qui servait d'autel, vous trouverez dessous plusieurs feuillets de papier écrits ; lisez-les, et vous comprendrez pourquoi je n'hésite pas à m'exposer à une mort probable ; quant à ce pauvre Richard, j'espère que si un malheur nous arrivait, il pourrait se sauver, lui !

Elle s'exprimait ainsi avec un sang-froid qui la rendait admirable. Si jeune et si belle, témoigner un tel mépris de la mort !

Pendant qu'elle parlait, Richard faisait sa prière près du corps de son père. Quand il se releva, je lui dis :

— Vous la sauverez, Richard, n'est-ce pas ; vous la sauverez ?

— Je la sauverai, monsieur le curé, ou je périrai avec elle. Allons ! il faut partir.

Mademoiselle de Melmont serra encore une fois, d'une main convulsive, son manteau autour d'elle, et, me jetant un regard que je n'oublierai jamais, elle sortit de la cabane.

L'orage était à son apogée ; les vents déchaînés rugissaient avec fureur. J'étais tellement abattu que j'essayai vainement de faire quelques pas, je ne pus que suivre de mes yeux

remplis de larmes la faible lueur de la lanterne de Richard ;
je la vis longtemps glisser au travers des nuages de pluie
qui tombaient du ciel, puis je ne vis plus rien. Était-elle en-
gloutie dans les flots avec la faible embarcation qui portait
mademoiselle de Melmont? Herminie était-elle à jamais perdue, elle qui paraissait si bien faite pour devenir l'ornement du monde?...

Cette pensée me brisa le cœur, et l'angoisse que j'éprouvai devint si poignante, qu'il s'y mêla un effroi dont il m'est
impossible de peindre l'amertume ; ma faiblesse m'avait
jusque-là obligé à rester sur le seuil de la cabane, l'inquiétude me rendit des forces, et je m'élançai vers le bord de la
mer, en tendant les bras vers cet élément terrible, pour lui
redemander le trésor qu'elle avait sans doute englouti. Hélas! elle ne me répondait que par de lugubres mugisse-
ments, en jetant à mes pieds l'écume de ses vagues, au
milieu desquelles mes yeux, pleins de terreur, cherchaient
un cadavre.

Cette heure fut terrible; mais peu à peu les flots se cal-
mèrent, et l'horizon se teignit d'une teinte orangée, qui annonçait le jour. Je regagnai la cabane de Richard, et, à genoux près du mort confié à mes prières, je demandai à Dieu
pardon d'avoir tremblé avec tant d'angoisses pour la destinée
d'une femme.

La porte de la cabane s'ouvrit enfin, Richard parut.

Le remords de m'être senti si passionné me fit paraître
peut-être insensible, je ne fis aucune question ; mais Richard
me présenta le voile de mademoiselle de Melmont.

— Je l'ai trouvé dans ma barque, au retour, me dit-il ;
Mademoiselle était sauvée, je n'ai pas cru devoir courir
après elle pour lui rendre ce chiffon ; d'ailleurs, j'étais pressé

de revenir pour les funérailles de mon père. Je vous remets ce voile, monsieur le curé, il peut servir pour parer la tête de la sainte Vierge qui est dans votre église.

Je me sentis rougir, et cependant je cachai le voile sous ma soutane.

Richard fut réveiller sa famille, qui vint encore une fois mêler ses prières aux miennes, et le jour étant entièrement levé, j'avertis Richard que mes devoirs me rappelaient au presbytère : nous remontâmes dans la carriole qui nous avait amenés, et nous reprîmes notre route en silence. Richard, attristé par la mort de son père, et sans doute préoccupé de ce qui venait de se passer, paraissait morne et embarrassé; il ne rompit le silence que lorsque nous nous trouvâmes devant le Saut-de-Loup, au delà duquel on apercevait le parc et toute la façade du château : tout y paraissait tranquille.

— Monsieur le curé, me demanda alors timidement Richard, n'est-ce pas que personne ne saura jamais que notre pauvre demoiselle est venue chez nous et que je l'ai conduite à Honfleur; vous savez bien que je ne pouvais refuser de la sauver, elle se serait jetée à la mer, et enfin j'ai eu le bonheur de réussir.

— Je ne serai jamais le délateur de personne, Richard, lui répondis-je; mais il eût mieux valu pour tous que cet événement ne fût pas arrivé.

Je parlais encore, quand une voiture, qui sortait de l'avenue au galop de quatre chevaux, s'arrêta tout à coup. Richard, qui reconnut la marquise dans la voiture, détourna son cheval pour prendre un autre chemin : un piqueur courut après lui, et lui ordonna d'arrêter, de descendre et de le suivre. Il obéit, jeta les rênes sur le cou de son cheval, et se rendit à la portière de la voiture de la marquise.

J'entendis Richard lui répondre, avec beaucoup d'aplomb,

qu'il n'avait aucun renseignement à lui donner sur le compte de mademoiselle de Melmont. Je me sentis frémir en entendant ces cruelles paroles, prononcées par la marquise :

— Cette fille désobéissante et avilie a disparu cette nuit ; elle a bien fait, si elle s'est donné la mort.

J'arrivai au presbytère, tremblant encore de ce que je venais d'entendre, bouleversé par les sentiments qui m'avaient agité, et sentant que je n'oublierais de longtemps la nuit qui venait de s'écouler.

Quoique j'eusse toujours montré beaucoup de répugnance à ce qu'on répétât devant moi ce qui se disait et ce qui se faisait dans le pays, je ne pus faire autrement que d'entendre parler de la disparition de mademoiselle de Melmont.

Les uns assuraient qu'elle s'était fait enlever par un jeune officier ; d'autres, que la marquise l'avait enfermée dans une des caves du château, jusqu'à ce qu'elle consentît à épouser le baron de Martigues ; d'autres assuraient tout aussi pertinemment qu'on avait trouvé ses vêtements sur le bord de la mer. Enfin, il arriva ce qui arrive presque toujours : la curiosité et la malignité, ne trouvant plus d'aliment, on cessa de s'occuper de mademoiselle de Melmont ; mais, moi, je ne pouvais rien oublier.

Une semaine après l'événement, je m'acheminai une après-dîner vers le parc. Je savais que je pouvais y entrer sans être aperçu ; d'ailleurs, la marquise était partie pour Paris le jour même où je l'avais rencontrée.

Je longeai la longue avenue de peupliers, et, avant de pénétrer dans le parc, je voulus examiner la façade du château. Le soleil du soir la dorait de ses rayons ; mais, quoiqu'il fît un temps superbe, toutes les fenêtres étaient hermétiquement fermées. J'avançai alors avec plus de sécurité, j'entrai dans le parterre et descendis la terrasse qui conduisait au parc, sans rencontrer personne, qu'une jeune fille

qui me salua respectueusement. C'était une pauvre orphe-
line que je voyais souvent à l'église ; elle hésita un instant à
venir à moi, puis s'y décida et me dit en me faisant sa plus
belle révérence :

— Est-il vrai, monsieur le curé, est-il vrai que mademoiselle de Melmont se soit jetée à la mer ? est-il vrai qu'elle
ait voulu mourir ? elle, si belle, si jeune et si riche ?

— J'espère que non, mon enfant ; mais êtes-vous attachée
au château ? savez vous ?..

— Hélas ! monsieur le curé, que peut savoir une pauvre
fille telle que moi ? Élevée par charité au château, je travaille au jardin, et souvent, bien souvent, j'ai vu mademoiselle Herminie s'y promenant ; oh ! qu'elle était triste ! Mais
je me doutais bien pourquoi, moi ; c'est, voyez-vous, qu'elle
n'aimait pas le baron de Martigues, et qu'elle en aimait un
autre.

Je tressaillis malgré moi. Pourquoi ce que me dit cette
fille me fit-il tant de mal ? pourquoi fus-je honteux de cette
douleur ? Je n'osais encore sonder ma blessure.

— Monsieur le curé, reprit la jeune fille en me retenant
timidement, je voudrais bien me confesser. J'ai à me reprocher quelque chose qui me pèse.

— Je vous recevrai quand vous voudrez, mon enfant ;
mais en attendant, n'importe ce que ce puisse être, veillez à
ne plus retomber dans la faute dont vous avez à vous accuser.

— Oh ! il n'y a pas de danger, reprit-elle naïvement,
puisque mademoiselle Herminie n'est plus ici. D'ailleurs, je
puis bien vous dire ce qu'il en est tout de suite, cela me sou-
lagera : c'est que j'ai porté à la poste plusieurs lettres que
mademoiselle Herminie me remettait en cachette. Est-ce un
péché mortel ?

— Je vous dirai cela au confessionnal.

Et je m'éloignai en lui faisant un signe de la main.

J'entrai sous les ombrages séculaires du parc, sous ces ombrages où je croyais qu'on devrait toujours se sentir si calme ; hélas ! j'étais bien loin d'être content de la situation de mon âme. Une révolution étrange s'était opérée depuis quelques semaines en moi ; je ne savais ce que je désirais, et je n'aurais osé m'adresser à Dieu pour l'obtenir. Mes yeux ne se levaient plus vers le ciel comme vers ma plus chère patrie ; mon imagination, jusqu'alors si pure, me présentait sans cesse une image que je ne pouvais repousser. Je la retrouvais dans les nuages ; je me figurais qu'elle courait sur chaque fleur dont le parfum m'enivrait. Image si belle, qu'elle semblait venir du ciel, et qu'aucune pensée qui pût la souiller n'en troublait la pureté.

Cependant Dieu défendait au prêtre d'y arrêter un seul instant sa pensée.

Enfin, j'arrivai près des ruines de la chapelle abandonnée ; elles étaient presque entièrement cachées par un énorme lierre ; au milieu serpentaient des lizerons et des clématites. Je trouvai avec difficulté un étroit passage : c'était sans doute par là que mademoiselle de Melmont entrait dans la petite chapelle.

Quoique l'autel fût à demi détruit, je m'inclinai avec respect devant ses ruines ; il avait reçu le symbole du Créateur, et je fus quelques minutes sans oser toucher aux papiers que mademoiselle de Melmont m'avait autorisé à retirer. Cependant elle avait désiré que je les lusse, que j'en restasse dépositaire ; ils pouvaient me servir à retrouver ses traces ou à lui être utile, je ne devais plus hésiter.

Je soulevai la pierre à demi brisée, et j'en tirai un assez volumineux cahier que je cachai sous ma soutane ; puis je retournai chez moi par la route la plus courte.

Rentré dans ma chambre, je m'empressai de m'enfermer ; mais ce ne fut qu'en tremblant, et comme si c'était du feu

auquel je touchais, que j'ouvris les pages écrites par mademoiselle de Melmont. Je les repoussai même plusieurs fois
en tremblant ; j'étais honteux de m'avouer que j'éprouvais
une extrême répugnance à connaître des expressions de tendresse adressées sans doute à un autre par Herminie, car il
n'y avait qu'un amour violent qui eût pu lui donner tant
d'énergie. Se serait-elle ainsi exposée à une mort presque
certaine, si elle n'avait été emportée par une passion invincible.

Cependant je me dis que je devais accepter la punition
que Dieu m'envoyait, et je repris avec courage le manuscrit. Bien des années sont passées sur ce moment; par une
fatalité inouïe, je me suis toujours trouvé mêlé dans la destinée de cette femme, mais je n'oublierai jamais l'impression
que je reçus quand je lus le récit suivant. C'était une espèce
de journal que j'ai mis en ordre, mais dont je n'ai changé ni
le style, ni les expressions. Mademoiselle de Melmont se
peint dans cet écrit, et l'on ne s'étonnera pas, d'après ce que
l'on apprendra de son caractère, des événements dans lesquels l'a jetée surtout la violence de ses passions, qu'aucun
sentiment religieux n'a jamais pu réprimer.

« Aujourd'hui 16 mai 1789, j'achève ma quinzième année; aujourd'hui s'ouvre ma vie de jeune fille, et je me
propose d'écrire chaque jour ce qui me sera arrivé dans la
journée, et même ce qui concernera les miens et les personnes qui m'intéressent. Sans amies, traitée sévèrement
par ma mère, je trouverai quelque soulagement à confier
au papier les réflexions tristes ou les espérances peut-être
folles qui fermentent dans ma tête. Je veux me rappeler
aussi tout ce que je sais de ma famille, tout ce dont je me
souviens de mon passé. On aurait tort de s'imaginer que

c'est chose peu importante que les souvenirs d'une fille de quinze ans. Il est des impressions qui préparent toute une vie, des caractères qui dominent toute une destinée.

« Un événement fatal a influé sur tout le reste de mon existence. Je pense, en écrivant ces lignes, que je ne les confierai jamais à personne, et que j'y puis tout dire. J'ai été étrangement surprise l'autre jour de ce que j'entendis dans une conversation entre madame de Vernande et ma mère.

« — Je ne crois, disait cette dame, à la sincérité d'aucune confession faite aux hommes; car, dans une telle circonstance, on doit être arrêté par la crainte de donner mauvaise opinion de soi. Qui oserait se montrer tel qu'il est? qui oserait avouer tout ce qu'il a de perverti dans le cœur; aux femmes surtout la dissimulation est commandée. »

« Cette phrase m'a frappée : j'étais assise devant mon métier de tapisserie, et la tête baissée sur mon ouvrage; on ne croyait pas que j'entendisse cette conversation; mais depuis quelque temps j'ai pris l'habitude de faire de la moindre parole entendue l'objet de mon attention, de mes conjectures et de mes sérieuses réflexions. Je veux secouer enfin les langes de l'enfance, où je vois bien qu'on cherche à me retenir le plus longtemps possible, et j'en viendrai à bout; car je sens que l'on peut dire de mon caractère et de mon jugement : C'est une jeune personne d'un esprit formé, et faite pour devenir une intelligente et heureuse épouse. J'entends répéter aussi que je suis belle. Pourquoi dit-on cela si souvent et si haut aux oreilles des jeunes filles? craint-on que la nature ne soit pas assez flatteuse et ne les éclaire pas assez tôt sur leurs avantages?

« Je veux me souvenir avant tout de mon enfance et de ce qui concerne ma famille.

« Je dois avouer que je me fais une grande joie de juger sévèrement ou de vouer au ridicule les personnes qui ont influé d'une manière pénible sur ma vie d'enfant. Je me rappellerai tout, j'en suis certaine, le bien, le mal, la grâce, la malveillance. Qui sait si, malgré mon inexpérience, je n'ai pas même découvert des vices. C'est une grave erreur de supposer que les enfants ne font attention à rien. Ils voient tout, ils jugent tout, avec cet imperturbable sang-froid que leur inspire l'absence de toute espèce d'inquiétudes, parce qu'ils croyent ne jamais avoir à souffrir sérieusement des vices et des défauts de ceux qui les entourent.

« J'avais à peine treize ans quand j'ai quitté le château de Melmont où je suis née. Il me semble que j'irais les yeux fermés dans chaque bosquet où j'ai couru toute petite ; que je retrouverais chaque buisson où j'ai cueilli des roses. Je pourrais même dire le nombre des arbres qui entouraient la petite salle de verdure où était placée l'escarpolette sur laquelle se balançait plus souvent que moi ma grande cousine Émilie. Elle remplissait fort inutilement une place que je lui enviais. C'est que M. de Morney, son prétendu, était auprès d'elle ; ses mains tenaient les deux cordes qui servaient à arrêter la balançoire ; ils se regardaient bien tendrement, et, sans le comprendre, j'enviais le sentiment qui leur faisait tout oublier.

« Dans mon enfance le château de Melmont était rempli de monde, on chantait, on dansait, on jouait la comédie, on faisait des parties de chasse ; moi, on m'envoyait coucher de bonne heure : c'était naturel, puisque j'étais une enfant. Et, cependant, je ne parvenais à m'endormir que bien tard, bien tard, et le lendemain j'étais fatiguée, j'avais les yeux cernés, j'étais énervée, mécontente ; il me semblait qu'on était injuste pour moi.

« Élevée au milieu du luxe de ces fêtes, je ne me sentais aucun des goûts d'un enfant ; ma mère avait bien peu de temps à me donner, elle se devait à ses hôtes, à ses plaisirs et à sa toilette. Elle me grondait sévèrement, et le jour où je ressentis le premier chagrin sérieux, fut celui où ma mère entra dans ma chambre au moment que je riais aux éclats d'une histoire que me racontait ma bonne, qui m'aimait beaucoup et qui faisait toutes mes volontés. Ma mère me dit d'un ton sec, en me montrant une longue et vilaine femme qui l'accompagnait.

« — Herminie, voici votre nouvelle gouvernante, obéissez-lui comme à moi-même et venez l'embrasser. »

« Je reculai au lieu d'obéir, et j'allais m'écrier que je ne le voulais pas, que je ne pourrais embrasser cette femme qui me déplaisait, mais je rencontrai le regard irrité de ma mère. Ma main, qui avait saisi celle de mon excellente bonne, se détendit dans la sienne, et je me laissai caresser par le dragon que ma mère me donnait pour me surveiller. Je sus même retenir deux grosses larmes qui étaient prêtes à couler sur mes joues, et, toute petite que j'étais, j'appris dès ce moment une science bien nécessaire dans la vie d'une femme, j'appris à dissimuler; je compris peu à peu que ma mère se faisait trop craindre pour que je pusse beaucoup l'aimer.

« Quant à mademoiselle de Vertbois, ma gouvernante, je me mis à la détester franchement, et je ne me suis pas encore corrigée. Depuis le moment où elle a été placée près de moi, j'ai été beaucoup moins libre, et par conséquent beaucoup moins heureuse; mais je ne m'en suis jamais plainte. Je crois que les enfants ont l'instinct du bien et du mal qu'on veut leur faire, et j'étais convaincue que, si ma mère n'avait pas le temps de s'occuper de moi, mon père éprouvait plus de sympathie pour mes petits chagrins. Mais, hélas! je ne pouvais rester un instant seule avec lui, je ne pouvais trouver le moment de lui dire combien j'étais malheureuse de ne pouvoir courir à mon aise dans le parc, sans que mademoiselle de Vertbois ne vînt m'arrêter, et se placer entre moi et mon père. Si quelquefois il me demandait :

« — Ma petite Herminie, pourquoi as-tu l'air si triste? » Mademoiselle de Vertbois se chargeait de lui répondre que j'étais triste parce que j'étais mécontente de moi-même, parce que je ne voulais pas écouter ses conseils sur ma tenue et sur mon penchant insatiable à la curiosité.

« Elle pouvait m'accuser à son aise; il ne m'était pas permis de me défendre. Mon père ne recevait mon baiser du matin qu'en présence de ma gouvernante, qui me prenait au réveil pour ne me quitter que quand j'étais au lit et endormie ou que je feignais de l'être. Aussi mon père me faisait, chaque jour, un petit sermon qui me faisait pleurer à la fois de chagrin et de dépit d'être si mal jugée.

« Vis-à-vis de ma mère, c'était plus sérieux; ma gouvernante se plaignait de ma désobéissance et de mes réparties impertinentes. Alors ma mère prenait ses grands airs et me disait:

« — Vous irez au couvent, Mademoiselle, et vous y resterez jusqu'à ce que vous vous mariiez ou que vous preniez le voile. »

« Jamais un baiser de ma mère n'avait essuyé mes yeux baignés de larmes; jamais un sourire encourageant n'était venu adoucir l'austérité de la vie qu'on me faisait mener.

« Hélas ! un nuage vient de passer sur mes yeux; le froid d'un souvenir terrible vient glacer mes sens, l'événement qui commença pour moi une existence réellement malheureuse s'offre à ma pensée. Mon cœur se serre, je crois entendre encore ces sinistres paroles :

« — M. de Melmont s'est grièvement blessé à la chasse.

« — Blessé!.. il est presque mort ! » reprit une voix plus sinistre encore.

« J'étais enfermée dans un petit salon du rez-de-chaussée

avec mademoiselle de Vertbois, et j'avoue que j'écoutais avec
beaucoup de distraction une leçon de blason et de généalo-
gie qu'elle me donnait gravement, quand ces paroles fatales
vinrent retentir dans mon cœur. Je me levai effrayée et
tremblante.

« Sans rien écouter, je courus dans le vestibule ; j'y trouvai
mon père couché sur un matelas, son sang coulait à flots d'une
blessure à la poitrine. Il était entouré de monde ; ma mère,
à genoux près de lui, tenait ses mains dans les siennes ; il
les dégagea et me tendit les bras.

« Pour la première fois depuis bien longtemps, j'embras-
sai mon père sans qu'une voix importune vint me crier :

« — Allons, Mademoiselle, cessez, vous fatiguez M. le
marquis. » Comme si un enfant pouvait jamais importuner
son père.

« Cependant je sentis les doigts crispés de ma mère qui
s'attachaient à mon bras, et me tiraient pour que je quittasse la poitrine de mon père ; mais elle n'y réussit que
parce que les bras de mon père se détendirent et que son
corps retomba froid et immobile ; il était mort.... mon petit
vêtement blanc était tout imprégné de son sang.

« J'avais dix ans alors, et je puis dire que si on pouvait
me reprocher les défauts que les enfants ont à cet âge, j'a-
vais aussi des qualités qu'ils ne possèdent pas toujours. Une
sensibilité profonde et exaltée me fit sentir la mort de mon
père comme si j'avais prévu les peines dont elle serait cause
pour moi.

« Je ne revis ma mère que huit jours après cet horrible
événement. Je la trouvai bien belle, bien imposante dans ses
longs habits de deuil. Je me jetai à ses genoux, j'aurais tant
voulu qu'elle me témoignât de la tendresse ! mais ma mère
ne m'a jamais aimée. Qu'ai-je donc fait pour cela ? comment
peut-elle haïr celle qui lui ressemble tant ? puisque mon

miroir et tous ceux qui m'approchent ne cessent de répéter que je suis sa parfaite image.

« Oui, c'est vrai, j'ai le même sourire un peu hautain, le même nez aquilin, et ses lèvres minces qu'elle amincit encore parce qu'elle sourit rarement et ne rit jamais. Mes yeux, comme ceux de ma mère, sont grands, bien fendus, parfaitement brillants ; mais mon pauvre père a dit plusieurs fois que les miens étaient plus tendres, et leur regard plus velouté. Cette remarque déplaisait certainement à ma mère, qui se hâtait d'interrompre mon père, en assurant d'un ton péremptoire que je ne lui ressemblais pas du tout.

« Nous avons passé plus de deux années à la campagne ; deux années bien tristes de deuil, de solitude, durant lesquelles ma mère n'avait pour société que mon oncle Martial, le frère de mon père, et le vieux curé de la paroisse qui dînait tous les dimanches au château.

« Un jour de la semaine, en traversant la salle à manger, je remarquai deux couverts de plus, et quand j'entrai dans le salon, j'aperçus ma mère qui avait entièrement quitté le deuil. Elle portait une nouvelle forme de robe, qui faisait ressortir la beauté de sa taille. Elle était coiffée en cheveux, et il me sembla que je ne l'avais jamais trouvée si belle et si animée.

« Deux personnes étrangères étaient assises auprès d'elle ; elles se levèrent à mon entrée dans le salon.

« Mon oncle Martial dit en me désignant :

« — Ma nièce Herminie, la fille unique de madame la marquise. »

« Je me plaçai à quelques pas du fauteuil de ma mère. Mademoiselle de Vertbois, comme de coutume, ne me quittait pas plus que mon ombre. Je me tins immobile, promenant mes regards, que ma gouvernante assurait être toujours fort inconvenants, de la physionomie de ma mère, dont l'expression me semblait étrange, à celle d'un jeune homme assis près d'elle. En face et causant avec mon oncle, était assis un très-bel homme, âgé d'environ cinquante ans. J'entendis lui donner le titre de baron de Martigues; il m'offrit la main pour me conduire à table, se plaça à côté de moi et en face de son fils, le chevalier Olivier de Martigues.

« Quoique ma gouvernante me fît des yeux foudroyants, je ne pouvais m'empêcher de lever souvent les miens du côté du chevalier; il me semblait fort timide, il me semblait aussi avoir une figure comme je n'en n'avais jamais vue. C'étaient des traits si gracieux et si fins, un front si blanc et si pur, des lèvres si roses et des dents si blanches! Il ressemblait à son père, comme je ressemblais à ma mère, mais sa figure me paraissait beaucoup plus douce, plus gracieuse. Quand je pouvais détacher mes regards du chevalier, je les ramenais sur le beau visage de ma mère, brillant et radieux. Elle était fraîche, animée, souriante; mais ses regards, quand ils se tournaient vers moi, paraissaient plus irrités que de coutume.

« La conversation fut peu soutenue par elle et par le chevalier durant le dîner. Suivant mon habitude, je ne prononçai pas une parole; mais, contre mon habitude, je ne mangeai rien. Le baron de Martigues et mon oncle Martial parlèrent, je crois, un peu politique; ma mère paraissait à la fois heureuse et inquiète, et le chevalier de Martigues laissait sur son assiette tout ce qu'on lui servait. Le dîner dut paraître long à tout le monde, excepté à moi et à mademoiselle de Verbois, qui avait l'habitude de se donner de fréquentes indigestions, et mangeait de tout avec avidité.

« Cependant, sur un signe de ma mère, elle se leva et laissa, sans l'achever, une pêche toute préparée dans du sucre.

« — Allons, Mademoiselle, me dit-elle aigrement, vous

savez que vous ne restez jamais jusqu'à la fin du dessert lorsqu'il y a du monde. »

« Les yeux du chevalier me suivirent avec intérêt quand je me levai, et me conduisirent jusqu'à la porte de la salle à manger. Il était encore assez jeune pour comprendre la contrariété que je devais éprouver.

« Je rentrai avec mademoiselle de Verbois dans mon appartement, et elle n'eût pas à se louer du respect ni de la complaisance avec lesquels j'écoutais ses sermons tant de fois renouvelés. Je ne lui répondis enfin que pour lui demander pourquoi nous ne descendions pas au parc comme de coutume.

« Je crois qu'elle éprouvait le besoin de faire un peu d'exercice, car elle me suivit sans opposition, et avant qu'elle n'eût posé sa main sèche sur mon épaule, j'étais déjà dans le petit parterre qui fleurissait sous les croisées du salon. Contre une des fenêtres ouvertes, mon œil curieux eut bientôt rencontré le doux et charmant visage d'Olivier de Martigues.

« Il me salua d'un sourire gracieux ; je ne lui rendis ni son salut ni son sourire, je ne le crois pas, du moins, mais je me mis à cueillir les plus beaux boutons de rose que je pus trouver. Est-ce que j'étais déjà assez maligne pour deviner que les boutons valaient mieux que les roses... Je les plaçai d'abord à ma ceinture ; puis, comme si un caprice m'eût entraînée, je jetai le bouquet de roses de façon à ce qu'il tombât sur l'appui de la fenêtre du salon, contre laquelle était toujours penché le chevalier. Je ne sais pas si Olivier de Martigues ramassa mes roses, car mademoiselle de Verbois s'approcha de moi avec un visage tellement colère, qu'elle en était jaune comme un souci. Elle me fit remonter dans ma chambre, où elle m'enferma à clef ; heureusement elle me laissa seule, et j'eus au moins le plaisir de pouvoir rester à ma fenêtre sans qu'elle y fût près de moi.

« Sans doute, le soir venu, mademoiselle de Verbois raconta à ma mère le crime que j'avais commis, et dépeignit avec des couleurs bien sombres une inconséquence d'enfant qui pouvait être regardée tout au plus comme une innocente coquetterie ; car le lendemain, avant que le jour eût paru, j'ouvris les yeux à la voix glapissante et grondeuse de ma gouvernante, qui m'ordonnait de me lever.

« J'obéis machinalement ; ce fut elle qui, avec une promptitude plus adroite qu'amicale, m'habilla sans appeler de femme de chambre. En un tour de main je fus prête, et elle m'entraîna par une petite porte qui donnait dans une serre particulière, où on conservait les fleurs rares dont on décorait l'hiver l'appartement de ma mère ; cette serre donnait par un passage dans la cour des écuries. J'y trouvai une voiture attelée ; mademoiselle de Verbois prit mon bras pour me faire monter. Je demandai ma mère avec instances, avec larmes ; il me fut répondu que je ne la reverrais que quand j'aurais mérité ce bonheur et expié ma mauvaise conduite.

« Le souvenir de la plaisanterie de la veille, car je puis attester que je n'en sentais pas l'importance, s'était si bien effacé avec le sommeil de l'enfance, que je regardai mademoiselle de Verbois avec des yeux qu'elle appelait encore inconvenants, et qui n'étaient bien plutôt qu'étonnés.

« — Oui, oui, faites l'ingénue, s'écria-t-elle avec colère, jouez l'innocence. Il n'en est pas moins vrai que vous avez fait de telles avances au chevalier de Martigues, qu'il a osé se montrer votre défenseur et déclarer son intérêt pour vous. Il faut que vous soyez bien effrontée. »

« De tout le sermon que me fit mademoiselle de Verbois, la seule chose qui me resta dans la pensée fut que M. de

Martigues avait montré de l'intérêt pour moi et essayé de me défendre.

« Avec une imagination comme la mienne, et, je dois l'avouer, un esprit aussi avancé, de telles paroles furent une grande imprudence de la part de ma gouvernante. En attachant autant d'importance à un enfantillage, on m'apprit à en attacher moi-même. Je me crus une héroïne de roman; je fus persuadée que c'était une punition qu'on m'imposait; je regardai Olivier de Martigues comme mon secret complice, je ne rêvai plus que mariage, persécutions; enfin, toutes sortes d'extravagances dans lesquelles je le mêlais toujours; et quand je fus établie au couvent, je m'imaginais reconnaître Olivier de Martigues caché sous les habits du jardinier, et se préparant à m'enlever à l'aide d'une échelle de soie.

« Il paraît que ma mère, comme le disait vulgairement mademoiselle de Verbois, m'avait, ce qu'on appelle, recommandée au prône, car on me traitait à l'abbaye de Remiremont avec beaucoup de méfiance et de sévérité. A peine avais-je la liberté de parler aux autres pensionnaires; et à la manière dont elles me répondaient, je devais supposer qu'elles me regardaient comme une espèce de petit monstre qui avait déjà commis de grands crimes. Je supportai tout cela avec beaucoup de patience, mais je dois avouer que chez moi la patience n'est déjà que de l'indifférence.

« Que m'importait, à moi, l'opinion de ces petites filles, qui se querellaient pour un nœud mis de travers ou pour une tartine de confitures; comme je dédaignais de me plaindre, la grande colère de ma gouvernante s'éteignit faute d'aliment, et au bout d'une année, j'obtins d'écrire à ma mère.

« Je le fis avec beaucoup d'adresse et de raison, car je ne cherchai point à lui persuader que je n'avais aucun tort ; je lui demandai même pardon de ceux que je ne me connaissais pas. Madame de Melmont ne me répondit que trois mois après avoir reçu ma lettre.

« La froideur de cette réponse m'apprit que son affection n'avait point pris un caractère plus tendre. Elle m'annonçait cependant que, cédant aux prières de mon oncle Martial, elle comptait me rappeler près d'elle à la fin de l'année, époque à laquelle j'atteindrais mes quinze ans ; que je ne reviendrais point chez elle pour être présentée dans le monde, chose qu'elle ne comptait faire que quand j'aurais accompli mes dix-huit ans ; que jusqu'à cette époque, mademoiselle de Verbois conserverait auprès de moi la même autorité et les mêmes prérogatives.

« Je fus tentée de répondre à ma mère que j'aimais autant demeurer au couvent ; mais songeant que, si je gardais la gouvernante, je serais au moins débarrassée des grilles, j'attendis silencieusement et respectueusement qu'on mît fin à mon exil.

« L'époque arriva, j'éprouvais plus d'impatience que je ne le témoignais, que je ne le laissais deviner ; je voulais montrer de l'indifférence pour l'arrivée d'une grâce qui me semblait d'autant moins précieuse, que je n'avais pas mérité la punition. Cependant le cœur me battit, mes joues se colorèrent quand mademoiselle de Verbois, avec cette grâce qui lui était particulière, entra dans ma chambre d'un pas solennel, me tendit mon mantelet et me dit d'un ton grave :

« — Mademoiselle, je vais vous reconduire près de madame votre mère. »

« Je fis mes remerciements et je suivis ma gouvernante. Madame l'abbesse était malade, et je partis sans prendre congé de personne. De cette fois, c'était une voiture de ville aux armes de ma famille qui me reçut; les laquais étaient en grande livrée; tout m'annonçait que nous ne partions point pour la campagne, mais je ne me permis pas une seule question.

« La voiture roula longtemps et vint s'arrêter au faubourg Saint-Germain, dans la rue de Varennes, sans que je laissasse voir ni étonnement, ni curiosité; je n'en témoignai pas davantage en voyant cette voiture entrer dans une grande cour bordée d'arbres, et s'arrêter devant un large perron sur lequel s'ouvrait un immense vestibule.

« Après avoir monté une douzaine de degrés, nous passâmes du vestibule dans l'antichambre, où étaient rangés plusieurs laquais : l'un d'eux se détacha, ouvrit les deux battants d'un immense salon et annonça mademoiselle de Melmont!

« Ce fut avec cet appareil solennel que je rentrai dans la maison maternelle ; ma mère était assise entre mon oncle Martial et une dame que je ne connaissais pas. Elle se souleva à demi quand je m'approchai de son fauteuil, posa à peine ses lèvres sur mon front et daigna me dire :

« — Ma fille, soyez la bienvenue.

« — Comme elle est fraîche, grande et belle! s'écria mon oncle; vraiment, il faudra bientôt songer à... »

Un regard sévère de ma mère arrêta la phrase que mon oncle s'apprêtait à faire plus longue, et nous demeurâmes un instant dans le silence. Il fut enfin interrompu par l'amie de ma mère; je dis l'amie, parce qu'elle paraissait sur un pied fort intime dans la maison.

« — Je suis certaine, me demanda cette dame, que vous devez être enchantée d'avoir quitté le couvent?

« — Je suis enchantée de revoir ma mère et mon oncle, Madame, et...

« — C'est bien, » interrompit madame de Melmont sèchement, et on annonça le dîner.

« Ma mère ajouta :

« — Vous dînerez avec nous aujourd'hui, ainsi que les jours où nous serons en famille. Quand j'aurai du monde, on vous servira dans votre appartement. »

« Pendant le dîner on parla de personnes dont je n'avais jamais entendu prononcer le nom, et qui paraissaient de la société intime de la marquise. Je ne disais pas un mot, et j'examinais ma mère lorsqu'elle détournait la tête. Elle était mise avec beaucoup de soin, et ne m'avait jamais paru plus belle. Je remarquai, par exemple, que, malgré la grande intimité qui paraissait exister entre ma mère et madame de Vernande (c'était le nom de la dame qui dînait avec nous), cela ne l'empêchait pas de se livrer à une sorte de plaisanterie ironique, dont mon oncle n'osait rire ouvertement, et qui faisait légèrement froncer les beaux sourcils de ma mère.

« Par exemple, quoiqu'elle dût s'apercevoir parfaitement que ce sujet de conversation déplaisait à son amie, madame de Vernande trouva le moyen de répéter plusieurs fois que j'étais belle comme un ange, et qu'assurément je serais un jour une des personnes les plus remarquables de Paris. Ma mère ne put enfin se contenir, et lui dit, assez sèchement, que c'était une chose qu'il ne fallait point dire aux jeunes personnes, qui avaient déjà assez bonne opinion d'elles-mêmes.

« Il n'y avait pas un quart d'heure que nous étions rentrés au salon, que ma mère sonna pour qu'on avertît mademoiselle de Verbois. Celle-ci arriva aussitôt, plus droite, plus rêche que jamais, et me conduisit dans un appartement situé au second étage.

« Quoiqu'il fût grand et beau, il me parut d'une tristesse mortelle. Il donnait sur une cour de service assez grande, mais où on n'entendait le roulement des voitures que lorsqu'elles rentraient dans les remises, ou qu'elles en sortaient. La chambre de mademoiselle de Verbois communiquait avec la mienne; la porte devait en rester ouverte jour et nuit. Ainsi je jouissais encore de moins de liberté qu'au couvent, au couvent, où mademoiselle de Verbois avait formé plusieurs connaissances, et s'éloignait quelquefois. Mais à l'hôtel elle me surveillait beaucoup plus sévèrement, parce qu'elle-même était surveillée par ma mère.

« Malgré l'intention que j'avais d'écrire chaque soir exactement, je n'ai pu le faire; ce n'est que depuis huit jours qu'il m'a été possible de me remettre à faire à mon papier les confidences de mes chagrins. Quant aux plaisirs, on peut croire qu'à mon âge j'en doive être avide.

« Depuis huit jours mademoiselle de Verbois est retenue au lit par des douleurs rhumatismales, et quoiqu'elle se soit montrée sévère à mon égard, j'éprouve pourtant de la sympathie pour ses maux; car son caractère rêche paraît un peu adouci. Peut-être cette bonne veine se fermera-t-elle quand elle sera mieux; en attendant, j'en profite pour jouir d'un peu plus de liberté. Il m'est permis, quand ma gouvernante dort, de lire au coin de mon feu. Au lieu de lire toujours, j'écris souvent; seulement j'ai la précaution d'aller m'assurer de temps en temps si ma gouvernante dort, ou si elle a besoin de quelque chose. Ma femme de chambre s'aperçoit bien que j'écris beaucoup, mais c'est une bonne fille, très-douce, très-compatissante, et qui me montre de l'amitié. Un matin, elle me dit tout bas en m'habillant :

« — C'est bien dommage, Mademoiselle, que vous ne soyez pas du beau bal que madame la marquise donne lundi prochain; les préparatifs en sont magnifiques.

« — Qu'est-ce donc, lundi prochain ? ai-je demandé.

« — Mais c'est le lundi gras; nous sommes en carnaval. Madame va au bal, au concert, presque tous les soirs; on donne souvent de grands dîners. Mademoiselle doit s'en apercevoir, puisqu'on la sert presque tous les jours dans sa chambre. »

« En effet, je ne voyais plus guère ma mère qu'à l'heure du déjeuner, heure à laquelle je suis certaine de la trouver seule.

« Mon oncle Martial monte de temps en temps près de moi, mais il n'y reste pas longtemps. Quel intérêt, quel plaisir un vieux beau comme lui, c'est ma femme de chambre qui le nomme ainsi, peut-il prendre à une jeune fille qui lui parle sans lui dire sa pensée, et qui ne l'aime ni le respecte. Ah! si je pouvais avouer tout ce qui se passe dans ma tête! mais quelle est la jeune fille à qui cette liberté soit permise.

« Je n'ai pu écrire depuis six jours, mademoiselle de Verbois se trouvant mieux, a pu se mettre à table ; mais comme elle est réellement gourmande, elle a abusé de cette reprise d'appétit, et la voilà retombée, jurant qu'elle sera désormais sobre comme un chartreux.

« C'est aujourd'hui, c'est ce soir qu'il y a bal à l'hôtel, et l'on ne pense même pas que j'ai bientôt seize ans, et que je serais heureuse d'y assister! Et que ferais-je de mon indignation, de ma colère, sans ma chère plume, qui me permet de confier à mon papier tout ce qui m'exaspère et m'afflige. Personne ne lira jamais ce que j'écris, mais c'est égal, je me sens consolée, soulagée, quand je puis ainsi me plaindre de la manière dont on me traite.

« Hélas! mon Dieu, que ma vie jusqu'à présent a été uniforme! Je me lève à huit heures, je vais m'informer de la santé de ma gouvernante, je fais ma toilette, je passe un quart d'heure sur mon prie-Dieu, puis je descends avec ma femme de chambre, qui a ordre de ne pas me quitter d'un pas pendant la maladie de mademoiselle de Verbois. J'entre chez ma mère, où le déjeuner est servi, et où personne n'est admis, pas même mon oncle Martial.

4

« Ce repas dure environ une demi-heure, pendant laquelle ma mère s'informe de mes études, me gronde ou ne me dit rien, suivant que mon maître de chant ou de harpe a déclaré que je fais des progrès ou que je ne travaille pas. Puis ma mère me permet de lui baiser la main, et elle me renvoie après avoir rempli fort commodément son emploi de mère.

« Ce matin, par exemple, notre entretien a eu quelque chose d'encore plus sec que d'habitude. On entrait à chaque instant pour lui demander des ordres.

« Il règne un trouble, un brouhaha dans la maison, qui m'amuserait seulement à voir. Mademoiselle Durand, ma femme de chambre, m'a fait une merveilleuse description de la galerie où se donnera le bal. Cela sera féerique, et je viens, a-t-elle ajouté, de dérober ce beau bouquet de roses, pour que vous ayez au moins quelque chose de la fête. Cette fête coûtera bien de l'argent et ferait vivre longtemps plusieurs familles.

« Quand mademoiselle Durand a été partie, je me suis mise à rêver tristement en considérant le joli bouquet qu'elle m'avait apporté, le seul parfum de fête qui parviendra jusqu'à moi, comme les plaintes de ma pauvre gouvernante seront la seule harmonie qui arrivera à mon oreille. La pauvre fille souffre plus qu'elle n'a souffert encore : je l'ai dit ce matin à ma mère, qui m'a répondu qu'elle ferait avertir demain son médecin particulier.

« Je viens de prendre l'air à la fenêtre de mon cabinet de toilette. En se penchant beaucoup, on aperçoit la porte cochère et la cour; elle s'illumine peu à peu, il me semble que j'entends des voix joyeuses. On arrive déjà. Allons, je vais me coucher, la nuit dernière j'ai assez mal dormi; cette pauvre mademoiselle de Verbois souffrait beaucoup. On lui a ordonné ce soir une potion calmante, dont elle a déjà pris

plusieurs cuillerées ; je vais lui en donner encore une ou
deux avant de me mettre au lit. J'espère qu'elle souffrira
moins, et que moi, je n'entendrai pas les sons de l'orchestre.

« Oh ! que ma mère est cruelle, et qu'ai-je fait pour
qu'elle me traite ainsi ?.. Ah ! que c'était beau ! que c'était
magnifique, enivrant ! et pourtant je ne faisais point partie
de la fête, je n'étais ni parée, ni...

« Mais, rappelons-nous toutes les circonstances de cette
soirée, ou plutôt de cette nuit, ce sera en jouir encore.

« J'étais couchée depuis plus de deux heures, mais je ne
pouvais dormir ; pourtant, mademoiselle de Verbois ne se
plaignait pas ; j'entendais à sa respiration qu'elle dormait
paisiblement. Fatiguée de ne pouvoir fermer les yeux, je me
mis à me bâtir une vie à mon goût : je brillais à mon tour
dans le monde, je recevais des vœux, des hommages, je
donnais de belles fêtes ; et tandis que mon imagination embellissait ainsi ma triste vie, les sons éloignés d'une musique ravissante me berçaient doucement, et à demi souriante, à demi désolée, je dansais presque dans mon lit.

« Ma porte s'ouvrit doucement : mademoiselle Durand,
une lanterne sourde à la main, s'approcha de moi. Je me relevai sur mon séant ; je crois que j'avais peur.

« — Chut ! me dit-elle bien bas, passez cette robe du matin, Mademoiselle ; enveloppez-vous de ce mantelet et sui-
vez-moi. »

« Je fis sans hésiter ce qu'elle me dit. Elle rouvrit et
referma, aussi doucement que la première fois, la porte de
ma chambre, me prit la main, et quand nous fûmes dans le
corridor, elle me dit tout bas de la suivre ; nous entrâmes
dans sa chambre.

« — Écoutez, Mademoiselle, me dit-elle alors, je suis ou-
trée de la manière dont on vous traite, et je veux qu'au

moins vous voyiez la fête. La chose est possible, si vous voulez être prudente et ne pas nous compromettre. »

« Je le lui promis.

« — Eh bien ! reprit-elle, laissez-moi cacher vos beaux
cheveux et la moitié de votre joli visage sous cette baigneuse ;
vous serez ainsi méconnaissable. Il y a autour de la galerie, où se passe la fête, une tribune où l'on monte quand on
veut en jouir sans y prendre part. A chaque extrémité de
cette tribune s'ouvre une porte, je vais vous faire entrer
par le côté où est placé l'orchestre. Vous vous blottirez dans
un petit coin, on ne viendra pas de ce côté-là ; je resterai derrière vous, et je dirai aux gens que vous êtes une de mes
parentes, curieuse de voir une si belle fête. Personne ne vous
approchera, et si on devinait qui vous êtes, tout le monde
de la maison se tairait ; parce que tout le monde vous plaint
et blâme la manière sévère dont on vous traite, et qu'on ne
voudrait pas, d'ailleurs, me faire perdre ma place. »

« Aucune crainte ne m'eût arrêtée devant l'espoir qui
m'était offert ; mais je n'en éprouvais pas, et je suivis mademoiselle Durand, quoique le cœur me battît si fort, que
j'avais de la peine à le contenir.

« Arrivée à la petite porte de la galerie, mademoiselle Durand m'engagea à fermer les yeux pour ne les ouvrir que
quand elle m'aurait fait asseoir. Quand mes paupières se
soulevèrent, j'avais devant moi une immense salle de stuc
blanc, qui me sembla brodée d'or. Dix magnifiques lustres,
semblables au soleil, jetaient autour d'eux des rayons res-
plendissants ; puis, sur des gradins de soie pourpre, entourés
de fleurs, étaient assises des femmes qui me parurent toutes
si belles, si belles, que je croyais que rien ne pouvait les éga-
ler ; mais je n'avais pas encore vu ma mère.

« Elle s'avança bientôt, escortée par des jeunes gens d'une
tournure et d'une élégance remarquables ; elle-même était

couverte de diamants ; la beauté de toutes les autres femmes
pâlissait devant la sienne. Bientôt je n'honorai plus aucun
des jeunes gens qui l'entouraient d'un seul regard ; je n'en
vis plus qu'un, qu'un seul, Olivier de Martigues revêtu d'un
uniforme de mousquetaire, qui relevait tellement la beauté
de sa taille et l'éclat de sa figure, que je sentis, Dieu me pardonnera cette pensée, que je sentis que je haïssais ma mère.

« Elle s'appuyait sur le bras d'Olivier avec une familiarité
si coquette et si douce, elle paraissait avoir si bien pris possession de lui, être si bien persuadée qu'il ne devait avoir
d'yeux que pour elle... Dans ce moment, on ne dansait pas :
les femmes se promenaient épanouissant leurs parures, les
hommes papillonnaient autour d'elles ; ils jouaient avec
leurs éventails, dérobaient leurs bouquets et leur lançaient
des regards si tendres, que je me persuadai que toutes les
femmes devaient être séduites, et tous les hommes amoureux. Mais c'était Olivier qui attirait toute mon attention,
et dont la vue me causait une émotion dévorante ; Olivier à
qui je n'avais presque pas pensé depuis deux ans, et qui m'ap-
paraissait empressé près de ma mère, et qu'elle-même était
ravissante ! Elle effaçait toutes les femmes qui étaient là, et
quand elle se mit en place pour danser avec Olivier, on
monta sur les banquettes pour mieux les voir, et mille ap-
plaudissements se mêlèrent aux éloges et aux exclamations.
Elle était heureuse, triomphante, adorée ; et moi, sa fille,
moi si jeune encore, moi à qui le plaisir aurait fait tant de
bien, j'étais là, cachée parmi ses domestiques, heureuse encore qu'un d'eux ne fût pas assez méchant pour me dénoncer
à sa colère et lui donner le prétexte de me traiter encore
plus sévèrement, ou de me renvoyer au couvent.

« Oh ! me disais-je, si jamais je suis mère, ce n'est point
ainsi que je traiterai mon enfant. Je l'aimerai, fût-elle laide ;
et je serai fière de sa beauté, dût-elle effacer la mienne ; et

ce ne fut plus qu'aux travers d'un nuage de pleurs que je vis cette belle fête.

« Hélas ! malgré ma jeunesse et la nouveauté du spectacle, toutes ces réflexions m'eurent bientôt rendue assez triste pour que j'aie désiré me retirer ; et j'allais prier mademoiselle Durand de me reconduire, quand j'aperçus Olivier de Martigues tout près de moi.

« Sans doute il était monté sur la galerie pour mieux jouir du coup d'œil de la fête ; ma mère avait consenti à lui laisser quelques instants de liberté. La simplicité de ma toilette, la place où j'étais assise ne devaient assurément pas m'attirer son attention, et cependant je fus blessée de ce qu'il était auprès de moi sans me deviner. Du reste, il paraissait dans ce moment ne s'occuper de personne ; et son front, tout à l'heure éclairé par l'orgueil et le triomphe, me parut tout à coup rêveur. Il se laissa tomber sur une banquette placée le long du mur, et se mit à pousser un soupir, comme une personne qui échappe à la contrainte. Ce n'était plus l'homme gai et brillant qui, tout à l'heure encore, faisait tant d'envieux. Mais que je l'aimais même mieux ainsi ! Je le regardais, et mes yeux se remplissaient de nouvelles larmes : celles-là, au moins, celles-là n'étaient pas sans quelque douceur.

« Madame de Melmont découvrit sans doute Olivier, car elle monta à la galerie, appuyée sur le bras de mon oncle ; elle dit quelques mots à l'oreille du chevalier. La robe brodée d'or de ma mère touchait mon vêtement de femme de chambre ; je sentais son souffle tomber sur mon front. Mais pensait-elle à moi, pensait-elle seulement qu'elle eût une fille ?

« Mademoiselle Durand m'entraîna. Quand je me retrouvai dans mon lit, il me semblait voir encore devant moi ce bal, ces fleurs, ces femmes, et surtout Olivier de Martigues, dont l'image ne peut plus me quitter ; je me suis endormie, mais je l'ai retrouvée au réveil.

« Depuis quatre jours que cette nuit mémorable est passée, ma solitude me paraît mille fois plus ennuyeuse, et ma mère, ma mère, mille fois plus cruelle.

« Le lendemain du bal, elle ne reçut personne, pas même moi ; mais le surlendemain, quand je la revis, je la regardai avec une sorte de terreur remplie de colère ; je me demandai si, parce qu'elle m'avait donné le jour, elle avait le droit de me retenir ainsi prisonnière?

« Je veux parler à mon oncle Martial, je sais qu'il est mon subrogé-tuteur. Oh! certainement, la première fois que je pourrai lui glisser quelques mots, je lui dirai qu'il faut absolument que je l'entretienne seul.

« Je vais écrire la conversation que je viens d'entendre pour ne pas en oublier une syllabe; elle m'apprend tout ce que j'ai à craindre.

« J'étais descendue ce matin, comme à l'ordinaire, pour déjeuner chez madame de Melmont. Son accueil fut plus glacial que de coutume; elle tenait une lettre à la main qu'elle froissa et jeta à demi entr'ouverte sur un petit meuble de boule placé à côté d'elle. Elle me parut pâle, ses lèvres étaient crispées, sa figure respirait un profond mécontentement, et je baissai les yeux tant j'éprouvais de crainte et de malaise. Nous gardions le silence, et je suis persuadée que ma mère désirait autant que moi la fin du déjeuner. A ma grande satisfaction, madame de Vernande entra.

« — Ah! vous voilà, s'écria ma mère, vous arrivez bien à propos. Mademoiselle, ajouta-t-elle, retirez-vous, si toutefois vous avez fini votre éternel déjeuner. »

« Mon éternel déjeuner! je n'avais pris que la moitié d'une tasse de chocolat, mais j'abandonnai de grand cœur le reste, et faisant une profonde révérence à ma mère et à son amie, je me retirai. Mademoiselle Durand, qui ne prévoyait pas que j'allais rentrer sitôt chez moi, n'était pas dans l'antichambre.

« Ce fut certainement une joie bien enfantine que celle que j'éprouvai quand je vis que je pouvais remonter seule l'escalier. Au moment où j'allais mettre le pied sur la première marche, j'aperçus, ouverte, une porte que j'avais jusque-là remarquée constamment fermée ; elle donnait sur une grande antichambre. J'y entrai sans trop savoir ce qui m'y entraînait ; je traversai deux très-beaux salons et je me trouvai dans la longue et magnifique galerie où s'était donné le bal. Mais pensant tout à coup que si ma mère était instruite de la liberté que je me donnais j'exciterais sa colère, je repris rapidement le chemin par où j'étais venue, et me retrouvai dans l'antichambre.

« Dans mon empressement à sortir, j'entrai dans un couloir presque obscur ; j'allais le quitter, mais je m'arrêtai immobile en entendant mon nom prononcé par madame de Vernande. Ce fut mal à moi, j'en conviens, d'écouter, mais aussi pourquoi me tyrannise-t-on comme on le fait ?

« — Non, ma chère amie, disait madame de Vernande, je ne puis approuver la manière dont vous traitez Herminie ; d'autant plus que vous ne pourrez longtemps suivre un tel système.

« — Elle est encore assez jeune, ce me semble, pour que je ne la présente point dans le monde, répondit ma mère sèchement ; d'ailleurs, personne ne l'a vue depuis sa sortie du couvent ; on ignore même...

« — Vous auriez peut-être fait plus raisonnablement de l'y laisser, la chose eût été plus naturelle que de l'enfermer dans sa chambre avec une gouvernante malade. Savez-vous qu'à sa place, pour me distraire, je deviendrais amoureuse de mon hideux maître de chant ou de mon vieux maître de harpe ; si elle s'enfuyait un beau matin par la fenêtre, on vous jetterait la pierre ; et on aurait raison.

« — Plût au ciel qu'elle prît ce parti ! s'écria ma mère, elle ne m'embarrasserait plus.

« — Voilà un vœu qui n'est pas très-maternel, reprit madame de Vernande en riant, mais je vous le pardonne en faveur de sa sincérité ; cependant, pourquoi, au lieu d'exposer cette enfant à faire quelque sottise, ne la mariez-vous pas? la chose ne serait pas difficile : elle est belle, riche, noble, et après vous elle aura une fortune très-considérable.

« — Sans doute, il faudrait que je me laissasse mourir pour que Mademoiselle devînt une riche héritière, reprit aigrement ma mère; pourtant, vous me pardonnerez de ne pas lui donner cette satisfaction.

« — Il ne s'agit point de votre héritage, répondit tranquillement madame de Vernande ; mais enfin il faudra bien que vous preniez un parti relativement à Herminie, sans cela le monde, la famille de son père à qui vous ne la faites point connaître...

« — C'est parce qu'elle est trop jeune, trop peu formée...

« — Dites parce qu'elle l'est trop, interrompit madame de Vernande : on n'aime point à côté de soi une grande fille fraîche et belle, surtout quand on est amoureuse d'un jeune homme.

« — Madame ! s'écria ma mère en frappant du pied, vous abusez étrangement...

« — Je n'abuse de rien, mon cœur, poursuivit madame de Vernande avec le même sang-froid, il y a longtemps que je vous ai avertie que si vous vouliez de moi pour amie, il fallait me prendre avec mes défauts et mes qualités. Je ne puis être ni flatteuse, ni fausse ; mais, absente comme présente, je vous aime et je vous défends ; nous cesserions de nous voir demain, que vous n'auriez jamais à craindre la

perfidie qui succède à tant d'amitiés de femmes. C'est à vous
de savoir si vous voulez m'accepter telle que me voilà ; d'a-
bord, je suis trop vieille pour changer, et quand je le pourrais, je vous avoue que j'aurais l'amour-propre de ne pas le
vouloir. Allons, tendez-moi la main et parlons franchement
et sans humeur : à quoi servent les demi-confidences ? à
donner à ceux qui les reçoivent le droit de les répéter, car
on devient maître de ce qu'on devine à moitié, ou à les embarrasser en leur demandant des conseils.

« Tenez, pour vous mettre à l'aise, voulez-vous que je
vous dise d'avance votre position? Vous craignez que votre
amant ne devienne amoureux de votre fille ; cette crainte
est raisonnable, ces maudits hommes ne parlent jamais d'a-
mour que pour mentir, et quoique vous soyez extrêmement
belle encore, cet encore gâte tout. Tenez, moi, je veux que vous
me preniez pour exemple ; je puis vous dire ce que j'ai ressenti
et en parler comme le marin qui a échappé à la tempête.

« Je n'étais pas belle comme vous, mais j'étais fort jolie ;
on me trouvait piquante, fraîche comme un printemps, gaie
comme un oiseau. J'eus des odorateurs ; je crus toujours aimer
davantage le dernier, c'est l'usage. Tout cela fut fort bien,
fort amusant, fort bien vu, jusqu'à ce que j'eusse atteint quarante ans. Je m'étais, cependant, un peu aperçue que, depuis quelques années, on ne parlait qu'avec ménagement
devant moi des très-jeunes femmes, et qu'on m'engageait à
en réunir beaucoup dans mon salon; mais comme je donnais d'excellents dîners, de très-beaux bals, ma petite cour
restait encore fort empressée ; je ne m'inquiétais de rien.
Mais plusieurs jours avant celui où devait avoir lieu un bal
magnifique, on forma dans ma société le projet d'arranger
un quadrille costumé, et quoique je fusse certainement une
des meilleures danseuses de l'époque, je n'y fus point com-
prise, j'appris même qu'on avait fait observer que j'étais

trop imposante, ce qui voulait dire trop lourde, trop vieille.

« J'aurais dû rire et danser encore quand j'en trouvais l'occasion; mais je me piquai et me retirai presque entièrement du monde.

« Qu'en arriva-t-il? c'est que l'on me prit au mot et qu'on me laissa bouder; c'est que ma place, que je croyais si brillamment occupée, se trouva promptement remplie. On ne se donna pas même la peine de me cacher qu'on ne me regrettait pas. Alors je fis une nouvelle maladresse : je voulus reprendre avec autorité le trône dont j'aurais conservé une partie avec un peu plus de modestie; je me montrai âcre, mordante. Jusque-là j'avais été seulement moqueuse; pour montrer de la gaieté, je le devins avec méchanceté, je me vengeai des jeunes femmes en découvrant leurs faiblesses; je traitais avec hauteur les hommes qui ne s'occupaient plus de moi.

« Hélas! à ce manége, je perdis non-seulement mes amants, mais encore mes amis. Quand j'entrais dans un salon, on me montrait des égards parce qu'on me craignait; mais je n'obtenais plus ni un mot d'amitié, ni une marque de confiance; j'en arrivai à ne plus voir que ma famille qui n'osait m'abandonner parce que j'étais riche, mais elle m'ennuyait beaucoup. La gaieté m'avait tout à fait abandonnée. L'envie est un sentiment qui l'éteint ou qui lui donne quelque chose de caustique, d'amer, de pénible; on me citait encore pour mes bons mots, mais on me citait avec terreur. Rien ne s'arrangeait plus avec facilité pour mes plaisirs, ni pour ma toilette; je trouvais les modes absurdes et ridicules, je reniais mes vieilles connaissances, et je me faisais ignorante du passé, croyant ainsi me rajeunir. Je ne me regardais plus dans le miroir qu'avec humeur, et cependant je ne voulais pas m'avouer que chaque année m'enlevait une grâce; j'avais beau me parer et passer plusieurs heures

à ma toilette, le temps, plus inexorable encore que la mort,
car celle-ci ne vous prend qu'une fois, tandis que le temps
vous attaque chaque jour, chaque jour vous laisse une
marque de sa rigueur, le temps appuyait sur moi sa main
dure et irréparable. Enfin, que vous dirai-je, je ne pouvais
plus inspirer d'amour et j'en exigeais encore.

« Ah ! qu'il fut affreux ce jour où j'entendis ces cruelles
paroles de la bouche d'un homme qui m'avait aimée.

« A votre âge, ma chère, on ne doit plus compter que
« sur des soins et de la reconnaissance. »

« Je fis une maladie qui se prolongea près d'une année,
et je sortis du lit les cheveux tout blancs et tout à fait vieille.
J'avais, durant ce temps, beaucoup réfléchi, et comme,
après tout, je ne suis ni foncièrement méchante, ni sotte,
je pris courageusement mon parti. De ce moment je ne dis
plus de mal des autres femmes, je n'exigeai plus des
hommes ni compliments, ni empressement, ni galanterie;
j'eus de la reconnaissance pour ce que l'on me témoignait
d'amitié, et tel est le charme du naturel, de l'absence totale
des prétentions, que j'aurais pu inspirer encore une assez vive
affection, quelque chose qui ressemblât à de l'amour. Mais
j'étais trop connaisseuse pour me contenter d'une si faible
compensation.

« Du moment qu'on me vit résignée à vieillir, les amis et
les connaissances me revinrent, je rendis ma maison agréable, et, après avoir été une des plus charmantes jeunes femmes, je suis devenue une vieille femme que l'on recherche
et que l'on aime parce qu'elle est indulgente et gaie.

« Je ne vous dis point, chère marquise, de renoncer avant
le temps aux belles années qui vous restent, usez-en au contraire, mais usez-en avec sagesse et sans vous préparer de
regrets. Vous avez le bonheur d'être mère, eh bien ! jouissez,
dans toute sa plénitude, de la félicité que donne aux femmes

l'amour maternel; ne vous préparez point d'amers regrets en repoussant votre enfant, en détruisant à plaisir la tendresse qu'elle doit ressentir pour vous. Est-ce sa faute si elle a seize ans, si elle est belle et si elle vous ressemble?

« — Ah! s'écria ma mère, souvent je me suis dit ce que vous me faites entendre avec tant de justesse et d'esprit. Peut-être fus-je parvenue à me vaincre sans l'amour fatal que je ressens pour M. de Martigues. Oui, vous l'avouerai-je enfin, je suis jalouse de ma fille parce qu'il conserve son souvenir. Elle n'avait que treize ans quand il l'a vue une fois, une seule fois, eh bien...

« — Eh bien! achevez; il est nécessaire que je sache tout.

« — Eh bien, donc, il faut faire taire toute vanité, et vous confier que ce n'est point Olivier qui m'a offert son amour, mais bien moi qui suis allée au-devant du sien. Savez-vous, ajouta-t-elle d'une voix basse, savez-vous que j'ai quinze ans de plus que lui. Il ignorait, à l'époque où je l'ai connu, les ruses et le manége des femmes; il s'est plutôt laissé entraîné que séduire. Il paraît m'aimer quand nous sommes au milieu du monde, quand il se croit des rivaux et que j'ai l'art d'exciter sa jalousie. Mais ce n'est pas de l'amour que je lui inspire, c'est quelque chose qui froisse mon orgueil, le blesse et me révolte.

« — Cependant on le voit partout avec vous, il ne vous quitte pas.

« — Il ne cède qu'à mes exigences, qu'à la crainte de mes reproches, de mes scènes. Voulez-vous, d'ailleurs, la preuve irrécusable qu'il pense réellement à Herminie?

« — Voyons?

« — Un jour que je me faisais peindre et peindre pour lui; il entra dans mon cabinet au moment où cette miniature venait d'être terminée. Il en vanta le fini, la ressemblance; mais en en apercevant une autre qui me représentait à l'âge de quatorze ans, il me la demanda de préférence à celle faite nouvellement. Savez-vous pourquoi? c'est que celle-là ressemble à présent à ma fille beaucoup plus qu'à moi !

« Olivier comprit sans doute le regard de fureur que je lui lançai, car il se hâta d'ajouter que ce qu'il préférait dans l'ancienne miniature était le genre et le faire du peintre.

« Je fus assez faible dans ce moment pour le croire, du moins je le feignis.

« Eh bien, ma chère, comprenez-vous maintenant mes inquiétudes, mes tourments, désapprouvez-vous que je ne veuille pas le rapprocher de ma fille ? Vous voyez que je ne vous cache rien.

« — Ah ! ma chère ! répondit madame de Vernande avec un sourire et une expression ironique, je ne m'abuse point sur votre confiance. Vous avez commencé par me promettre que vous suivriez mes conseils, mais vous ferez, je le crains, comme la plupart des femmes, elles ne supportent pas une amie qui leur dise la vérité; ainsi il vaut mieux que je me taise, car si je parlais je vous répéterais que je vous trouve aussi déraisonnable qu'imprudente et maladroite.

« — Je vous demande la vérité, reprit ma mère avec impatience, je vous assure que je saurai l'entendre.

« — Eh bien, donc, arrêtez-vous, car vous marchez dans une mauvaise voie. Il n'y a que les affections naturelles et douces qui assurent le bonheur. Dans dix ans vous serez vieille, je vous demande pardon de la crudité de l'expression; je me reprends et je dis, vous ne serez plus jeune. Vous ne serez plus jeune et vous vous serez fait une ennemie irréconciliable de votre fille, de votre fille que vous avez portée dans votre sein, nourrie de votre lait. N'est-ce pas une horrible crainte, Antoinette ? et cependant vous vous exposez à ce malheur. Le fol amour que vous ressentez pour le jeune Olivier s'éteindra comme tous les amours s'éteignent, il ne vous restera que la honte et la douleur de l'avoir ressenti et d'y avoir tant sacrifié.

« — La honte! interrompit ma mère avec hauteur.

« — La douleur, parce que vous l'aimez plus qu'il ne vous aime; la honte, parce que dans peu il vous méprisera, parce qu'il pensera que vous vous conduisez comme une insensée.

« — Vous êtes cruelle, dit ma mère d'une voix brisée.

« — Je suis dans le vrai, voilà tout, reprit madame de Vernande, rien n'est durable dans ce qui repose sur des illusions ; et c'est en cela que le mariage est un lien merveilleusement inventé. Le mariage ne peut fixer aucun sentiment stable ; Dieu seul a cette puissance et il est rare qu'il s'en serve. Mais quand ce lien est imposé à des gens bien nés, il devient un égoïsme à deux, qui revêt l'apparence d'un attachement durable. L'amour illégitime, au contraire, tend au changement ; né d'un caprice, il meurt par un caprice, parce qu'il ne se sent pas d'avenir. On dit qu'on s'attache à ce qu'on craint de perdre ; moi, je dis, au contraire, qu'on ne tient pas à ce qui peut nous échapper. Savez-vous ce que je ferais, si j'étais à votre place?

« — Que feriez-vous? demanda ma mère d'une voix impatiente.

« — Je rendrais la liberté au jeune Olivier, je ne cacherais plus ma fille, je m'occuperais d'elle, de son bonheur, de ses plaisirs. Ce serait une coquetterie de fort bon goût à l'égard du chevalier, que d'abdiquer le pouvoir quand vous pourriez régner encore.

« — Jamais! jamais! s'écria ma mère. J'ai d'autres projets; je marierai ma fille à M. de Martigues le père.

« — Un homme ruiné, qui a quarante ans de plus qu'elle. Charmant cadeau que vous ferez là à votre fille.

« — Et si je me mariais moi-même? ne suis-je pas assez jeune pour cela !

« — Est-ce que vous seriez capable d'épouser Olivier, de faire une pareille folie?

« — Pourquoi pas?

« — Ah! je vois d'ici que vous arrangez un drame dont le dénoûment pourra devenir très-intéressant.

« — Vous prenez plaisir à me déchirer le cœur, s'écria ma mère, que j'entendis se promener avec agitation dans son appartement.

« — Malgré mon esprit railleur, reprit madame de Vernande avec sensibilité, je ne veux pas vous abandonner, je vous aime, je voudrais que vos projets fussent raisonnables; mais enfin, quels qu'ils soient, si je ne puis vous empêcher de les exécuter, je ne vous tourmenterai plus.

« — Eh bien! il faut absolument qu'Herminie épouse M. de Martigues, reprit ma mère. Elle lui apportera cinquante mille livres de rentes; le baron doit être nommé ambassadeur, il emmènera sa femme avec lui, et ainsi...

« — Ainsi, tout ira parfaitement pour vous! Ma chère, je vous le répète, vous prenez une mauvaise route; je vous en supplie, réfléchissez encore. Pourquoi n'essayeriez-vous pas de vous occuper d'un autre homme plutôt que de cet enfant, qui n'a pour lui que sa jeunesse; car, ne vous y trompez pas, Olivier n'a point d'âme, son caractère est faible, il sera toujours entraîné par le dernier qui lui parlera. A vous parler franchement, je ne le crois pas capable d'éprouver une passion sérieuse pour aucune femme. Pourquoi plutôt ne pas écouter l'amour du duc de Montalbon?

« — Croiriez-vous que j'en ai menacé Olivier, et qu'il m'a conseillé de le faire, reprit ma mère en soupirant. Je crois qu'il serait bien aise d'être libre?

« — Tout cela est grave, reprit madame de Vernande. Dans la vie tout s'arrange, excepté les volontés du cœur.

« — Ah! si vous saviez ce que je souffre, vous me plaindriez, reprit ma mère; si vous saviez que de nuits je passe sans sommeil, et que d'inquiétudes le matin quand j'aperçois un pli sur mon front, une légère tache à l'émail de mes dents; ma beauté n'est plus un plaisir pour moi, elle est devenue un travail. Quand je suis dans le monde, je ne suis occupée que d'Olivier, et je ne sais plus y être aimable. Toutes les femmes m'inspirent de la jalousie, mais une seule, une réelle inquiétude. Les transports d'Olivier ne me rassurent même pas. Il me semble que ce n'est qu'à une illusion que je les dois; faut-il tout dire, enfin, ajouta ma mère d'une voix plus base, non-seulement je n'aime pas ma fille, mais je la hais...

« — Oh! vous devez bien souffrir! s'écria madame de Vernande, et à tout prix il faut marier Herminie. Mais pourquoi précisément choisir ce M. de Martigues, qui est si loin de mériter cette préférence?

« — Parce qu'il l'emmènera en pays étranger, et que je n'en entendrai plus parler. »

« En entendant ces cruelles paroles, deux ruisseaux de larmes coulèrent le long de mes joues : l'émotion que j'avais éprouvée m'avait fait perdre quelques phrases échangées entre ma mère et madame de Vernande. Mais qu'avais-je besoin d'en apprendre davantage; ma mère n'était-elle pas déterminée à me donner un homme que je ne pourrais jamais aimer.

« Cependant, au milieu de cette terrible certitude, j'éprouvais une joie secrète dont je ne pouvais contenir le bonheur. Il y avait plus de deux ans que je n'avais vu Olivier, et cependant il m'aimait, il m'aimait avec constance. Ni les séductions dont il était environné, ni la puissance d'une femme adroite et belle ne m'avait chassée de son souvenir...

« Mais, hélas! à quoi nous servirait cet amour, personne

n'avait le droit de me ravir à la domination de ma mère, personne n'avait le droit de me protéger.

« Quelques pas que la conversation que je venais d'entendre m'eussent fait faire dans la science des passions, j'étais trop naïve encore pour comprendre que la morale me séparait à jamais d'Olivier. Je ne voyais, entre ma mère et moi, qu'une rivalité où je croyais avoir le droit de l'emporter.

« J'étais plongée dans les réflexions que faisait naître ma triste situation, quand j'entendis marcher avec agitation dans l'antichambre ; c'était mademoiselle Durand qui me cherchait. Je fus au-devant d'elle, et je l'assurai avec empressement que je n'avais visité que le salon et la galerie.

« — Dépêchons-nous de remonter, reprit-elle ; si madame la marquise savait que je vous ai laissée seule un instant, je n'aurais qu'à chercher une autre condition. Mon Dieu ! ajouta-t-elle tout bas quand nous fûmes près d'entrer dans mon appartement, que vous est-il donc arrivé, Mademoiselle, votre figure est toute bouleversée ? »

« Je ne pus m'empêcher de laisser éclater mes sanglots. Mademoiselle Durand me fit entrer dans sa chambre ; la douleur rend confiant, je ne lui ai rien caché de ce que j'avais entendu, ni de ma secrète préférence pour Olivier. L'excellente fille a ranimé mon courage ; elle m'a promis qu'elle adoucirait mon sort autant qu'il serait en sa puissance ; mais elle a ajouté aussi qu'il fallait redoubler de prudence, qu'il fallait qu'on crût qu'elle suivait à la lettre les ordres qu'elle recevait de madame la marquise, et ces ordres étaient de me surveiller avec un soin extrême et une sévérité sans relâche.

« Voilà trois jours que tout ceci s'est passé, l'agitation que j'ai éprouvée, la vie renfermée que je mène, m'ont rendue

malade; j'ai été obligée de ne pas quitter ma chambre,
même pour descendre déjeuner chez ma mère; je me sens
presque heureuse de n'être point obligée de me trouver en
sa présence.

« De cette fois, je reprends la plume après plus d'un mois
d'interruption. Mais quel changement s'est opéré dans mon
sort, et que je me sens heureuse! Oh! je suis certaine de me
rappeler fidèlement tout ce qui m'est arrivé, je n'oublierai
rien. Mademoiselle de Verbois s'est trouvée très-mal, et j'ai
été moi-même assez indisposée pour que ma mère n'ait pas
osé me laisser dans le même appartement d'une personne
tombée dans un imminent danger.

« On m'a fait descendre un jour pour dîner; je m'attendais à ce qu'il n'y aurait d'autre personne que mon oncle
Martial, et peut-être l'inséparable madame de Vernaude;
mais M. le baron de Martigues était au salon. Il me salua
profondément, et sa figure prit une expression passionnée
qui me déplut et m'effraya. Depuis que je connaissais les
intentions de ma mère, ma répulsion pour lui s'était changée en haine. Il dut me trouver plus que réservée, il dut me
trouver hautaine; car, redoutant jusqu'au contact de sa
main, quand il me la présenta pour nous rendre à table,
je pris celle de mon oncle Martial, qui ne pensait pas à me
l'offrir... Ma mère me lança un regard de colère, devant
lequel, je l'avoue, je baissai des yeux moins soumis. Je me
sentais plus forte contre elle depuis que je l'avais entendue
déclarer ses sentiments pour moi et son amour pour Olivier
de Martigues.

« Le dîner fût gêné, comme je sentais qu'il devait constamment l'être en ma présence. Aussi, dès que nous fûmes
rentrés au salon, je me préparais avec plaisir à remonter
chez moi, quand ma mère me dit :

« — Vous n'occuperez plus le même appartement, Mademoiselle, vous allez désormais habiter les deux pièces qui touchent le mien. Mademoiselle Durand ne vous quittera pas. Mais ce nouvel arrangement ne durera pas longtemps, car nous partirons bientôt pour Melmont. Vous pouvez ce soir demeurer quelques instants de plus au salon. » Et elle me désigna du regard un métier à tapisserie, devant lequel je fus m'asseoir.

« Més yeux n'encouragèrent pas M. de Martigues à s'approcher de moi; cependant il se plaça de manière à ne pas perdre un de mes mouvements. Je suis persuadée que la soirée parut encore plus longue à ma mère qu'à moi : elle, sacrifiait sans doute la présence de ce qu'elle aimait, moi je ne perdais qu'une solitude fort triste; et puis, même avec ceux que l'on n'aime pas, il y a toujours quelque chose à apprendre. Cependant je fus bien aise quand mademoiselle Durand vint me chercher pour me conduire dans mon nouvel appartement.

« D'un côté il donne dans le boudoir de ma mère, de l'autre il s'ouvre sur une petite antichambre, qui prend jour sur une terrasse au-dessus du jardin de l'hôtel. La chambre de mademoiselle Durand est très-près de la mienne. Il se trouve encore deux autres portes dans l'antichambre, l'une donnant sur l'escalier, et l'autre dans une bibliothèque où l'on n'entre jamais; ma mère lit fort peu.

« La clef de l'antichambre ne doit pas quitter la poche de mademoiselle Durand.

« — Vous voilà ma prisonnière, me dit-elle en riant; mais vous savez, Mademoiselle, que ce n'est pas moi qui rendrai votre esclavage plus pénible. Hélas ! je crains bien que l'on ne vous choisisse promptement une autre gouvernante, car cette pauvre mademoiselle de Verbois n'a pas huit jours à vivre. »

« Certes, je n'avais pas eu beaucoup à me louer de mademoiselle de Verbois, néanmoins cet arrêt me fit beaucoup de chagrin ; puis je l'avais soignée depuis qu'elle était tombée malade, et elle m'en avait témoigné de la reconnaissance ; enfin l'idée de la mort inspire tant d'effroi dans la jeunesse, la certitude de cette absence sans retour cause un étonnement si triste, que je me mis à fondre en larmes. Je regrettais aussi beaucoup mon ancien appartement, j'y avais passé de longues heures de pénible solitude, mais je m'y croyais plus libre. Cette porte, qui conduisait chez ma mère, pouvait s'ouvrir dans l'instant où je m'y attendrais le moins.

« — Eh bien ! eh bien ! dit mademoiselle Durand, faut-il pleurer avec tant d'amertume, Mademoiselle ? Je sais bien que vous n'êtes pas heureuse comme vous devriez l'être, mais pour commencer à vous prouver ma bonne volonté à vous être agréable, je vous remettrai une clef de la terrasse qui donne sur le jardin. Vous pourrez ainsi y prendre l'air, à la condition de ne pas y paraître le jour, et, pour plus de sûreté, vous trouverez la porte de la terrasse ouverte chaque soir. Je vous ouvrirai aussi la bibliothèque, dont une porte en glace donne dans la galerie où l'on fait souvent de la musique, que, de là, vous pourrez entendre ; enfin, je vous procurerai autant de liberté et d'agrément qu'il me sera possible, croyez-le bien, ma chère demoiselle. »

« Je cessai de pleurer, parce que tout a une fin, non que les consolations de mademoiselle Durand me parussent bien efficaces. Je la renvoyai de bonne heure, et, à moitié déshabillée, je m'assis au coin de mon feu. J'essayai de lire, mais peu à peu le livre cessant de m'intéresser, je tombai dans une profonde rêverie qui me parut un état rempli de charmes. Il n'est assurément personne, et surtout pas une jeune personne, qui ne se soit laissée aller à s'arranger une vie tout idéale. Il est inutile de dire qu'Olivier jouait le premier rôle dans la mienne, et si le sort m'accorde quelque bonheur, je doute qu'il approche jamais de celui que je me suis créé pendant cette délicieuse rêverie.

« Je passai ainsi plusieurs heures sans m'en apercevoir ; on avait allumé un grand feu, et, comme ma chambre n'était pas très-vaste, je me sentis au bout de quelque temps assez incommodée par la chaleur, et un extrême besoin de respirer l'air.

« La fenêtre de ma chambre qui donne sur la cour est fermée par des contrevents et une sourdière, j'eus peur de faire du bruit en dérangeant tout cela, et j'entrai dans l'antichambre ; la porte qui ouvre sur la terrasse n'était qu'à demi fermée ; mademoiselle Durand m'avait tenu parole. Je pouvais prendre le frais et un peu d'exercice à quelque heure que ce fût de la nuit.

« Certes, pour la jeune fille convenablement libre ; pour celle qui accompagne sa mère, qui jouit de la promenade et des plaisirs de son âge, ce serait un bien médiocre agrément que de se promener, au milieu de la nuit, sur une terrasse donnant sur un jardin, alors dépouillé de toute parure.

« Mais pour moi qui, depuis plus de six mois, n'étais sortie de ma chambre que pour entrer dans celle de ma mère ; pour moi à qui on n'avait procuré aucun agrément, c'était une véritable distraction, presque un bonheur, que la possession de cette terrasse. J'y entrai et m'y promenai avec délices, en long, en large, comme un prisonnier à qui il n'est pas permis d'autre exercice. Je profitai de ce plaisir tant et si longtemps, que le crépuscule, qui commence à paraître d'assez bonne heure au mois de mars, se leva doucement au-dessus des arbres du jardin et se refléta sur les murailles qui l'entourent ; j'allais me retirer dans ce moment, lorsque je crus distinguer deux personnes marchant dans le fond du jardin.

« La prudence m'ordonnait de rentrer ; en restant, je risquais de compromettre mademoiselle Durand. Je fis une concession à la prudence en me cachant derrière un grand vase de stuc, et j'examinai très-attentivement.

« Ces deux personnes descendirent l'allée du jardin qui longeait une des murailles ; puis, tout à coup l'une d'elles s'élança sur le faîte, disparut, et je vis glisser sur ce mur comme un long serpent. J'ai compris depuis que c'était une échelle de soie. La seconde personne restée dans le jardin, après avoir attendu quelques minutes, descendit presque en courant l'allée et s'enfonça sous le péristyle qui descend de la maison dans le fond du jardin... Cette personne, c'était un femme ; cette femme, c'était ma mère.

« Je rentrai intriguée, tremblante et presque indignée, quoique ne comprenant pas toute l'importance de ce qui venait de se passer, mais en soupçonnant trop pour ne pas me sentir excessivement troublée. Je venais de perdre à demi le dernier rempart de respect que la piété filiale et l'habitude avaient, malgré tout, conservé dans mon âme.

« Le matin, quand mademoiselle Durand entra dans ma chambre, j'eus peut-être tort, je lui racontai ce que j'avais découvert ; je lui dis tout ce que je ressentais d'indignation contre ma mère ; je lui dis que j'étais décidée à me dérober à son autorité. Je ne voulais pourtant pas m'avouer que je craignais qu'Olivier ne fût son complice, et encore moins eus-je voulu l'avouer à un autre.

« Je ne sais ce que pensa mademoiselle Durand, mais elle chercha à me persuader que je m'étais trompée. Elle fut la première à me proposer d'avertir ma mère que je ne pourrais déjeuner avec elle, me trouvant fort souffrante

« Ma mère vint me voir avec mon oncle, et me traita avec une froideur qui me fit du bien. J'aurais en effet été plus révoltée si elle m'eût témoigné de la tendresse, je ne voulais plus ni l'aimer, ni la respecter, je me révoltais enfin.

« Je ne pouvais m'expliquer pourquoi je me sentais moins timide devant ma mère; moi qui n'avais osé, jusqu'à ce moment, hasarder la moindre observation, je lui demandai avec résolution la permission de me rendre à la messe le lendemain, qui était un dimanche.

« Sous le prétexte que ma gouvernante était malade, on m'avait privée depuis longtemps de remplir mes devoirs religieux. Quoique étonnée, je crois, de mon maintien froid et décidé, madame de Melmont me répondit qu'on priait Dieu partout, et que l'acte qui plaisait le plus au Créateur était le respect donné aux volontés de sa mère ; qu'au surplus, j'aurais le temps de remplir tous mes devoirs religieux quand je serais mariée, et que je serais mariée aussitôt que nous arriverions à la campagne, où nous devions nous rendre dans quelques semaines.

« — Je ne veux pas me marier, Madame, prononçai-je avec une fermeté qui fit tressaillir d'effroi mon oncle Martial, lui qui, depuis tant d'années, se montre le très-humble esclave des volontés de sa belle-sœur.

« — Vous ne voulez pas vous marier ! répéta ma mère, n'êtes-vous pas ma fille? ne suis-je pas votre tutrice? et qui ose vous donner de pareils conseils? qui ose vous suggérer de me résister ?

« — Les murailles de ma chambre, Madame, dont vous me faites une prison. »

« Elle resta un moment pâle de colère, puis me saisissant violemment le bras, elle me dit :

« — C'est une lutte qui s'élève entre nous, n'est-ce pas, odieuse créature? Eh bien! nous verrons qui l'emportera. »

« Et elle sortit furieuse.

« Mon oncle me fit, en la suivant, un signe d'amitié au-

quel je dédaignai de faire attention ; je lui en voulais trop
de laisser ainsi tyranniser la fille de son frère.

« Mademoiselle Durand me trouva si exaltée en entrant
dans ma chambre, qu'elle me promit de ne se refuser à rien
de ce qui pourrait adoucir mon sort.

« Mais je ne cessais de répéter que j'étais perdue, et n'o-
sais dire ma pensée secrète. Ce que je voulais, en effet, c'était
de parler à Olivier de Martigues, de lui demander sa protection contre son père ; il me semblait impossible qu'il ne le
décidât pas à renoncer à moi.

« Mademoiselle Durand était une personne très-adroite ;
elle me comprit à demi mot et me quitta en me disant d'espérer. Hélas ! je n'espérais guère, et je restai comme la
veille, toute la soirée, assive devant mon feu, pleurant et
rêvant à la fois, quand mademoiselle Durand, entr'ouvrant
ma porte, me dit bien bas :

« — Venez, Mademoiselle, il est là.

« — Qui donc ! qui donc ?

« — Monsieur Olivier de Martigues ; j'ai su qu'il était chez
Madame ; je l'ai guetté dans l'escalier, et, quand il est sorti,
je l'ai conduit dans la bibliothèque où il vous attend. »

« Je me sentis trembler comme une feuille, et au lieu de
suivre mademoiselle Durand, je la regardai avec une sorte
d'effroi et demeurai immobile.

« — Mais venez donc, répéta mademoiselle Durand, je ne
vous quitterai pas, et puisque c'est son père que l'on veut
vous faire épouser, peut-être M. Olivier obtiendra-t-il de lui
qu'il renonce à votre main et qu'on ne vous tourmente pas.»

« Je me laissai entraîner. Quand Olivier m'aperçut, il se
jeta presque à mes pieds. Je balbutiai quelques paroles qu'il
ne dût pas entendre ; mais ce que j'ai bien entendu, moi,
ce sont les expressions de tendresse et de dévouement qu'il
m'a répétées ; il m'a juré qu'il serait mon protecteur, et

qu'il empêcherait bien qu'on disposât de ma main sans ma volonté.

« Cette fois, nous sommes restés peu de temps ensemble; mais le succès de cette première entrevue nous a rendus moins craintifs, et depuis un mois nous nous sommes vus, Olivier et moi, au moins deux ou trois fois par semaine: Assis à côté l'un de l'autre, sur une des banquettes qui bordent la bibliothèque, nous parlant de notre passé encore si court, et qui nous semble si important, Olivier m'a juré qu'il m'avait aimée du premier jour qu'il m'avait vue; que, tout enfant que j'étais, l'effet que je produisis sur lui ne s'était jamais effacé.

« Une seule fois j'ai hasardé de lui parler de ma mère; il m'a semblé qu'il évitait de me répondre, mais il m'a rassurée par tant d'amour et de tendresse, il m'a tant juré qu'il n'aimait que moi, que je ne puis conserver de soupçons; ma mère aime seule.

« Pendant que nous causons avec tant de bonheur et de confiance, mademoiselle Durand veille pour nous ; quelquefois elle s'endort, et quand je suis rentrée dans ma chambre, je la force pourtant encore à écouter tout ce que m'a dit Olivier. Ah ! je suis bien certaine maintenant que ce n'est pas lui qui était dans le jardin ! je suis bien certaine de son amour !

« Oui, depuis que j'ai la conscience de l'affection d'Olivier, tout est changé autour de moi, et je m'aperçois à peine de la sévérité de ma mère, qui devient cependant tous les jours plus rigoureuse ; elle croit me punir beaucoup en ne me faisant plus venir dans son appartement à l'heure du déjeuner. Cela m'arrange, au contraire, d'autant plus que, passant une partie des nuits à causer avec Olivier, je puis dormir le matin tout à mon aise.

« Mademoiselle Durand se montre toujours excellente et

dévouée pour moi ; je lui ai fait la promesse d'une pension à l'époque de ma majorité, et je lui donne en attendant tout ce dont je puis disposer, ce qui, du reste, n'est pas grand'-chose ; car madame de Melmont, pensant sans doute que l'argent m'est une chose fort inutile et que je pourrais en faire mauvais usage, ne m'a rien donné depuis ma sortie du couvent. Elle a dû être fort blessée d'une réponse que j'ai faite il y a quelques jours à madame de Vernande ; car depuis que j'ai découvert le peu de respect que mérite ma mère, et que je me sens soutenue par l'amour d'Olivier, je ne suis plus cette jeune fille timide qui se laissait écraser sans se révolter, et l'on peut s'apercevoir que je suis prête à re-pousser l'aiguillon qui me blesse et à faire sentir le mien.

« Madame de Vernande, qui, au milieu de ses défauts, est fort généreuse, et a toujours une foule de personnes mal-heureuses qu'elle cherche à secourir, m'a dit il y a peu de jours :

« — Ma belle Herminie, je suis persuadée que vous ne re-fuserez pas de vous associer à une bonne action en me don-nant une petite partie de vos économies?

« — Mes économies, Madame, ai-je répondu, pour en faire, il faudrait que j'eusse au moins le nécessaire, et je n'ai pas un louis à ma disposition ; mais je puis vous offrir le fruit de mon travail, et, si vous le voulez bien, je vous remettrai un éventail que j'ai peint et que je crois assez joli pour être bien vendu ; vous en disposerez au profit de vos indigents. »

« Madame de Melmont a prodigieusement rougi, et comme elle ne sait rien faire qu'avec passion, elle m'a donné, ou plutôt jeté, une bourse remplie de pièces d'or.

« J'en ai remis plusieurs à madame de Vernande, et je suis certaine que, depuis ce moment, la haine de ma mère s'est beaucoup augmentée ; mais que m'importe? je n'ai plus qu'une pensée, celle d'Olivier, de mon cher Olivier.

Nous nous voyons toutes les nuits où ma mère reste chez elle ; mais malheureusement cela n'arrivera plus aussi souvent, et les nuits deviennent assez courtes. Ma mère sort souvent, et Olivier m'a avoué qu'il était obligé de se trouver dans les mêmes cercles qu'elle, dans la crainte qu'elle ne conçoive quelques soupçons sur nos entrevues, et que son père n'en soit instruit. Ah ! je frémis de voir la saison s'avancer. Mademoiselle Durand me disait hier que le suisse l'avait plaisantée, parce qu'il avait très-bien remarqué, plusieurs fois, un jeune homme sortant, furtivement, de l'hôtel à une heure très-avancée de la nuit. Ainsi, la réputation de ma pauvre Durand est tout à fait perdue, et ma reconnaissance ne doit pas avoir plus de bornes que son dévouement. Elle sera désormais mon seul conseil, la seule personne qui me guidera. Cette position vis-à-vis de moi l'a rendue, il est vrai, très-familière, et elle m'a raconté beaucoup de détails sur ma famille.

« Il paraît que mon excellent père a été fort malheureux dans son intérieur, et qu'il a beaucoup souffert du caractère impérieux et violent de ma mère. Pauvre père ! si je ne l'avais pas perdu si jeune, il eût empêché, j'en suis sûre, qu'on me traitât si sévèrement. Ah ! j'ai déjà bien réfléchi sur mon sort, à moi, et sur le sort de presque toutes les jeunes filles en général. Quand nous sortons de l'enfance, quand nous entrons dans la route fleurie et dangereuse de la jeunesse, dans cette vie où tant d'écueils nous attendent, heureuse, cent fois heureuse, celle qui a conservé sa mère pour meilleure amie !... j'avoue, cependant, que la mienne peut être effrayée de mon caractère... Ah ! si je reçois jamais de l'hymen le titre sacré de mère, je veux être le conseil de mon fils, la confidente des plaisirs et des chagrins de ma fille ; je ne la punirai point de ce qu'elle jouira de son printemps quand j'approcherai de mon automne.

« Voilà huit jours que je n'ai écrit, huit jours seulement, et, durant cet espace de temps, que d'événements se sont passés, quel bouleversement s'est opéré dans ma vie... et, par une étrange fatalité, n'aurais-je pas ouvert sous mes pas un abîme de malheurs et de fautes, dont je ne sortirai plus.

« J'ai été assez incommodée; ma tête est restée en feu, une agitation cruelle me ravit tout repos. Olivier m'est mille fois plus cher, mais il me semble que je ne l'aime plus de la même manière. Il me vient sans cesse aux lèvres ce vers de Phèdre :

C'est Vénus tout entière à sa proie attachée.

« Je ne puis rester en place, il me prend des accès de colère et de découragement; je me promène comme une lionne dans ma chambre, où je suis enfermée. Pourquoi m'enfermer? une mère a-t-elle le droit de s'ériger en geôlier? Je veux sortir, moi, je veux connaître ce monde que l'on me cache, je veux jouir de ses plaisirs, ou plutôt je veux, oui je veux voir Olivier. Ma douleur devient de la rage quand je songe que peut-être il est près d'une autre, et que moi je suis seule, toujours seule, sans que personne vienne à mon secours! Le bruit des voitures qui entrent à chaque instant dans la cour de l'hôtel me cause des tressaillements de fureur. Je ne puis voir les personnes qui en descendent, mais je suis sûre, oh! bien sûre, que c'est souvent Olivier.

« Pourquoi me vient-il depuis quelques jours une méfiance au cœur? pourquoi me vient-il à la pensée que j'ai livré mon sort, mon honneur à un trompeur, à un perfide?

« Je viens de répandre beaucoup de larmes; je me sens

abattue, mais plus résignée. Cependant j'ai essayé de prier; mais je n'ai qu'une pensée, mes lèvres ne s'ouvrent que pour répéter le nom d'Olivier.

« Il y a huit jours que je n'ai dormi une heure de suite; il y a huit jours que je n'ai goûté une heure de joie; il y a huit jours que je n'ai vu Olivier. Il m'a seulement envoyé une lettre bien courte; je froisse, je brise ce papier, il ne me rend ni mes baisers, ni mes larmes.

« Nous étions dans la bibliothèque, la nuit, comme de coutume, Olivier et moi, assis dans le fond de la pièce; mademoiselle Durand se tenait près de la porte pour surveiller; ma tête reposait sur l'épaule d'Olivier, ma main tremblait dans la sienne. Tout à coup mademoiselle Durand nous fit signe de garder le silence le plus absolu, et, marchant tout doucement, elle éteignit la lumière que nous cachions avec précaution sous un meuble, d'où elle ne nous donnait qu'une faible clarté; mais cette clarté pouvait nous trahir encore. On frappa à la porte de l'antichambre, et la voix de ma mère, basse, mais impérieuse comme de coutume, se fit entendre.

« — Durand, répétait-elle, Durand, ouvrez-moi à l'instant même; je viens de vous entendre parler, et j'ai déjà été avertie que vous laissiez ma fille à une heure avancée de la nuit dans la bibliothèque.»

« Nous ne répondîmes pas.

« — Je vais chercher la seconde clef qui ouvre cette porte, dit ma mère plus haut, et malheur à vous si vous n'avez pas fait votre devoir.

« — Il faut vous cacher dans votre lit, dit mademoiselle Durand en me poussant dans ma chambre; et vous, monsieur le chevalier, entrez dans cette armoire, ne bougez pas, ne perdons pas la tête.»

« Olivier comprit mal, ou, dans son trouble, il ne sut ce

qu'il faisait; sa terreur, il est vrai, paraissait plus grande que la nôtre, car, au lieu d'entrer dans l'armoire, il pénétra dans ma chambre, et se blottit derrière une large portière qui masquait la porte d'un cabinet où l'on dépose mes robes.

« Mon cœur battait à rompre dans ma poitrine, et je me sentis près de défaillir quand j'entendis tourner la clef dans la serrure de la porte de l'antichambre. Ma mère entra d'abord dans la bibliothèque, puis chez mademoiselle Durand à qui elle demanda la clef de ma chambre, qu'elle ouvrit cependant assez doucement.

« J'aperçus l'éclat de la bougie au travers de mes paupières tremblantes. Cette clarté s'abaissa sur mon front, sur mon visage pâle d'effroi; heureusement ma mère se trompa à ma pâleur, car elle murmura :

«— Serait-elle malade? et pourtant qu'elle est belle ainsi!»

« Laissant retomber le rideau du lit, elle marcha vers la cheminée, s'appuya sur le marbre, et plongea ses yeux dans l'immense glace qui est attachée sur cette cheminée. Elle dit bien bas, et cependant je l'entendis :

« — Je vieillis, voilà une ride, puis une autre, puis encore une. Olivier les compte peut-être. »

« Et elle se laissa tomber dans une bergère près du feu éteint depuis longtemps.

« Madame de Melmont était placée tout à côté du rideau qui cachait Olivier; un mouvement de lui, un soupir pouvait nous perdre.

« Eh bien! j'en pris tout à coup mon parti. Dans les petites choses, comme dans les grandes, il est dans mon caractère de préférer le malheur à l'anxiété de l'incertitude. Si ma mère était venue à mon lit, elle eût vu mes yeux, tout grands ouverts, fixés sur elle sans crainte et même avec audace; mais, après être restée un instant rêveuse, elle quitta son fauteuil, éleva la bougie autour de la chambre, eut sans doute la pensée de s'approcher de moi ; puis s'éloigna vivement, et sortit en fermant la porte à double tour.

« J'entendis le frôlement du damas de sa robe de chambre quand elle entra chez mademoiselle Durand pour lui remettre la clef, ensuite je n'entendis plus rien que le souffle d'Olivier toujours retenu.

« Je m'étais assise sur mon séant : le trouble, l'effroi que je venais d'éprouver me bouleversaient. Je m'attendais à ce que mademoiselle Durand allait entrer dans ma chambre, je le désirais sans doute ; mais ce que je désirais plus encore, c'était de parler à Olivier, de l'accabler de reproches. Ma mère, dans ses craintes, dans sa jalousie, n'avait-elle pas dévoilé l'intimité qui existait entre elle et lui ; je voulais le confondre, lui dire qu'il nous trompait toutes les deux, et quand il sortit de sa cachette, quand il s'approcha de moi, ma colère s'éteignit dans les larmes. Hélas ! quand mademoiselle Durand entra le matin chez moi, j'étais assise près du feu, pâle, défaite, honteuse de me sentir heureuse de la présence d'Olivier, le repoussant et le rappelant tour à tour. Ce furent de cruelles et ravissantes heures que nous passâmes ensemble, et si Dieu doit me les compter un jour comme un crime, pourquoi y attacha-t-il tant d'ivresse et de bonheur.

« Il était impossible qu'Olivier pût quitter l'hôtel avant la nuit, les gens se tenaient dans les antichambres, ou montaient et descendaient l'escalier pour le service. Le suisse eût reconnu Olivier, ce qu'il n'avait point fait jusque-là, lorsque celui-ci s'en allait avant le jour.

« Nous acceptâmes, avec une joie mêlée de crainte, cette nécessité de ne point nous quitter encore.

« Mademoiselle Durand, désespérée de s'être montrée jus-

que-là si complaisante, et redoutant la colère de ma mère,
nous déclara qu'il fallait à l'avenir renoncer à nos rendez-
vous; du moins pendant quelque temps. Elle exigea même,
pour éloigner les soupçons, que je ne prétextasse point
d'indisposition, si ma mère me faisait avertir de venir dîner
chez elle. Mademoiselle Durand se reprochait amèrement
de s'être trouvée très-incommodée aussitôt que ma mère
avait quitté ma chambre, c'était ce qui l'avait empêchée d'y
rentrer. Je faisais des vœux pour ne pas être obligée de
quitter mes appartements; mais, contre mes espérances,
un laquais vint avertir mademoiselle Durand que je dîne-
rais chez la marquise.

« J'entrai au salon, le visage couvert de rougeur et les
traits tellement altérés, que mon oncle Martial, profitant de
ce que ma mère ne pouvait l'entendre, me dit tout bas :

« — Vous paraissez incommodée, ma chère nièce, voulez-
vous que je prie la marquise de faire venir son médecin ?

« — Je vous en conjure, mon oncle, répondis-je aussi
bas, n'appelez pas l'attention de ma mère sur moi. »

« On annonça le baron de Martigues, un instant après
que ma mère fut servie. Je dois dire que, durant le dîner,
mon oncle fut très-bien pour moi; ma mère, ordinairement
vive et brillante, même dans la conversation la plus intime,
semblait préoccupée et souffrante. Je n'osais lever les yeux
sur elle, car je sentais qu'elle me regardait avec une profonde méfiance; mon oncle, qui est l'homme du monde
qui a le moins de tact, crut relever la conversation avec
adresse, et dit au baron :

« — A propos, mon cher baron de Martigues, avez-vous vu
votre fils, ce matin ?

« — Non ; mais pourquoi cette question ?

« — Ah! c'est que j'ai rencontré au jeu de paume le vicomte de Sillery qui, sachant que le chevalier venait au

moins une fois par jour chez ma belle-sœur, m'a demandé s'il s'y était présenté ce matin; cela nullement par curiosité, mais par intérêt, parce qu'Olivier est sorti hier de chez lui avant dîner et n'y était pas rentré ce matin. Sillery y est allé de très-bonne heure pour lui demander des petits pistolets de poche qu'il lui avait prêtés il y a près d'un mois; et comme Sillery en avait besoin, il a dit au valet de chambre du chevalier de les chercher dans leur boîte.

« — Eh bien? dit le baron.

« — Eh bien, Baptiste a dû convenir que son maître les emportait presque tous les soirs, surtout les jours où il ne rentrait pas.

« — S'il est dans les habitudes de M. Olivier de ne pas rentrer chez lui, dit madame de Vernande en riant, je ne vois pas pourquoi on s'en inquiéterait plus aujourd'hui que les autres jours. »

« Je sentis mon visage brûler et pâlir, ma main tremblait; tout décelait ma terrible agitation. Pour rien au monde, je n'aurais levé les yeux sur ma mère; car je sentais qu'elle était dévorée par d'horribles soupçons, et qu'elle cherchait à lire dans ma pensée.

« Mais, tout à coup, je ne sais quelle révolution s'opéra en moi : comme il n'est pas dans mon caractère de trembler, et désirant réellement une catastrophe qui mît fin à l'angoisse de ma position, je relevai la tête avec fierté. Sans doute l'expression de ma figure sembla braver madame de Melmont, car elle se leva de table avec violence et je l'entendis murmurer :

« — Indigne, insolente créature ! »

« J'espérais qu'elle allait me renvoyer chez moi; mais M. de Martigues lui dit quelque chose tout bas. Sans doute il obtint de m'offrir la main pour me conduire au salon, et il me demanda la permission de m'arrêter un moment dans l'embrasure d'une fenêtre. La veille encore, je l'eusse repoussé avec hauteur; mais, dans ce moment, je ne voyais en lui que le père d'Olivier et je l'écoutai avec une déférence dont il profita. Il me parla de son amour, des efforts qu'il ferait pour me rendre heureuse, du prix qu'il attacherait à ma seule amitié.

« — Elle vous sera acquise ainsi que mon respect, répondis-je à voix basse, si vous voulez, Monsieur, renoncer à prétendre à ma main; d'ailleurs, je me trouve trop jeune pour songer à m'établir.

« — Dites plutôt, laissa échapper M. de Martigues avec dépit, que vous me trouvez trop vieux pour mari; mais, Mademoiselle, puisque vous vous targuez de votre jeunesse pour refuser un établissement, j'oserai vous dire que l'autorité de madame la marquise n'en pèsera que plus longtemps sur vous, et que tant que la volonté de madame de Melmont me sera favorable, je ne renoncerai pas à votre main.

«— Et vous avez tort, repris-je avec fermeté; parce que jamais, je vous le répète, Monsieur, je ne consentirai à vous épouser. »

« Je n'avais pas achevé cette phrase, que ma mère saisit la chair de mon bras entre ses doigts crispés. Je jetai un cri de douleur.

« — Ma sœur! s'écria mon oncle avec une énergie très-extraordinaire chez lui; ma sœur, vous vous oubliez!

« — Ma chère amie, fit observer madame de Vernande, de son ton railleur et tranquille, vous vous faites beaucoup de mal et à cette pauvre enfant aussi. Confiez-la-moi durant quelques semaines, je la raisonnerai; et je suis certaine que je l'amènerai à se rendre à votre volonté.

« — Oui, dit ma mère, emmenez-la; qu'elle sorte de chez moi, qu'elle en sorte pour n'y jamais rentrer. »

« Tant d'émotion, une scène aussi terrible, les agitations que j'avais éprouvées depuis vingt-quatre heures, ébranlèrent mon organisation. Je fis quelques pas pour suivre madame de Vernande, et je tombai inanimée aux pieds de ma mère.

« Quand je revins un peu à moi, j'entendis ma mère qui disait :

« — Mademoiselle Durand, que personne ne l'approche que vous et le médecin que je vais envoyer. »

« On me porta sur mon lit. Mademoiselle Durand essaya de me déshabiller et de me consoler; Olivier n'était plus là.

« — Il était heureusement parti quand on m'a appelée, me dit mademoiselle Durand bien bas; j'ai profité de l'heure du dîner de l'office pour le faire échapper; ce qui était d'autant plus nécessaire que, pour éviter de donner aucun soupçon à madame votre mère, il faut que M. le chevalier se trouve ce soir avec elle au bal que donne M. de Polignac. »

« Je pleurai encore plus amèrement. Quoi! tandis que je souffrais le martyre, que j'étais en butte aux mauvais traitements de ma mère, Olivier songeait à jouir d'un bal, à se montrer élégant, gai, brillant, galant sans doute; et pour éloigner davantage encore tous les soupçons, peut-être même me serait-il infidèle. Misérable condition de la femme, qui ne peut la faire aimante sans la faire victime; injuste loi approuvée par le monde, qui fait que le plus coupable est le moins puni : j'étais là, moi, rongeant ma colère, brûlant à la fois de fièvre et d'amour; et pendant ce temps, Olivier se parait pour une fête...

« J'entendis sortir la voiture des remises de la marquise; la grande porte s'ouvrit, l'équipage emporta rapidement celle que Dieu avait faite femme sans la faire mère. Puis, la cour redevint sombre, l'hôtel silencieux, et je n'entendis plus que le murmure de mes sanglots, les imprécations de ma colère; car, je le sens, je ne suis point de nature à me laisser opprimer constamment sans relever le front.

« Mes jours et mes nuits se passent à espérer et à pleurer. Olivier m'a écrit deux petits billets : il me semble qu'il aurait dû venir, au risque même de sa vie. Ah! si je croyais qu'il me désire, je le jure, j'irais à lui, moi, dussé-je mourir au retour.

« Hélas! la faute que j'ai commise m'a fait acquérir la science du mal; mes passions révoltées m'apprennent à quels excès les autres peuvent se laisser emporter par les leurs.

« Cependant, non, je ne puis croire qu'Olivier m'abandonne... ce serait affreux... et un pareil crime, qui le punirait? je n'ai ni père, ni frère; et ma mère, qui devrait être ma protectrice, est ma rivale.

« Non, Olivier ne peut être aussi méprisable dans un âge encore si tendre; si cela était, il ouvrirait une large route à la haine que je vouerai à son sexe.

« Ma mère a renoncé à me confier à madame de Vernande; cette dame est entrée ce matin chez moi, conduite par cette bonne Durand.

« — Vous êtes bien changée, mon enfant, m'a-t-elle dit en m'embrassant; je viens causer avec vous, causer en toute confiance, le voulez-vous?

« — Madame, ai-je répondu en la saluant avec respect, vous êtes l'amie de ma mère, qui me traite rigoureusement, je vous écouterai sans doute, mais tout me défend de me confier à vous.

« — Cette réponse me plaît, répondit madame de Vernande en faisant signe à mademoiselle Durand de nous lais-

ser; elle annonce à la fois de la fermeté et de la franchise.
Cependant, ne m'avez-vous pas entendu parler avec assez de
liberté à votre mère pour comprendre que, si je suis incapable de la trahir pour vous, je suis incapable de vous trahir pour elle? Je me trouve parfaitement au fait de ce qui
vous concerne toutes les deux. Arrivons de suite à l'essentiel : Vous aimez toutes les deux Olivier de Martigues?

« — Madame!...

« — Ne niez pas, vous me feriez perdre la bonne opinion
que j'ai de vous. Vous aimez un jeune homme qui est fort
joli garçon, j'en conviens, mais il n'a que cet avantage:
aucune sûreté dans le caractère, aucune suite dans l'esprit.
Tout ce qu'il dit à présent, parce qu'il est jeune et beau, paraît charmant, mais attendez que le temps l'ait fait homme,
et vous vous demanderez comment vous avez adoré un pareil être? Dieu donne quelquefois deux âmes à une seule
personne; il n'est pas étonnant que, par compensation, il
en refuse une à beaucoup d'autres.

« — Arrêtez, Madame ! m'écriai-je, laissez-moi souffrir,
mais ne m'ôtez pas au moins la seule consolation qui me
reste ; laissez-moi croire...

« — Croyez tout ce que vous voudrez, ma petite, reprit
madame de Vernande avec beaucoup de tranquillité ; mais
vous aimez le chevalier, et on veut vous faire épouser le
baron, son père. Vous voulez lutter avec la marquise, vous
l'emporterez difficilement ; parce qu'elle est votre mère,
votre tutrice, qu'elle est fine, adroite et que vous êtes un
enfant. Le chevalier est un perfide, s'il vous a fait des serments ; personne n'ignore les liens qui l'unissent à votre
mère. On soupçonne qu'elle veut l'épouser, et soyez sûre
qu'elle réussira, si elle le veut.

« — Oh! Madame, c'est impossible! si vous saviez...

« — Je sais qu'un homme capable d'agir comme il l'a fait

le chevalier, est un homme méprisable, et j'espère que vous vous respecterez trop pour venir disputer à votre mère un amant indigne de vos regrets. Si la marquise est punie, elle l'aura mérité; je la plaindrai, je viendrai à son secours, si je le puis, mais je n'en dirai pas moins que toute femme qui sacrifie tout à l'amour, ayant atteint un âge raisonnable, est une folle. Enfin, je n'ai plus qu'un conseil à vous donner : épousez le baron de Martigues; vous en ferez ce que vous voudrez, parce qu'il est amoureux de vous, et que, dans le fond, ce n'est pas un méchant homme.

« — Jamais! Madame, jamais, m'écriai-je!

« — Quoi! vous voulez devenir une héroïne de roman? reprit madame de Vernande, c'est un rôle bien ridicule à prendre, et qui ne vous conduira pas au bonheur. Dans quelques années, peut-être même dans quelques mois, vous rirez ou plutôt vous pleurerez en larmes de sang sur l'entêtement de votre amour.

« — Jamais, Madame, jamais je ne cesserai d'aimer Olivier; et je ne puis, je ne dois, je ne veux appartenir qu'à lui.

« — Hum!... je comprends que vous êtes plus amoureuse que je ne le croyais, ma petite. Peste! quelle résolution! vous tenez de votre mère. Ah! vous vous ressemblez trop pour vous aimer beaucoup ; mais je vous le répète avec regret, car il m'en coûte de vous ôter votre illusion, le chevalier est un lâche qui ne mérite pas votre dévouement, et votre mère ne cédera pas. A vous parler net, ma chère enfant, continua madame de Vernande avec plus de sang-froid, je vois avec peine que vous vous êtes tout à fait entichée de cet Adonis qui, à moi, ne m'eût jamais plu, même quand j'avais votre âge.

« — Madame! cessez, de grâce, de traiter aussi légèrement ce que je regarde comme la chose la plus importante de ma vie; vous ne comprenez donc pas enfin que je suis liée à Olivier autant par l'amour que par l'honneur.

« — Horreur! s'écria madame de Vernande en se levant et se reculant avec une sorte d'effroi; mais il est impossible que cet homme ait commis une telle infamie! Cependant, Herminie, si les choses sont ainsi, il faut sortir de chez votre mère, vous jeter dans un couvent et tout déclarer : on vous donnera votre amant pour mari, et vous serez assez punie.

« — Assez punie, Madame!

« — Oui, oui; mais ne revenons pas là-dessus : les événements sont arrivés à un point où ils ne laissent plus la moindre prise à la plaisanterie. Pauvre enfant, deviez-vous, avec votre beauté, votre naissance, vous perdre ainsi. Maintenant, je me retire, votre mère m'attend depuis déjà assez longtemps; je vais tâcher de lui faire comprendre qu'elle doit renoncer à votre mariage avec M. de Martigues.

« — Hélas! Madame! vous ne m'abandonnerez pas, m'écriai-je. »

« Et je pleurai si amèrement, que madame de Vernande parut fort émue, et me dit, en m'embrassant :

« — Malheureuse Herminie, que puis-je faire? il m'est interdit de vous protéger ouvertement; et, en y pensant plus mûrement, je ne puis persister à vous conseiller de vous jeter dans un couvent. Qui sait si on ne vous y retiendrait pas, si on ne vous forcerait pas à prononcer des vœux; il faut tâcher de gagner du temps.

« — Ah! Madame! si vous saviez ce que je souffre!

« — Je le conçois, mon enfant, je le conçois. Tenez, il me vient une idée : tâchez de patienter jusqu'à ce que nous partions pour Melmont, où je vais avec vous. Je vous remettrai alors une lettre pour une bonne femme établie à Honfleur; vous vous cacherez chez elle jusqu'à ce que les choses prennent une meilleure face. Mais promettez-moi de ne faire usage de cette lettre qu'à la dernière extrémité, et quand vous aurez perdu tout espoir de toucher votre mère : promettez-moi de tout supporter patiemment jusque-là. Vous n'avez guère à attendre de protection de votre oncle Martial; il a mangé toute sa fortune, et votre mère se montre très-généreuse envers lui. Si vous étiez plus près de votre majorité, je crois bien qu'il serait possible de l'attirer de votre côté.

« — Hélas! Madame, m'écriai-je, que de découvertes je fais à chaque instant dans la science du mal.

« — Vous n'êtes pas au bout, ma chère enfant, et il faut de bonne heure vous armer de courage et de résolution.

« — Ah! je n'en manquerai pas, Madame, je n'en manquerai pas, tant que l'amour d'Olivier me restera.

« — Pauvre petite! dit madame de Vernande en soupirant, quel appui! » Et elle me quitta après m'avoir embrassée plusieurs fois.

« Quand je me suis retrouvée seule, je me suis sentie encore beaucoup plus malheureuse, car je n'avais presque plus de confiance dans Olivier.

« Depuis quinze jours, il m'a écrit deux fois; il me jure qu'il m'aime plus que jamais; mais il me répète, il me conjure même d'éviter d'attirer aucun soupçon sur lui. Il paraît beaucoup plus inquiet de son sort que du mien; l'égoïsme perce si clairement jusque dans ses expressions, d'un amour si timide, qu'il faut une foi bien robuste pour y croire, et cependant j'y crois encore. Si Olivier m'a trompée, si en effet c'est un lâche, y aurait-il des expressions assez fortes pour flétrir une telle infamie?

« Tout à l'heure je reprochais à cette pauvre Durand de ne pas faire d'efforts pour me rapprocher du chevalier; je lui disais qu'elle n'avait pitié ni de mes larmes, ni de mon désespoir. Elle m'a écoutée longtemps en silence, puis tout à coup, elle m'a dit :

« — Tenez, ma chère demoiselle, je ne puis souffrir que vous doutiez de mon dévouement, dévouement peut-être imprudent, mais au moins sincère. Depuis cette nuit fatale, monsieur le chevalier semble me fuir. Au risque de ce qui pouvait arriver, je lui ai proposé de l'introduire près de vous ; il m'a répondu que ce serait imprudent dans ce moment. Ce matin encore, je suis allée chez lui ; son valet de chambre m'a dit qu'il était sorti. Je m'étais nommée, il ne pouvait douter que je ne lui apportasse de vos nouvelles. Je suis restée dans la rue, en face de sa maison, je n'ai pas tardé à le voir sortir en *chenille,* comme disent messieurs les grands seigneurs ; je l'ai suivi...

« — Eh bien ! où allait-il ?

« — Ici, Mademoiselle, chez madame la marquise.

« — Durand, dis-je avec fermeté, si cet homme est méprisable, je me connais, je suis certaine que je ne l'aimerai pas longtemps ; mais ce dont je suis certaine aussi, c'est que, fût-ce à l'article de la mort, je me vengerai. »

« Je ne doute plus maintenant, je ne doute plus ; le voile que l'amour avait épaissi sur mes yeux est entièrement déchiré, et je n'ai pas dix-sept ans... et déjà mon cœur est rempli de fiel et de désespoir. Déjà je ne crois plus à rien, à rien qu'à la perfidie qui trouve son compte à tromper. Un froid dégoût s'est emparé de moi. Ce n'est rien de perdre ce qu'on aime, auprès du supplice de le mépriser.

« Tout se détache autour de moi, et ces lignes, je ne les écris plus que pour les relire, si jamais j'étais tentée d'avoir confiance dans les paroles d'un homme.

« J'ai été assez malade : après l'aveu que j'ai arraché à

cette pauvre Durand, un dégoût moral, causé par tous mes malheurs, s'est joint chez moi à un dégoût physique rempli de malaise. Je ne pouvais me décider à quitter mon lit, j'y restais des matinées entières plongée dans une sombre apathie. Mademoiselle Durand passait les journées et une partie des nuits près de moi, m'interrogeant jour par jour et à chaque instant sur mes souffrances. Enfin elle parut si effrayée de ce que je lui disais, qu'elle s'écria :

« — Malheureuse ! malheureuse ! nous sommes perdues ! »

Et le lendemain elle était aussi pâle, aussi abattue que moi.

« — Ma chère demoiselle, me dit-elle en baissant les yeux, si vous continuez à rester au lit, madame la marquise vous enverra certainement son médecin, et il ne faut pas, non, il ne faut pas qu'il vous voie, il soupçonnerait, il révélerait... »

« Je compris toute l'étendue de ma honte. J'écrivis au chevalier de Martigues ; ce ne fut plus seulement par amour pour lui, je crois que je commençais déjà à le haïr, mais je demandais qu'il me rendît justice ; il le fallait, car je ne voulais pas que mon père me maudît du fond de sa tombe.

« Mademoiselle Durand partit pour lui remettre ma lettre ; elle devait attendre la réponse : c'était le matin de bonne heure, elle se croyait certaine de trouver Olivier chez lui.

« Elle m'avait promis de tout employer pour obtenir une réponse. Je m'étais approchée de la fenêtre ; affaiblie par la maladie, je ne pus rester à l'air vif. Je voulais cependant prendre quelque exercice ; je sortis de mon appartement, j'arrivai près d'une porte qui n'était que poussée, c'était celle du corridor dans lequel j'avais entendu la conversation de ma mère avec madame de Vernande. Je m'en éloignai avec répulsion. N'était-ce pas là que j'avais commencé à mépriser celle que j'aurais tant voulu aimer et respecter? Je sortis avec précipitation de ce couloir et me trouvai sur le palier du grand escalier.

« Tout à coup, je pensai que c'était une occasion que je ne retrouverais plus peut-être de conquérir ma liberté. Je comprenais trop bien maintenant à quel point Olivier s'était rendu coupable, pour ne pas craindre de rester sous l'autorité de ma mère.

« Indécise, tremblante, ne sachant ce que devaient me conseiller l'occasion et la prudence, je restai immobile derrière la porte du corridor ; tout à coup j'entendis le frôlement d'une robe et un pas rapide et saccadé. Je reconnus celui de ma mère. Elle s'approcha de la balustrade de marbre qui entourait l'escalier, se pencha, et parut écouter avec inquiétude et impatience ; puis elle murmura d'une voix impatiente :

« — L'heure se passe, et il ne m'envoie pas avertir. »

« Je ne puis me rendre compte en ce moment du sentiment qui me guidait ; était-ce une résolution née du désespoir et de la folie, mais je m'élançai dans la chambre de mademoiselle Durand, et m'emparant d'une grande mante brune qu'elle ne portait que rarement, cachant ma tête sous une calèche de taffetas noir, je revins sur l'escalier, décidée à suivre madame de Melmont si elle sortait, et à savoir la vérité tout entière.

« Je crois que j'avais la fièvre et que j'éprouvais aussi un irrésistible besoin de prendre une décision. Enfin, cette longue reclusion à laquelle j'avais été condamnée m'avait donné des vertiges ; une colère haineuse, violente et jalouse s'y mêlait, et, au risque de m'y perdre, je courais à un événement quelconque ; ce que je voulais, c'était un changement à mon sort, dût ce changement le rendre plus horrible encore, si c'était possible.

« Quand je revins près de la porte du corridor, madame de Melmont était toujours appuyée sur la balustrade, et je me tenais prête à la suivre, car elle était habillée pour sortir.

« Un homme monta rapidement les larges marches de l'escalier ; il fit à la marquise une signe mystérieux et elle le suivit.

« Par une impulsion dont je n'eusse certainement pas été capable à la réflexion, je descendis les marches de l'escalier sur les traces de ma mère, avec autant de résolution qu'elle paraissait en montrer elle-même.

« Le suisse, accoutumé sans doute à ne voir sortir sa maîtresse qu'en équipage, ne fit aucune attention ni à elle ni à moi qui la suivais. Arrivée dans la rue, je pus marcher avec plus de sécurité, car madame de Melmont, peu accoutumée à aller seule et à pied, malgré son désir d'avancer, conservait une démarche embarrassée, lente et indécise.

« De la rue de Varennes, où est situé l'hôtel de Melmont, nous mîmes assez de temps pour arriver jusqu'à l'église Saint-Thomas-d'Aquin. Pendant cette course, la marquise avait regardé plusieurs fois autour d'elle avec effroi, et je me demandais d'où pouvait venir cette inquiétude, quand je la vis s'arrêter auprès de l'église. L'homme qui l'avait précédée se montra alors à une des portes ; elle n'hésita plus et pénétra aussitôt dans le sanctuaire, où je la suivis. Mais je fus forcée de m'arrêter à la porte de la sacristie, qui s'était refermée sur elle.

« Devais-je y pénétrer, m'exposer à la colère de ma mère ? Qui me disait qu'elle n'était pas venue là, après tout, dans des intentions louables. Et alors, j'étais bien indigne de vouloir pénétrer des secrets qui cachaient peut-être une bonne action.

« Je me mis à genoux auprès d'un petit autel où brûlaient deux cierges. J'essayai de prier, cela me fut impossible ;

bientôt le frôlement de ce même vêtement de soie qui m'a-
vait révélé madame de Melmont me fit tourner la tête. Elle
passa, appuyée sur le bras de M. de Martigues le père;
derrière eux, mes yeux ne me trompaient pas, derrière eux
marchait Olivier. Il était fort pâle et jetait des regards in-
quiets autour de lui. Pour la première fois, je découvris
dans sa figure si belle une expression de lâcheté; ses traits
charmants avaient une expression molle et craintive. Je reconnus enfin dans lui un de ces caractères efféminés, incapables d'être défenseurs de leur honneur ni de celui d'une
femme.

« Deux ou trois personnes formaient cet étrange cortége.
Je ne sais quelle force fébrile je trouvai tout à coup, mais je
n'hésitai pas, je ne me sentis pas défaillir; je fus me placer
derrière un pilier tout près de l'autel devant lequel ma mère
était déjà placée avec Olivier.

« Il s'opéra tout à coup en moi un étrange et subit changement. Le mépris et la haine pour Olivier vinrent si bien
s'emparer de tout mon être, que je ne me sentis pas le
moindre désir de troubler cette union. Je n'avais qu'un mot
à dire, qu'un cri à pousser pour arrêter cet infâme mariage;
je ne le fis pas : je vis sans verser une larme, sans pousser
un soupir, un prêtre dire je ne sais quelle prière pour bénir
ce mariage ; je vis ma mère et Olivier passer près de moi, le
bras appuyé l'un sur l'autre, sans que je fusse même tentée
de leur crier : Vous êtes des infâmes !

« Je restai après eux seule dans l'église, puis tout à coup,
accablée, saisie d'horribles douleurs de tête, je me sentis
froide comme la pierre du pilier contre lequel je m'appuyais.
Je souffrais tant que je restai là, sans songer à ce que j'allais devenir, à ce que j'allais faire. Je ne m'inquiétais même
pas de ce qu'on pût découvrir que j'étais sortie et sortie
seule ; je ne m'effrayais ni de la colère de ma mère, ni de

sa vengeance ; ma tête était un chaos. Mais quelque chose
d'assez bizarre, c'est que mes yeux brûlants de colère restaient fixés sur un objet brillant qui se détachait constamment sur les marches de l'autel, où je venais de voir ma mère
se marier. Je m'y traînai, je ramassai cet objet ; c'était une
alliance déjà un peu usée, rejetée sans doute avec mépris
pour faire place à un gage d'amour bien plus cher. Le nom
de mon père et le nom de celle qu'il avait épousée y étaient
entrelacés.

« J'ai placé cette bague à mon doigt, elle n'en sortira jamais.

« Cet anneau, en me rappelant le souvenir de mon père,
fit fondre ma colère en des flots de larmes qui me soulagè-
rent, sans pourtant dominer mon indignation et mon indifférence sur mon sort. Je restais toujours dans l'église sans
avoir ni la force, ni le projet d'en sortir.

« On vint éteindre les cierges de l'autel ; deux ou trois
vieilles femmes s'approchèrent pour me demander l'aumône,
je n'y fis pas la moindre attention, je n'en apportai même
pas d'abord à une voix qui me disait :

« — Vous voilà, enfin, grâces à Dieu vous voilà ; que
vous êtes cruelle de m'avoir causé tant de terreur ; j'ai cru...

« — Vous avez cru que je m'étais donné la mort, dis-je
enfin, mais je n'ai pas eu ce courage. J'ai suivi madame de
Melmont jusqu'ici, et je l'en ai vue sortir madame Olivier
de Martigues. Du reste ne croyez pas, ma pauvre Durand,
qu'il reste dans mon âme le moindre sentiment de tendresse
pour le lâche qui m'a déshonorée, je les méprise et je les
maudis tous deux.

« — Oh ! ma chère demoiselle ! s'écria Durand, est-ce
dans une église que vous pourriez maudire votre mère ?

« — Ma mère ! je n'en ai plus, je ne veux jamais la revoir.

« — Eh bien ! alors, je suis perdue, s'écria Durand avec

terreur, madame la marquise me demandera compte de sa fille qu'elle m'avait confiée.

« — Dites dont elle vous avait fait la geôlière.

« — Plut à Dieu que je me fusse montrée plus sévère! mais, ma chère jeune maîtresse, voulez-vous me punir d'avoir eu pitié de votre tristesse et d'avoir cherché à la soulager; voulez-vous que je perde le seul moyen que j'aie de soutenir mon père et ma mère infirmes? Si madame la marquise me chasse, je ne trouverai plus de condition, car elle dira à tout le monde que c'est moi qui ai perdu sa fille; d'ailleurs que deviendrez-vous sans effets, sans argent.

« — Oh! oui, m'écriai-je, je n'ai ni ressources, ni amis.

« — Si, ma chère maîtresse, si, vous en trouverez, mais il faut que vous ayez la force de vous contraindre, et je vous le demande à genoux, au moins pour moi : rentrons, rentrons de suite à l'hôtel. »

« Je ne résistai plus, je me sentais tellement abattue, que toute lutte m'était impossible, à peine pouvais-je me traîner ; aussi mîmes-nous bien du temps pour arriver jusqu'à la rue de Varennes.

« Nous sommes rentrées à l'hôtel sans avoir été remarquées. Je me suis mise au lit en suppliant Durand d'empêcher madame de Melmont d'entrer chez moi; j'avais une telle horreur de sa présence, que je crois que j'aurais mieux aimé supporter je ne sais quel supplice. J'étais bien simple, du reste, d'imaginer qu'elle aurait ou le désir, ou le temps de me voir.

« Elle ignore même, j'en suis persuadée, que j'ai été si mal, et depuis cette affreuse matinée je n'ai encore vu personne, que la pauvre Durand ; je ne lui ai demandé qu'une chose : c'est si Olivier avait reçu ma lettre, avant de se rendre à l'église.

« Il l'a reçue... ainsi il est encore plus méprisable que je
ne le croyais.

« J'ai défendu à Durand de prononcer son nom. Un profond dégoût de la vie s'est emparé de moi ; ce ne serait pas
un malheur, ce me semble, que ce dégoût pour une chose
que l'on peut perdre d'un instant à l'autre, si à côté de ce
découragement je ne me sentais une vitalité qui m'effraye.
J'ai donc une longue vie toute décolorée à parcourir ; je ne
crois plus à rien, et je n'aurai connu de l'amour que les dé-
ceptions et les mensonges.

« Eh bien ! je l'accepte cette vie, je rendrai tout le mal
que l'on m'a fait, je ne me laisserai dominer par aucun sentiment tendre ; maîtresse de moi-même, je le deviendrai des
autres ; je ne craindrai plus rien, quand je ne craindrai pas
l'empire des passions.

« Ma santé s'est un peu remise, je ne veux même plus me
laisser abattre ; je viens de chercher dans la bibliothèque
des livres qui conviennent à mes goûts et à ma manière
de penser actuelle. Je ne suis plus une jeune fille timide et
innocente, le malheur et la lâcheté ont fait de moi une
femme déshonorée, une femme qui ne veut plus écouter
aucun sentiment tendre ; ma vie de jeunesse est finie.

« Me voilà à Melmont. Un matin, madame de Vernande
est entrée dans ma chambre avec une femme que je ne connaissais pas ; c'est elle qui remplace la pauvre Durand près
de moi.

« Nous nous sommes faits de tristes adieux, cette excellente créature et moi, et quand je serai ma maîtresse, je
saurai lui prouver ma reconnaissance.

« Madame de Vernande, après m'avoir avertie que nous
allions partir, a envoyé la nouvelle femme de chambre tout

préparer pour mon départ. Quand nous avons été seules, elle m'a embrassée plusieurs fois et m'a dit bien bas :

« — Du courage et de l'adresse, mon enfant. Nous partirons aujourd'hui pour Melmont, dans ma voiture ; votre mère prend votre oncle et M. de Martigues dans la sienne. Je pense que vos persécutions vont recommencer plus fortes que jamais ; aussi, je me suis décidée à vous remettre la lettre que je vous ai promise pour ma vieille amie, qui habite Honfleur. Votre mère est pressée d'en finir et de retourner à la cour ; car, vous, mon enfant, vous n'entendez rien à la politique : éloignée du monde...

« — Dites prisonnière, Madame.

« — Vous ignorez que le trône est ébranlé, qu'on met en question et la puissance et la volonté du roi. Que vous dirai-je même ? déjà les princes ont quitté la France, une grande partie de la noblesse les a imités, et je ne serais pas étonnée que l'intention de la marquise fût de s'expatrier. Vous l'embarrassez. »

« Je ne saurais dire pourquoi j'éprouvais une profonde répugnance à dire que je savais que ma mère était mariée avec Olivier ; j'avais encore sur le cœur cette fleur de délicatesse et de convenance qui me faisait reculer à parler de la honte de ma mère. Soit que madame de Vernande ne fût pas instruite de ce mariage, soit qu'elle ne voulût pas le paraître, le nom d'Olivier ne fut pas prononcé entre nous. Elle me répéta qu'elle exigeait que je ne prisse le parti de fuir qu'à la dernière extrémité, je le lui promis.

« — Je crois que la chose vous sera plus facile à la campagne, » ajouta-t-elle.

« La route que j'ai faite avec madame de Vernande m'a fait du bien ; elle m'a raconté beaucoup de choses que j'ignorais sur la position de la reine et sur les dangers qu'elle court ; elle m'a appris que mon second subrogé tuteur, qui est l'ancien notaire de mon père, venait de prendre la précaution de faire passer ma fortune particulière en Angleterre.

« — Je crois, ajouta madame de Vernande, en détournant les yeux, que madame de Melmont s'est montrée fort coulante devant la volonté de ce notaire, parce que je soupçonne qu'à la rigueur, on pourrait lui contester votre tutelle. Il y a une clause du testament de votre père qui l'en dépouille; mais ce n'est plus de cela qu'il s'agit. »

« J'aurais pu répondre à madame de Vernande, en lui désignant l'époque qui m'avait rendue indépendante de son amie; mais je dédaignai cette vengeance ; le mépris me rendait généreuse.

« Nous arrivâmes au château le même jour que ma mère. M. de Martigues m'a galamment demandé de mes nouvelles ; c'était la première fois que je me retrouvais avec ma mère depuis qu'elle était remariée; j'ai détourné les yeux et je puis dire que je n'ai pas vu son visage, mais j'ai entendu le son de sa voix plus dur que jamais.

« Le soir, on a exigé que je restasse au salon où, plutôt, que je me promenasse devant les fenêtres avec M. de Martigues. J'ai pris le parti de ne pas lui répondre ; je l'écoute avec politesse, voilà tout ce qu'il a le droit d'attendre de moi.

« En passant devant les croisées du salon, j'ai entendu quelques mots qui m'ont appris que ma mère craint pour son nouvel époux. Le roi et la reine ont été arrêtés en essayant de se sauver. Oh! qu'elle se rassure, Olivier n'exposera pas sa vie pour son roi ; il ne sera pas plus fidèle à son drapeau qu'il ne l'a été à une femme ; mais si la vie de ce traître est jamais en danger, puisse Dieu ne pas plus lui pardonner que je lui pardonne moi-même!

« Nous avons été ce matin à la messe de la paroisse; ma

mère a traversé le cimetière sans jeter un regard sur la tombe de mon père. Je tenais un gros bouquet à la main; sans qu'elle ait eu le temps de m'arrêter, je me suis dirigée vers la croix de pierre qui surmonte cette tombe et j'y ai déposé mon offrande, l'offrande de mes fleurs et de mes larmes.

« Quand je l'ai rejointe, elle était rouge de colère et de honte, mais elle n'a rien osé me dire, et moi, comme je jouissais de l'avoir ainsi bravée dans son orgueil et dans sa volonté!

« Cependant, je puis le dire, je ne suis née ni insensible, ni dure. Ah ! pourquoi Dieu n'a-t-il pas permis que j'eusse une bonne mère ; je sens qu'elle aurait tout obtenu de moi par la douceur.

« Je me suis mise à genoux près de ma mère, mais je ne pouvais prier. Tout à coup, au milieu de cette modeste église, une voix s'est élevée douce et vibrante qui s'adressait à ces pauvres paysans, incapables de comprendre la beauté, la délicatesse et l'élévation des sentiments qu'elle exprimait. Je tournai les yeux du côté de la chaire, elle était occupée par le curé, que je n'avais nullement regardé durant la messe. Son front large et à demi dépouillé annonce un homme déjà âgé, ses traits n'ont aucune régularité, mais il est impossible d'avoir plus d'expression et plus de profondeur dans le regard.

« Ma mère, qui savait que le curé Athanase de Brévanes était un homme fort distingué par sa naissance et par son éducation, a pensé qu'il consentirait à l'aider à me soumettre; aussi l'a-t-elle engagé, avec beaucoup d'instances et de grâce, à venir dîner le jour même au château. Il s'en est défendu de manière à me convaincre qu'il préférait qu'on le laissât dans sa solitude. Cependant il a été obligé de céder aux pressantes instances de ma mère.

« M. Athanase de Brévanes est une personne qui paraît extrêmement timide, mais d'une timidité sans gaucherie ; du reste il n'a pas levé les yeux sur moi, et je suis trop préoccupée de ma malheureuse position, pour porter de l'attention à autre chose qu'à mon malheur.

« Au moment de partir, ma mère m'a prévenue que j'eusse à me présenter demain au confessionnal. J'irai si l'on m'y force, mais je ne me confesserai pas.

« Quelle épouvantable scène ; une mère maudissant sa fille devant un crucifix... M. de Brévanes a essayé de me défendre, le voilà perdu dans l'esprit de ma mère. Nous sommes revenues dans la même voiture en gardant un silence sinistre ; quelqu'un qui eût pénétré dans le fond de nos pensées, eût certainement frémi de ce qu'on y eût découvert. Depuis ce moment, je suis traitée avec une sévérité encore plus injurieuse ; quand je descends dans le jardin ou dans le parc, j'aperçois de loin en loin des domestiques qui me surveillent.

« Cependant j'ai trouvé le moyen d'écrire plusieurs lettres à cette bonne Durand ; c'est une petite fille qui travaille au jardin qui est allée les jeter à la poste.

« Madame de Vernande a eu la bonté de me remettre la lettre qu'elle m'avait promise, elle était enfermée dans une autre, où elle m'annonce que ma mère est d'autant plus pressée de me voir mariée, qu'Olivier vient d'émigrer et qu'elle veut aller le rejoindre ; eh bien ! je me donnerai le petit plaisir de prolonger son supplice autant qu'il sera en ma puissance.

« On est rentré chez moi pendant que j'étais au parc, et on a essayé de forcer mon bureau ; on n'a pu y réussir. Mais je vais prendre mes précautions ; j'ai caché dans un coin de la serre du papier et de l'encre, je n'écrirai plus dans ma chambre, de peur d'être surprise. Sitôt que j'y suis, ma femme de chambre entre pour me demander mes ordres.

« — Si j'avais besoin de vous, ai-je fini par lui dire, il me semble que je sonnerais. »

« Hier, madame de Melmont s'est trouvée mal après avoir reçu un courrier de Paris. Elle s'est enfermée longtemps avec M. de Martigues; en sortant de son cabinet, elle m'a fait appeler, et m'a dit :

« — Mademoiselle, votre contrat de mariage est préparé, on le signera demain, et à minuit vous serez mariée à la chapelle du château; vous y trouverez un prêtre qui ne se laissera pas prendre à vos belles phrases et à vos larmes. »

« J'ai salué froidement ma mère et me suis retirée sans répondre; mais qu'elle y prenne garde, s'il le faut, je révélerai tout et ne garderai plus aucun ménagement.

« Madame de Vernande est venue me trouver dans le jardin, où je me promenais dans une sombre agitation.

« —J'ai dit que je venais essayer de vous raisonner, m'a-t-elle dit en m'attirant derrière un bosquet d'où on ne pouvait nous apercevoir; mais c'est pour avoir l'occasion de vous remettre cet or, que vous me rendrez quand vous pourrez disposer de votre fortune. C'est donc demain qu'il faut que vous preniez votre parti; mais, je vous le répète encore, que ce ne soit qu'à la dernière extrémité; car je puis vous en prévenir maintenant, j'ai fait avertir un de vos oncles paternels, je ne parle pas de votre oncle Martial, sur l'énergie duquel vous savez comme moi que vous ne devez pas compter. »

« Ce nouvel espoir que madame de Vernande m'a donné, me cause cependant d'autres inquiétudes; il faudrait alors avouer... Ainsi je n'ai plus qu'une journée et qu'une nuit à rester ici. Demain, d'une manière ou d'une autre, il faudra que je quitte ce château où je retrouve partout le souvenir de mon père; demain je serai errante et sans appui.

« Je me suis levée sans avoir pu fermer les yeux; à chaque instant je regardais si je ne verrais pas s'avancer une voiture dans l'avenue. Je viens de descendre au jardin, j'ai repris, dans la serre, les feuilles que j'ai remplies depuis que je suis ici; je viens de les joindre à celles que j'ai écrites à Paris. Je ne puis penser à emporter ce paquet, mais j'ai trouvé un endroit où je suis sûre qu'on ne le découvrira que si je le veux. Je viens de voir à travers les fenêtres du cabinet de toilette de ma mère une superbe corbeille de mariage. Oh ! il faut fuir, il le faut absolument, je n'ai plus d'autre ressource. »

Je n'avais pas lu, sans m'arrêter plusieurs fois, les feuilles où mademoiselle de Melmont avait écrit toutes ses souffrances, toutes ses impressions et ses dangereuses imprudences; j'avais frémi, tremblé, pleuré avec elle. Mais ce que j'éprouvais avec le plus de force, c'était une haine mortelle pour Olivier de Martigues, je le haïssais avec une ardeur qui me rendit pendant quelques heures assez insensé pour que je ne m'aperçusse pas de l'énormité du crime que je commettais.

Était-ce à moi de connaître la haine, moi ministre de Dieu, moi qui étais chargé de l'éteindre dans l'âme des autres? Aussi, quand je fus revenu de cette espèce de démence dans laquelle j'étais plongé, je courus à l'église; j'y restai longtemps et je ne cessai de répéter :

« Mon Dieu! chassez de mon cœur les pensées qui m'obsèdent. »

J'entrai dans la sacristie, car j'avais passé la nuit à lire et je devais me préparer à dire la messe; mais quand je fus dans la sacristie, ce ne fut point vers l'image sacrée de mon Créateur que je levai les yeux, mais je les baissai sur les dalles où j'avais vu à genoux cette belle créature que je ne croyais pas alors si coupable. Je ne pouvais effacer de ma pensée ses yeux si beaux, dont l'azur me semblait plus pur que celui du ciel; ma pensée s'échappait vers le monde où elle errait seule maintenant, sans guide et sans soutien.

— Hélas! osai-je me dire, si je n'avais pas prononcé des vœux éternels, qui m'empêcherait de la chercher, de la protéger. Quel ami eût été pour elle ce que je serais, car, je dois le répéter pour ma justification, s'il est possible qu'un prêtre puisse se justifier d'éprouver une passion que Dieu défend, aucune pensée impure, et dont eût pu rougir un ange, ne se mêlait au sentiment que j'éprouvais pour Herminie.

Après avoir dit ma messe et être resté longtemps le front dans la poussière, je ne pus plus me relever. Tant d'émotions, plusieurs nuits passées sans repos, un sentiment si nouveau qui entrait dans mon âme avec tant de puissance, avaient exercé sur ma constitution si faible et si chétive une impression violente. L'image d'Herminie ne s'effaçait pas; mais je ne pouvais prononcer une parole ni soulever la tête.

On me porta au presbytère : la mère de Catherine, que j'avais presque gardée chez moi avec sa fille, me mit au lit, et quand je fus un peu revenu à moi, je sentis à la brisure de mes membres, à la lourdeur de ma tête, que j'allais éprouver une rechute de ces anciennes fièvres que j'avais eues jadis. Eh bien! j'en fus content : ces maladies, qui n'avaient rien de dangereux, me duraient quelques mois, et me laissaient ensuite dans un état de prostration qui tuait ma pensée; j'espérais qu'il tuerait aussi mon fatal amour. Mais ce qui m'inquiétait le plus dans ce moment, c'était de remplir les devoirs que m'imposait mon état.

— Mon Dieu, monsieur le curé, ne vous inquiétez donc pas tant, me dit au bout de quelques jours la mère de Ca-

therine, puisque ce matin, quand j'ai dit que vous n'alliez
pas mieux, et que sans doute vous feriez venir un vicaire si
votre maladie durait, une douzaine de grands bandits qui
jouent sur la place, car à présent on joue beaucoup plus
qu'on ne travaille, se sont écriés : « Nous n'avons pas
besoin de prêtres, pas plus que de messes; nous avons été
assez longtemps ennuyés par ces momeries. On en fait justice : nous recevons maintenant un journal qui nous tient
au courant de ce qu'on fait à Paris; et on se révolte à la fin
contre le pouvoir et les riches. Ma foi, notre tour est venu,
nous avons assez souffert et payé la dîme.

Enfin, ajouta la vieille Claudine, ils ont encore dit un tas
de mauvaises paroles, qui m'ont fait deviner qu'il y avait
un terrible bouleversement dans le pays. On prétend qu'il
y a déjà bien des couvents dont les religieux et les religieuses
ont pris la volée.

—Mais ce que vous dites là est impossible, Claudine,
m'écriai-je. Les vœux qu'on a faits à Dieu sont éternels,
quand ils ont été prononcés de notre libre volonté.

Et je me sentais frémir, car y il avait presque du doute et
une coupable espérance dans les paroles que je prononçais.

— Je ne sais pas, reprit la vieille femme, je ne sais ce
qu'il y a de vrai dans tout ce que disaient ces mauvais sujets:
il y en avait un qui avait dans sa poche une petite machine
en bois; il assurait que c'était le modèle d'un instrument
avec lequel on tranchait la tête à un homme, comme si
c'était une mouche. Tenez, monsieur le curé, ajouta Claudine bien bas, si j'étais que de vous, je ne resterais pas dans
ce village : ils y sont méchants. Ne disent-ils pas encore que
si madame de Melmont était au château, ils iraient lui
donner une leçon, parce qu'elle était trop hautaine et
trop fière. Mais heureusement elle est bien loin : on la dit en
Hollande ou en Angleterre.

7.

— Et sa fille? balbutiai-je.

— Ah! sa fille, on fait courir bien des bruits. On assure que la mère en était jalouse, parce qu'elle devenait trop belle; qu'elle l'a enfermée dans une des caves du château, où elle la fait mourir de faim. C'est vrai de dire qu'elle n'a pas employé beaucoup de temps à la chercher; le fait est que mademoiselle de Melmont a disparu sans qu'on puisse dire comment.

Tout ce qui se passe est bien triste, continua la vieille Claudine en pleurant presque; le château est fermé, une partie des gens qui y travaillaient manquent de pain; on n'entend plus sonner les cloches de la paroisse. Ah! si l'on cesse de prier et de croire en Dieu, que deviendrons-nous, nous autres pauvres gens dont il est la seule espérance; nos enfants ne nous écoutent déjà plus...

Catherine ne me disait-elle pas hier : « Ma mère, je vous en prie, ne me faites pas tant de sermons; je veux profiter de ma jeunesse pour aimer et m'amuser. Laurent me répète tous les jours qu'il n'y a que les méchants qui peuvent vivre seuls; que par conséquent tous les prêtres étaient des méchants. »

N'est-ce pas affreux d'entendre parler ainsi ses enfants? continua Claudine. Ma fille m'a menacée d'épouser Laurent malgré moi : elle assure même que vos représentations ne lui feraient aucun effet.

Hélas ! la pauvre Claudine ne prévoyait que trop ce qui arriva. Catherine s'échappa un matin, et fut se marier avec Laurent à la mairie, puis elle revint avec une cocarde tricolore à son bonnet, en chantant je ne sais quels atroces couplets que je n'entendais pas entièrement, car je n'avais point encore quitté mon lit; l'église était fermée et un silence lugubre régnait autour du presbytère.

Vers l'heure de midi, quand un pâle soleil d'automne

éclairait la terre, je pouvais distinguer le bourdonnement de mes abeilles qui avaient quitté leur ruche et que personne ne s'occupait plus à faire rentrer. Mon chien se montrait le compagnon le plus fidèle de ma solitude, car la vieille Claudine, après m'avoir donné ce qui m'était absolument nécessaire, s'en retournait chez elle pour se disputer avec sa fille et son gendre. Sous je ne sais quel prétexte, elle ne couchait plus au presbytère.

A force de changer de position, je parvenais quelquefois à me lever. Je m'établissais au coin de mon feu, d'où je pouvois découvrir les arbres agités de mon jardin, et j'écoutais les vents terribles qui passaient sur la mer.

Une fois, je m'approchai d'une petite pièce qui donnait sur la place du presbytère, j'aperçus des jeunes filles et des jeunes garçons se promenant les bras entrelacés. Ils affichaient une familiarité qui annonçait la dégradation des mœurs. Ils aperçurent mon pâle visage contre les vitres ; les jeunes filles se mirent à rire, et les garçons me firent des gestes de menace. Hélas ! pourtant, jamais je n'avais refusé de leur rendre service ; je ne leur avais montré aucune austérité, je ne m'étais jamais opposé à leurs plaisirs.

Je renonçai dès ce moment à m'approcher de cette fenêtre, et je restai encore plus constamment devant la flamme du foyer. Je tombai alors dans de profondes rêveries dont je finis par m'effrayer tellement que, pour y échapper, j'essayai de relire les Pères de l'Église ; mais je n'y pouvais plus trouver ces consolations adorables qui, autrefois, m'avaient fait tant de bien. Une image cruelle pesait sur mon cœur, et encore plus sur ma conscience. Je me jetais à genoux ; je demandais à Dieu de me rendre le repos, il ne m'exauçait pas souvent.

De tels combats, une vie si solitaire et sans exercice ne pouvaient me rendre la santé. Je voyais avec assez de résignation le dépérissement de mes forces ; je me disais que ma mort prématurée serait une expiation. Je dois avouer aussi, car je ne veux cacher aucune de mes fautes, que mes yeux revenaient trop souvent sur les lignes où Herminie parlait de moi, et que je cherchais à retrouver dans mes traits ces traces de distinction dont Herminie parlait. J'avouerai encore que, vingt fois par jour, j'étais pris du désir de me rendre à Saint-Valery pour savoir ce qu'elle était devenue. Mais si je n'étais pas maître de mes pensées, je l'étais de mes actions, et je n'avais fait aucune démarche pour rien découvrir sur son sort. Je ne m'étais même pas approché de la cabane de Richard, que je n'avais pas revu.

Cependant ma vie si désolée, si abandonnée, ne me paraissait pas longue ; j'avais toujours eu du penchant à la rêverie. Ce penchant était devenu une passion, une maladie, depuis qu'elle avait pour aliment une pensée que je repoussais, et qui, peut-être, à cause de cela même, prenait tout l'attrait d'une chose défendue.

Ah ! que durant mes jours et mes nuits sans repos, j'ai fait du chemin dans la connaissance du cœur ! Que de replis cachés j'ai soulevés avec effroi et laissés retomber avec plus d'effroi encore. Ah ! que j'eus vite rattrapé les années que j'avais perdues d'une façon si monotone. Jamais fée, armée de sa baguette d'or, n'a élevé de plus beaux palais de diamants que ceux que j'édifiais pour elle ; jamais héros de roman, créé par le talent et le génie de nos premiers poëtes, n'a trouvé dans son imagination de flamme, tous les éloges, toutes les expressions passionnées que je créais pour elle. Oui, j'en suis certain, dans les moments où j'oubliais quels étaient les obstacles qui nous séparaient, et qu'elle ne pouvait jamais m'appartenir parce que j'étais prêtre et laid ; oh ! j'en suis sûr, dans ces heures de solitude où je la rêvais toute à moi, jamais mortel n'a connu l'ivresse de l'âme plus complète et plus ravissante.

Ce que j'écris là, après plus de quarante ans, ne paraîtra pas exagéré, si on songe à la vie que j'avais menée depuis que j'étais au monde. C'était par les écrits d'une jeune fille, belle comme le jour, que je venais d'être initié à la connaissance des passions. Naïf par caractère, ignorant par position, pur et chaste par devoir, mon imagination était restée fraîche comme si je n'étais pas sorti de l'enfance. La puberté m'arrivait, pour ainsi dire, au moment où ma jeunesse s'enfuyait. Ainsi, à cette époque, j'étais à la fois le plus heureux et le plus malheureux des hommes.

La mère Claudine m'apportait souvent de désastreuses nouvelles ; j'avoue que je ne les comprenais pas très-bien : je ne savais ni pourquoi, ni comment on avait fait une révolution, et les sacriléges et les cruautés racontés par une pauvre paysanne me paraissaient exagérés et presque impossibles. Cependant je ne pouvais douter qu'il ne fût survenu de grands changements ; mais comme je ne m'approchais plus de la fenêtre, que je vivais tout à fait dans un monde à moi, je ne me faisais pas une idée réelle de ce qui se passait. Depuis longtemps je ne respirais l'air que par les fenêtres qui donnaient sur le jardin ; il devint très-froid, la terre se couvrit de neige et de glace, et je fus obligé de renoncer à cette distraction. Les fêtes de Noël arrivèrent ; je les célébrai aussi pieusement que je le pus ; j'aurais donné beaucoup pour me confesser à un autre prêtre, ne le pouvant pas, je m'adressai à Dieu.

Mais arrivons à l'événement qui changea mon sort et me lança dans un monde que je ne désirais pas connaître, et pour qui j'étais si peu fait. Le mois de janvier s'avançait ; il était sombre, froid et pluvieux, et jamais mon isolement n'avait été si profond. Un jour je me sentais très-faible et très-abattu, la mère Claudine avait vainement essayé de me

faire prendre le petit repas qu'elle m'avait préparé, je m'é-
tais couché de meilleure heure encore que de coutume,
sans espérer de dormir ; le plus profond silence régnait dans
ma maison, que j'occupais seul, puisque la mère Claudine
n'y couchait plus depuis longtemps.

Au milieu du morne silence qui m'environnait, je crus
entendre le cliquetis d'un carreau de vitre qui tombait en
se cassant ; je reconnus le cri de la porte du jardin, ordinairement fermée en dedans. Ce ne pouvait être la mère
Claudine, qui serait d'autant moins venue par là, que le
chemin était plus long et qu'elle avait une clef de la maison.
Tout à coup la pensée me vint que c'étaient les habitants du
village qui venaient m'assassiner, et que ma dernière heure
était arrivée. Quand la chose eût été possible, aurais-je
songé à me défendre ? je ne le crois pas. J'adressai à Dieu
une courte, mais fervente prière, et, saisissant le crucifix qui
reposait à mon chevet, j'attendis.

On monta doucement l'escalier, on s'arrêta sur le palier
de ma chambre, puis on mit la main sur la clef de ma
porte et on ouvrit. Quelque douteuse que fût la clarté qui
venait de la fenêtre, je reconnus qu'il n'était entré qu'un
seul homme qui s'approcha de mon lit, et me dit d'une voix
basse :

— Monsieur le curé, dormez-vous ?

— Non, répondis-je. Qui êtez-vous, que me voulez-
vous ?

— Ah ! grâce au ciel, s'écria l'inconnu, j'aperçois du feu
dans l'âtre ; il s'en approcha, ralluma ma lampe, et je le
reconnus ; c'était Richard.

Richard le pêcheur, celui qui avait aidé mademoiselle de
Melmont à s'échapper.

Oh ! puissance d'une passion envahissante, quelque folle,
quelque coupable qu'elle soit, ma première pensée fut que

cet homme venait m'apporter des nouvelles d'Herminie, et je m'écriai :

— Richard! que savez-vous? que lui est-il arrivé?

— Arrivé; à qui? Je ne sais ce que vous voulez dire, monsieur le curé. Je viens vous sauver : je n'ai pas oublié que vous avez assisté mon brave homme de père à ses derniers moments.

— Mais de quoi me sauver, quel danger puis-je courir?

— Mais ne savez-vous donc pas ce qui se passe depuis plusieurs mois? On traque les nobles et les prêtres ni plus ni moins que des bêtes féroces. On vous a ménagé jusqu'à ce moment, parce que la vieille Claudine disait tous les jours que vous alliez mourir; mais on a su depuis quelque temps que vous alliez au contraire beaucoup mieux. Ils sont maintenant au château à le piller et à le saccager, et ils reviendront ensuite au presbytère, et vous assassineront. Il faut vous lever, monsieur le curé, et me suivre; je vous cacherai chez moi durant quelques jours, et je trouverai bien ensuite le moyen de vous faire passer en Angleterre.

En parlant ainsi, Richard me présentait mes habits, ou plutôt m'habillait lui-même. Il trouva un petit sac dans lequel il mit du linge et le peu d'argent que je possédais. C'était bien peu; il y avait une année que je n'avais rien touché de ma cure ni de ma pension. J'avais si peu de besoins, j'étais si indifférent et si peu au fait des choses de la vie, que je n'avais pas pensé un seul instant à m'inquiéter du moment où je pourrais manquer d'argent.

— Partons, me dit Richard, nous n'avons pas un instant à perdre.

Avant de quitter ma chambre, je m'inclinai devant mon crucifix et lui demandai pardon du souvenir qui m'avait si souvent poursuivi à ses pieds.

Richard avait franchi le mur de mon jardin pour arriver

jusqu'à moi; je pris la clef pour en sortir, je la jetai pardessus le mur en donnant un dernier regard sur ce presbytère où je venais de passer deux ans. Je le quittais sans la
permission de mes supérieurs; mais Richard m'avait dit:

— Vous n'avez plus de supérieurs, monsieur le curé; ils
sont morts ou expatriés.

Il portait mon sac et me soutenait; car la longue retraite
dans laquelle je venais de passer plusieurs mois, et la maladie que je venais de faire, m'avaient désappris à marcher.
Nous tournâmes le village sans rencontrer personne. Richard n'avait osé amener la carriole de peur de donner des
soupçons.

Nous fûmes obligés de parcourir une partie de la grande
avenue du château pour gagner la plage. Il m'avait apparu
une fois à la même heure illuminé pour une fête; et cette fois
je le vis illuminé par un horrible incendie. Des cris forcenés
arrivaient jusqu'à nous, la flamme faisait briller le givre
qui s'attachait sur les arbres. Oh! Herminie, m'écriai-je, ils
brûlent ton berceau.

La famille du pêcheur dormait paisiblement; aussi put-il
me faire monter dans une espèce de petit grenier où il m'a-
vait préparé un petit lit de paille. De bonnes couvertures me
préservèrent du froid; la fatigue, la course au grand air
m'avaient accablé, je m'endormis du plus paisible sommeil.

Quand je m'éveillai, la femme du pêcheur était agenouillée près de mon lit de paille.

— Mon mari m'a tout confié, me dit la brave femme,
mais je réponds de moi comme de lui-même. J'ai une grâce
à vous demander au nom du bon Dieu. On dit que nous
n'allons plus avoir de curé, de prêtre, d'église; ma fille aînée
a douze ans, elle n'est pas bien instruite, mais elle est si
innocente, vous seriez bien bon de la faire communier,
monsieur le curé.

— Je le ferai, ma bonne femme, répondis-je, je le ferai, mais ce ne sera qu'au moment de mon départ; jusque-là, j'instruirai votre enfant autant qu'il me sera possible.

Une heure après, la petite Marianne m'apporta une soupe au lait, que je la forçai de partager avec moi; puis après, je lui fis dire son catéchisme. L'intelligence de cette enfant était extraordinaire, et je ne puis dire quelle douceur, quel calme descendait dans mon âme, à mesure que je m'occupais de cette jeune fille. Je m'y attachais chaque jour davantage, et, quand je reviens sur le passé, je compte au nombre de mes jours heureux ceux qui se sont écoulés pendant que j'étais dans le petit grenier de Richard. Je me dis que mes nuits les plus tranquilles ont été celles où j'ai dormi sur ce lit de paille fraîche, que son honnête femme renouvelait tous les jours.

Richard eut un petit voyage à faire à Honfleur pour acheter un filet; je le priai de m'acheter, avec beaucoup de précaution, un dictionnaire anglais et quelques livres dans cette langue.

Je lui avais bien recommandé de ne m'apporter que des livres sérieux, traitant surtout de voyages et d'histoire. Quelque chétive que fut ma bourse, je ne devais point reculer devant une dépense indispensable. Richard fut fort peu expert sur ces articles, prit ce qu'on lui donna; il me rapporta bien un dictionnaire anglais, mais il l'accompagna de *Grandisson* et de *Clarisse Harlow*.

Sans doute, aussitôt que je m'aperçus qu'il était question de mariage, d'intrigues d'amour, j'aurais dû ne pas chercher à comprendre ce que contenaient ces livres; mais j'avais un tel besoin d'apprendre l'anglais, puisque c'était en Angleterre que je devais aller gagner ma vie, que je ne tardai pas à dévorer ces deux chefs-d'œuvre. Par quelle fatalité fallait-il que je prisse connaissance, d'une façon ou d'une autre, d'une passion que je devais ignorer. La connaissance profonde que j'avais de la langue latine, venant sans doute en aide à une facilité naturelle pour apprendre les langues, et à un travail presque continuel, puisque, excepté les leçons que je donnais à la petite Marianne, je n'avais rien autre chose à faire que de m'occuper de l'anglais, je fis de rapides progrès.

Voici comment se passait mon temps. Aussitôt que le jour pointait à l'horizon, je quittais ma couche, et dès que j'étais habillé, je faisais une longue et consolante prière; j'ouvrais ensuite ma petite lucarne, et je me hasardais à respirer l'air frais du matin ; mais sitôt que de loin j'apercevais une face humaine, je me retirais bien vite, et me mettais à travailler jusqu'à l'heure où Marianne m'apportait mon déjeuner. Je lui faisais ensuite répéter la leçon que je lui avais donnée la veille, je lui en marquais une autre; puis ma solitude et mon travail n'étaient plus troublés. Quand la fin du jour arrivait, je me hasardais à me promener dans le petit jardin de Richard ou sur les bords de la mer ; souvent je montais dans sa petite barque, et chaque fois notre promenade était plus longue; c'était afin de m'accoutumer à l'élément terrible qui m'effrayait tant jadis. Je dois cependant dire que cette grande frayeur avait extrêmement diminué, depuis que j'avais vu mademoiselle de Melmont l'affronter avec tant de courage.

Mademoiselle de Melmont... Herminie... Ah ! ce souvenir était encore puissant sur moi... qu'était-elle devenue, depuis ce jour où la tempête l'avait respectée, et quel nouveau malheur, ou plutôt quelle nouvelle faute était tombée sur sa vie... Le souvenir de la lâcheté de son séducteur faisait monter le rouge à mon front.

Je parvenais bien, à force de raison et de travail, à éloigner de moi pendant la journée le souvenir d'Herminie; mais quand je me trouvais dans la barque de Richard, dans cette barque où elle s'était assise, j'y pensais pour me dire que c'était un crime d'y penser, mais enfin j'y pensais toujours.

J'étais depuis trois mois dans la chaumière de Richard. Quand je rentrais le soir avec lui, on fermait hermétiquement la porte et les fenêtres de la chaumière, et là, près d'un âtre bien chauffé, car les soirées étaient encore fraîches, je prenais avec ces bons et excellents amis un repas frugal, mais qui me semblait bien agréable, à moi, qui avais toujours vécu isolé, moi, qui n'avais jamais eu d'amis intimes, moi, à qui mes parents avaient montré tant d'indifférence.

Mais, tout a un terme, surtout la tranquillité et le bonheur. Richard, contre son usage, rentra une après-dînée; il monta fort agité à ma petite cellule de paille, comme l'appelait Marianne, je devinai qu'il était arrivé quelque événement et le pressai de m'en instruire.

— Hélas! vos pressentiments ne sont que trop vrais, me répondit-il : isolés comme nous le sommes, sur les bords de la mer, nous ne savons rien de ce qui se passe, mais la terreur est à son comble, il y a trois mois qu'on a tué le roi.

Je tombai à genoux. Je ne connaissais pas le roi, jamais son auguste pouvoir n'avait influé sur mon pauvre sort; jamais peut-être je n'avais eu l'occasion de prononcer son nom, si ce n'est dans les prières de l'Église, mais sa mort me paraissait un crime odieux. Je plaignais ses assassins, plus que je ne plaignais la victime : elle avait, elle, au moins, échangé la couronne de roi contre celle de martyre.

— Eh bien ! Richard, repris-je, après être resté un instant anéanti; eh bien ! nous aussi, serviteurs de Dieu, nous devons mourir.

— Ou prononcer je ne sais quel serment qui vous délie de vos vœux, interrompit Richard; mais je sais bien, monsieur le curé, que vous ne le feriez pas.

Du reste, ce n'est pas ce qu'il y a de plus inquiétant dans ce moment. Il faut qu'on ait épié ce qui se passe dans ma pauvre demeure : je suis allé ce matin dans la grande avenue du château ; depuis que vous êtes ici, je n'ai osé me hasarder jusqu'au village de Melmont, je craignais qu'on ne devinât mon secret, seulement en me voyant ; mais ce matin, j'ai dû, comme je viens de vous le dire, aller jusqu'à l'avenue du château, parce qu'il était venu un petit garçon me dire de m'y rendre, que j'y trouverais quelqu'un qui avait une importante nouvelle à me confier.

J'ai cependant pris mes précautions, et je suis arrivé à la grande avenue en longeant le bois ; j'ai aperçu de loin la petite Marthe, une jeune fille élevée par charité au château, et dont vous devez vous rappeler.

— Je la connais, en effet ; que vous a-t-elle appris?

— Voici : « Vous êtes trahi, Richard, m'a-t-elle dit, on sait que vous cachez chez vous M. le curé, et l'on doit aller l'arrêter demain au point du jour. »

Je ne pouvais douter de ce que me disait Marthe ; cependant, je lui demandai comment elle savait qu'on devait venir chez moi.

« — On ne se méfie pas de moi, répondit-elle, parce qu'on me considère comme une enfant et comme une niaise. Ce sont des enragés du village qui sont venus ce matin à la ferme, et qui ont dit qu'on avait aperçu hier soir M. le curé dans votre petit jardin. Ils sont allés demander un mandat d'arrestation qui ne peut arriver que cette nuit, et, au point du jour, soyez sûr qu'ils seront chez vous pour saisir notre pauvre curé. »

— Je me suis hâté de revenir, ajouta Richard ; il faut partir cette nuit, monsieur le curé. Je vous conduirai à Honfleur, chez un brave homme qui vous sauvera, parce qu'il aime Dieu et qu'il m'est aussi fort attaché. Il fait le commerce d'œufs et de beurre avec l'Angleterre. Peut-être faudra-t-il vous déguiser, et vous pardonnerez la familiarité avec laquelle il sera obligé de vous traiter, monsieur le curé

— Qui pense à cela. Richard, m'écriai-je en lui tendant la main. Je défends ma vie pour ne pas rendre inutile le bien que vous m'avez fait. Sans cela, je vous l'avoue, je m'inquiéterais peu de ce qui doit m'arriver; mais je crains tant de vous compromettre que, dussé-je m'en aller seul à pied, je veux partir tout de suite.

— Rassurez-vous, monsieur le curé, nous avons quelques heures devant nous, me répondit Richard, tout en commençant à détruire tout ce qui pouvait faire soupçonner mon séjour chez lui.

Ce fut avec un sentiment d'amertume que je vis jeter au vent la paille qui m'avait servi de lit et dégarnir mon petit réduit du peu de choses indispensables qu'on y avait apporté.

Marianne et sa mère vinrent me rappeler la promesse que je leur avais faite de faire faire à cette jeune fille sa première communion. Je leur promis que cette cérémonie aurait lieu avant mon départ, et je demandai que Marianne montât près de moi. Je passai le reste de la journée à la préparer encore, et je puis répondre que cette jeune âme était digne de recevoir le sacrement que j'allais lui administrer.

Quand la nuit fut entièrement arrivée et que la barque de Richard fut prête, le bon pêcheur monta dans mon grenier avec sa femme et ses deux autres petits enfants. Marianne priait dans un coin. Je posai un linge bien blanc sur une grosse souche qui m'avait servi de table; mon crucifix de bois ne m'avait pas quitté, je le posai sur ce rustique autel; je portais toujours avec moi quelques hosties consacrées, je les déposai dans une petite tasse de coco, unique luxe de la chaumière; toute la famille se mit à genoux et je dis la messe avec tant d'onction, les cœurs qui répétaient mes prières étaient si purs, que je suis sûr que notre Sauveur ne dédaigna pas de se transformer dans le pain sacré que reçut Marianne; aucun luxe, aucune cérémonie ne vint distraire Marianne; elle était tout entière à Dieu, et quand elle se releva heureuse et pure comme un ange, elle me dit après avoir embrassé sa mère :

— Oh ! monsieur le curé, que je voudrais mourir dans cet instant.

Je cachai de nouveau mon christ dans ma poitrine. Marianne et moi nous prîmes un léger repas, car nous n'avions rien mangé depuis notre soupe du matin; au bout d'un instant Richard rentra et dit :

— Il est temps.

Alors la mère et les enfants se jetèrent à mes genoux en pleurant. Je leur dis tout ce que mon âme renfermait de reconnaissance; je leur répétai que je ne les oublierais jamais, et que si Dieu me conservait la vie, je reviendrais vivre avec eux, fût-ce même dans leur petit grenier.

En le quittant, je jetai un regard de regret sur les solives qui le soutenaient, sur le chaume qui le couvrait, et je descendis.

Richard permit que sa famille m'accompagnât jusqu'à la barque. Quand j'y fus assis, Marianne se jeta encore une fois à genoux sur le sable, et déjà le frêle esquif se balançait assez loin sur les vagues, que j'entendais encore le mot : Adieu ! adieu !

A quatre heures du matin nous débarquions à Honfleur. Quand je posai le pied sur le rivage, Richard me dit :

— C'est à cette même place que j'ai abordé avec notre demoiselle. Il ne faisait pas alors un temps aussi calme que celui d'aujourd'hui, et cependant elle n'a pas cessé de montrer du courage.

— N'avez-vous jamais eu aucune nouvelle d'elle depuis ce jour? demandai-je timidement.

— Non, monsieur le curé, et cependant je voudrais bien savoir ce qu'elle est devenue; mais vous vous en allez en Angleterre et peut-être en entendrez-vous parler.

Je ne répondis rien et je suivis Richard. Il me fit entrer dans une petite ruelle et il frappa à la porte d'une des premières maisons. Un homme robuste, quoique déjà âgé, vint nous ouvrir.

— Benoît, dit Richard, voici le curé de notre village. Il faut que tu te charges de lui et que tu le conduises sûrement en Angleterre.

— Je le ferai, répondit Benoît, je te le promets.

— Je suis tranquille alors, et vais m'en retourner de suite pour essayer de détourner tous les soupçons, répliqua Richard. Que Dieu vous protége, monsieur le curé!

Je me jetai dans ses bras en pleurant comme un enfant: il me semblait voir rompre le dernier lien qui m'attachait à ma patrie; et quand j'entendis le bruit des pas de Richard se perdre dans la petite ruelle, la faiblesse de mon organisation eut un moment le dessus et je crus que j'allais m'évanouir.

Benoît avait jeté quelques branches sèches dans son foyer; il m'engagea à m'en approcher. Puis il m'apporta un habillement pareil à celui qu'il portait.

— Pardon, monsieur le curé, me dit-il, mais, pour votre sûreté, il faut que vous preniez ce costume; quant à vos effets et à tout ce qui vous appartient, je vous en réponds, je vous remettrai tout cela quand vous débarquerez à Brighton.

Je connus ainsi le port d'Angleterre dans lequel j'allais chercher un refuge. Qu'y ferais-je, mon Dieu? comment chercherais-je; comment réussirais-je à y gagner ma vie? car j'en étais arrivé là, je puis le dire; je n'éprouvais aucun chagrin d'être obligé de travailler pour avoir du pain, mais je demandais comment je trouverais ce travail.

Pendant que je faisais ma nouvelle toilette avec laquelle je me trouvais si étrange, moi qui depuis mon enfance n'avais jamais quitté l'habit religieux, Benoît arrangeait ses œufs et son beurre dans des paniers. Puis quand tout cela fut prêt, il me dit :

— Partons, monsieur le curé, et ne vous inquiétez de rien.

Durant les dix années qui s'écoulèrent jusqu'à l'époque où les événements prennent un intérêt plus vif, je pourrais peut-être me dispenser de revenir sur le passé, s'il n'était nécessaire qu'on le connût pour comprendre comment je retrouvai celle qui avait eu tant d'influence sur ma pensée et qui devait encore me causer de si cruels chagrins.

En arrivant à Dieppe, Benoît avait rejoint son beau-frère; ensemble ils portaient de la marchandise à Brighton. Benoît me présenta très-négligemment comme un de ses parents éloignés qui venait essayer du métier.

— Mais je crois, ajouta-t-il en riant, qu'il ne conviendra pas plus à la chose que la chose ne lui conviendra, et je crois que ce que j'aurai de mieux à faire sera de lui trouver quelque emploi, soit à Brighton, soit ailleurs.

Un maintien gauche et embarrassé, la maladresse de mes mouvements quand j'essayais d'aider Benoît, répondaient parfaitement aux paroles qu'il venait de dire. Du reste, son beau-frère paraissait peu curieux, et très-occupé de ses affaires : aussi faisait-il peu d'attention à moi. Benoît s'apercevant de mon abattement, m'envoya me reposer au fond de la barque, en ajoutant d'un ton goguenard, que je ne lui paraissais pas fort. Le chagrin, l'inquiétude sur mon avenir, une pensée plus incessante encore, m'empêchèrent longtemps de m'endormir, quoique je fusse extrêmement fatigué. Mais peu à peu mes yeux se fermèrent et je ne me réveillai qu'à la voix de Benoît qui criait :

— Allons! allons, paresseux, réveille-toi donc, nous voici arrivés.

En effet, j'avais devant moi une des plus charmantes villes d'Angleterre, quoiqu'elle ne fût pas alors parvenue au degré de luxe et d'élégance où on dit qu'elle est aujourd'hui. Je me levai à la hâte et fis une courte mais fervente prière avant de descendre sur la terre étrangère. Le beau-frère de Benoît était déjà sur le quai, causant activement avec des marchands; il n'avait aucun soupçon ou feignait de ne pas en avoir.

— Monsieur le curé, me dit Benoît, je vous demande humblement pardon des libertés que j'ai été obligé de prendre avec vous, mais la prudence...

— Mon ami, lui répondis-je en lui serrant la main, je ne puis vous témoigner ma reconnaissance dans ce moment, mais j'espère qu'elle ne sera pas toujours stérile pour vous et pour Richard.

— Occupons-nous de quelque chose de plus pressé, répondit précipitamment Benoît : voici mon beau-frère qui revient, je vais vous donner devant lui l'adresse de madame Laurent, qui tient un des meilleurs hôtels de Brighton ; je vous remettrai pour lui porter une petite provision de beurre et d'œufs; je vous conseillerai de lui demander si elle peut vous occuper dans son hôtel, et, dans ce cas, d'y rester. Madame Laurent est une excellente femme qui aime la France et les Français; confiez-vous à elle sans crainte. Si elle peut vous rendre service, elle le fera; elle a de belles et nombreuses connaissances : tout ce qu'il y a de mieux vient à l'hôtel du *Prince de Galles*. Allons, monsieur le curé, bon courage; voici votre petit sac et vos effets; je voudrais bien vous dispenser de porter tout cela, mais le moyen de faire autrement ! Allons, fions-nous en Dieu, et qui mieux que vous peut se reposer avec confiance sous sa protection ?

Le beau-frère de Benoît se rapprocha, et après m'avoir remis ce qu'il m'avait annoncé, Benoît ajouta:

— Allons, porte tout cela à madame Laurent, et si, comme je te le disais tout à l'heure, elle peut t'employer chez elle, restes-y, tu ne peux mieux faire. Entre d'abord dans cette rue que tu vois en face de toi; dans la seconde, à droite, tu trouveras l'hôtel du *Prince de Galles*.

Et me tapant légèrement sur l'épaule, Benoît me poussa doucement hors de la barque.

Je fus d'abord tellement étourdi, que je marchais machinalement devant moi, sans savoir où j'allais, sans me souvenir qu'il me fallait prendre la seconde rue à droite, si je n'avais pas aperçu une enseigne désignant l'hôtel de Galles. Je m'y dirigeai; je pénétrai dans une très-belle maison, et balbutiai le nom de madame Laurent.

— Entrez dans le parloir à droite, me cria le garçon, pressé de répondre à un voyageur. J'entrai timidement dans cette pièce. Madame Laurent était seule ; elle ne l'eût pas été que je n'aurais pas eu la force de me tenir plus longtemps sur mes jambes : je posai tout ce que je tenais par terre, et je tombai sur une chaise, le front couvert d'une sueur froide et presque sans connaissance.

— Le pauvre homme! s'écria madame Laurent ; et, sans s'informer d'autre chose que de ma fatigue, elle s'approcha d'un buffet, remplit un grand verre d'ale et me le présenta. Je le repoussai doucement : de ma vie je n'avais bu autre chose que de l'eau, et j'éprouvais une extrême répugnance pour toute autre boisson.

— Je n'ai besoin que d'un peu de repos, balbutiai-je.

Madame Laurent me regarda avec plus d'attention, et malgré ma figure laide et flétrie, elle découvrit sans doute quelque distinction qui lui fit deviner ma véritable position ; car elle me dit tout bas :

— Soyez sans crainte, vous pouvez vous fier à moi.

— C'est Benoît le smogleur qui m'a adressé à vous, Madame.

Elle sourit, et m'ouvrit la porte d'un cabinet en m'engageant à changer de vêtement.

Une heure après, j'étais établi dans une petite chambre modeste, mais bien propre. On m'y servait exactement et convenablement, mais je sentais que je ne pouvais, que je ne devais pas m'abandonner longtemps à ce bien-être, et je me confiai sans hésiter à ma digne hôtesse. Je lui dis que j'avais besoin de gagner ma vie ; je lui demandai si je ne pourrais pas former une petite école, ou me charger d'une éducation particulière pour laquelle on ne se montrerait pas trop difficile sous le rapport de l'instruction.

— Je crois avoir votre affaire, me répondit-elle en souriant.

Trois jours après, en effet, elle m'apporta une lettre de recommandation pour milord Stanley. Il était alors dans une de ses terres située près de Windsor. Madame Laurent m'engagea à ne pas perdre une heure pour m'y rendre, et elle n'eut pas de repos qu'elle ne m'eût vu monter en diligence.

Le deuxième jour, de bonne heure, j'arrivai à Windsor ; de là à Stanley-Castle, il n'y avait que dix milles. Il me fallait cependant trouver un moyen de transport convenable. Hélas ! tous ces frais allégeaient bien ma bourse, déjà bien légère, et augmentaient encore mes inquiétudes. Que deviendrais-je si je n'étais pas accueilli par lord Stanley? Madame Laurent m'avait bien répété :

« — Si vous ne réussissez pas, revenez ici et nous trouverons autre chose. »

Mais je répugnais à user de nouveau d'une générosité qu'elle avait portée bien loin. Pour la première fois de ma vie, j'étais préoccupé de la crainte de manquer de pain et d'asile, et ce fut le cœur serré et rempli d'anxiété, que je montai dans la chaise qui allait me conduire au château de milord Stanley.

Je sentis un plus vif désir d'être accepté par milord Stanley, quand j'aperçus les bois magnifiques qui entouraient son château, quand je vis ses belles prairies déjà verdoyantes, sur lesquelles paissaient paisiblement de belles vaches noires : le calme de ces lieux, la merveilleuse beauté de ces campagnes me fit désirer encore avec plus d'ardeur d'être accueilli favorablement par celui qui en était le propriétaire.

Le postillon entra avec plus d'audace que je ne l'aurais voulu dans la cour du château : je venais solliciter de gagner honorablement ma vie, et il faisait claquer son fouet comme pour annoncer une importante visite. Plusieurs domestiques s'avancèrent sur le perron, mais il n'en resta qu'un quand on vit paraître mon chétif individu.

J'ordonnai au postillon de m'attendre, et sollicitai la faveur de remettre moi-même à lord Stanley une lettre d'un de ses amis. Le laquais m'écoutait sans décroiser les bras et sans faire droit à ma demande, quand un très-joli enfant, suivi d'un superbe lévrier, sortit du vestibule.

— Tom ! dit le jeune maître d'une voix impérieuse, comment vous permettez-vous de laisser un étranger sur le seuil ? Pourquoi donc sont faites les salles du château ? Faites entrer Monsieur, vous vous informerez ensuite de ce qu'il désire.

Quoique le jeune homme eût parlé en Anglais, j'avais parfaitement compris, et je me hasardai à le remercier dans cette langue. J'ajoutai que j'étais porteur d'une lettre pour lord Stanley, et que j'aurais désiré la lui remettre moi-même.

— Si vous voulez me la confier, me répondit l'aimable enfant, je suis sûr que mon père vous recevra ensuite.

J'acceptai avec reconnaissance.

Le domestique, rappelé à la politesse, s'empressa de poser des gazettes devant moi et de se retirer. J'aurais peut-être admiré avec grand plaisir le magnifique parc que j'apercevais de la fenêtre contre laquelle je m'étais avancé, si je n'avais pas été aussi inquiet de la réponse que j'allais recevoir.

Je savais que la lettre dont j'étais chargé était d'un des amis intimes du comte, et qu'elle me recommandait avec chaleur; c'était ce que m'avait répété bien des fois madame Laurent. J'avais partagé sa confiance tout le temps que j'avais été près d'elle; mais plus j'approchais du moment où mon sort devait se décider, plus je sentais le peu de chances et de droits que j'avais à réussir; et cependant, depuis que j'avais vu le fils de lord Stanley, je le désirais encore plus. Dès le premier moment, cet aimable enfant avait parlé à la fois à mes yeux et à mon cœur, et je me disais que je serais trop heureux s'il devenait mon élève.

Un vieux domestique sans livrée vint, d'un ton respectueux, me prier de le suivre. Après m'avoir fait traverser plusieurs riches salons et une longue galerie remplie de tableaux, il ouvrit la porte d'un cabinet fort simple où se tenait lord Stanley.

Milord avait une de ces belles figures anglaises, froides au premier abord, et seulement mélancoliques au second, une taille élevée et parfaitement proportionnée, de grandes manières, sans hauteur : il inspirait à la fois la confiance et le respect. Milord me parut à peine âgé de trente-six ans.

—Monsieur Athanase de Brévanes... me dit-il en se levant, et dans le français le plus pur.

Je m'inclinai, et il me montra un fauteuil avec la plus exquise politesse.

— Lord Hovard m'écrit qu'il ne vous connaît pas personnellement, Monsieur ; mais que vous êtes recommandé par une personne qui lui inspire la plus grande confiance. Cependant, ceci est un peu vague ; puis-je espérer de vous des détails un peu plus circonstanciés.

Quelque répugnance que j'eusse à parler de moi, je racontai succinctement au comte quelques détails sur ma position et sur ma famille, et, tirant plusieurs papiers de ma poche, je montrai à lord Stanley des lettres de mon supérieur et mon acte de naissance.

— Et vous sentez-vous, Monsieur, me demanda le comte, les dispositions nécessaires pour vous occuper de former non-seulement l'esprit, mais le cœur de votre élève ?

— C'est peut-être dans cette dernière partie, milord, que je me crois le moins habile, répondis-je sans hésiter. Quoique mes études aient été sérieuses, je n'ai aucune connaissance des hommes et de la manière dont on doit se conduire dans la vie. Vous trouverez en moi un honnête homme, je n'oserais vous répondre que vous trouverez un homme habile. J'ai besoin d'un abri, milord, mais j'ai encore plus besoin d'une affection. J'aimerai vos enfants s'ils veulent me le permettre et me le rendre. Ce n'est peut-être pas là le langage que doit tenir un précepteur ; mais, daignez songer que je ne l'ai été de personne, que je croyais que ma vie se passerait dans ma modeste cure, et que mon éloignement pour le monde était non-seulement un bonheur, mais un devoir.

— Si l'affection est un besoin de votre cœur, elle ne vous manquera pas, répondit lord Stanley. Je n'ai qu'un fils : Edgard est une âme ardente, trop ardente peut-être. Je désire qu'il ait près de lui un ami ; je crois que vous n'aurez pas de peine à devenir le sien. En m'apportant votre lettre, il m'a dit : « Je voudrais que la personne qui m'a chargé de vous la remettre, fût le précepteur que vous me destinez. Je n'ai jamais rencontré un regard plus sincère, un sourire plus doux, entendu un organe qui me plût davantage. Maintenant, ajouta lord Stanley, quels sont les arrangements?...

Lord Stanley comprit ma rougeur et mon embarras ; car il se hâta d'ajouter :

— Rapportez-vous-en à moi, et souvenez-vous, Monsieur, que l'ami de mon fils n'aura en le quittant besoin de personne.

Il sonna et donna l'ordre qu'on avertît sir Edgard.

— Vos vœux sont satisfaits, mon fils, dit lord Stanley : voici votre précepteur, et bientôt, je l'espère, votre ami. Établissez-le dans l'appartement qui est à côté du vôtre, et faites qu'il se trouve ici comme chez lui.

Voilà comme je me trouvai installé au château de Stan-

Sir Edgard avait douze ans à cette époque : on lui en aurait donné quinze pour le physique comme pour le moral. Il ne conservait de l'enfance que l'ingénuité et la grâce imprévoyante : sa parole était déjà sacrée, et son cœur était un composé divin de tendresse et de générosité ; il n'y avait pas six mois que j'étais auprès de lui qu'il m'aimait avec une affection qui eût pu rendre jaloux un père moins raisonnable que ne l'était le sien.

Je lui appris tout ce que je savais, et j'appris avec lui bien des choses que j'ignorais. Son caractère resta d'une égalité parfaite jusqu'au moment fatal où les passions vinrent s'en rendre maître.

Cher et aimable Edgard, après tant d'années écoulées, tant de larmes versées sur ta tombe, je te recommande encore à Dieu, ou plutôt je lui demande pourquoi il a dédaigné de prendre ma vie avec la tienne.

Mais arrêtons-nous un moment sur le chemin qui t'a conduit à ta perte. Pourquoi n'ai-je donné qu'une partie de mon sang pour la prévenir?

Lord Stanley demeurait à Londres pendant la durée du parlement; le reste du temps, il le passait à la campagne, entièrement occupé de son fils. Il remettait à recevoir beaucoup de monde à l'époque de sa majorité.

Elle arriva.

Ce jour-là il lui dit : « Edgard, voici pour M. de Brévanes. C'est un contrat de six mille francs de rentes; il doit l'accepter comme vous le lui donnerez, simplement. »

Edgard me remit en effet ce contrat. Je pâlis en le recevant, et je lui demandai :

— Est-ce que nous devons nous séparer?

— Jamais, me répondit-il ; je dois me marier de bonne heure, et vous aurez, ajouta-t-il en souriant, l'agrément d'apprendre à lire à mes enfants et à mes petits-enfants.

La preuve combien j'aimais sir Edgard, c'est que je n'éprouvai aucun embarras de tenir ma fortune de lui.

Quelque temps après cette circonstance, le comte engagea son fils à faire quelques excursions, soit à Londres, soit dans les environs; il lui recommanda surtout d'aller passer quelques semaines dans une charmante maison qu'il avait achetée à Richemond.

Lord Stanley m'exprima sa satisfaction quand il sut que son fils désirait que je ne le quittasse pas.

Pour commencer nos courses, nous nous rendîmes à Richemond. Je n'entreprendrai pas la description de ce délicieux village; il est impossible de rencontrer quelque chose de plus frais, de plus délicieusement aristocratique. Mais quoique Edgard vît beaucoup plus de monde et eût beaucoup plus de distractions, il me dit un soir :

— Nous partirons dans trois jours pour Sydney-Castle, j'ai hâte de rejoindre mon père; si je n'avais accepté pour demain un grand dîner chez lord F..., nous partirions plus tôt. Il ajouta : Il doit y avoir à ce dîner la plus élégante jeunesse de Londres ; il y aura aussi la beauté à la mode, la belle lady Lattimer. On la dit aussi spirituelle que belle ; je jugerai de cela demain et je ne veux y mettre aucune prévention, car vous savez que j'en ai une peut-être fort injuste contre les Françaises. Car, ajouta sir Edgard, on assure que lady Lattimer ne fait pas mentir la réputation qu'on donne aux femmes de sa nation : on assure qu'elle est aussi spirituelle que coquette.

Pourquoi éprouvai-je un sentiment d'inquiétude de ce que venait de me dire sir Edgard. Ah ! si j'avais prévu... Mais qui peut prévenir tous les malheurs.

Sir Edgard m'avait promis qu'il rentrerait de bonne heure ; il paraissait plus contrarié que de coutume de me quitter. Cependant il était plus d'une heure du matin quand j'abandonnai mon livre pour me coucher. Edgard n'était pas rentré. Je me levai de bonne heure et ne m'attendais pas à le trouver debout. Il se promenait cependant dans le jardin et me parut bien embarrassé. Il ne me dit pas un mot de ce qu'il avait fait la veille ; il m'annonça seulement qu'il sortirait après son dîner, et ne me parla plus de son projet d'aller retrouver son père bientôt. Il ne passa plus un seul jour avec moi ; il rentrait si tard et sortait de si grand matin, que je ne le voyais presque plus, et quand je parvenais à rejoindre sir Edgard, je ne pouvais m'empêcher de le trouver extrêmement changé : tantôt il était sombre, inquiet ; tantôt d'une animation extraordinaire. Cependant il restait constamment bon et tendre ; mais cette bonté n'était plus accompagnée de l'aimable confiance qui m'était si précieuse. Quelquefois il paraissait prêt à me dire un secret, mais tout à coup il s'arrêtait, me serrait la main avec impatience et me quittait.

Je reçus à cette époque une lettre de milord Stanley, qui me priait de lui avouer s'il n'était pas arrivé quelque chose d'extraordinaire à son fils. Il ajoutait qu'il ne connaissait plus son style, naguère encore si confiant. Sir Edgard donnait, pour ne pas venir rejoindre son père, des prétextes qui semblaient extraordinaires à celui-ci. Milord me priait aussi de suivre une affaire qu'il avait à Londres; il m'indiquait l'endroit où, dans son cabinet, je trouverais les papiers qui y étaient relatifs.

Je me promis de parler à sir Edgard avant de répondre à son père; mais le soir même du jour où j'avais reçu la lettre de milord, sir Edgard me fit dire qu'il me priait de ne pas l'attendre ni de m'inquiéter, parce qu'il allait passer huit jours dans une terre de lord F...

Je connaissais assez sir Edgard pour être certain que ce n'était point par manque d'amitié qu'il ne m'avait pas écrit, mais tout simplement parce qu'il ne pouvait m'avouer toute sa pensée. Je pris à regret le parti de répondre à milord Stanley d'une manière évasive. Je lui disais qu'en effet il y avait quelque changement dans l'humeur de sir Edgard, mais que je l'attribuais seulement à son nouveau goût pour le monde, dans lequel milord lui-même l'avait engagé à se lancer.

Le jour même où j'écrivis cette lettre je partis pour Londres, afin de m'occuper de l'affaire dont m'avait chargé milord. J'étais assez triste; le changement de mes relations avec sir Edgard me rendait malheureux : il ne savait pas à quel point je l'aimais!

Je descendis à l'hôtel de milord, où j'avais un appartement. En montant l'escalier, je me trouvai face à face avec Briggs, le valet de chambre de sir Edgard; il recula en me voyant, et moi je m'écriai avec effroi :

— Est-ce qu'il est arrivé quelque malheur à sir Edgard?

— Si Monsieur veut me permettre de le suivre dans son appartement, je...

J'y entrai bien vite ; Briggs resta un moment immobile et muet devant moi.

— Parlez, parlez ! m'écriai-je ; sir Edgard est-il en bonne santé, et que faites-vous ici ?

En disant ces mots, je tombai dans un fauteuil ; car le cœur et les jambes me manquaient.

— Rassurez-vous, Monsieur, dit Briggs, je vais tout vous apprendre ; je crois que c'est mon devoir. Monsieur doit se souvenir du premier dîner que fit mon maître chez lord F.... Il rentra fort avant dans la nuit ; c'est qu'il était déjà amoureux de lady Lattimer. Je servais sir Edgard ; il était en face d'elle : il ne cessa de la regarder. Ah ! c'est qu'elle est bien belle, bien coquette, bien séduisante, continua le brave garçon en soupirant ; aussi, depuis ce moment, sir Edgard n'a plus eu qu'une pensée. Il vous a dit qu'il allait dans le Devonshire ; eh bien ! il n'a pas quitté Londres, ou plutôt il ne quitte pas lady Lattimer. Le bruit de cette intrigue s'est déjà répandu.

Il n'y aurait pas grand mal à tout cela, ajouta Briggs, si lady Lattimer n'était pas mariée à un homme d'un caractère dur et jaloux. Tenez, monsieur de Brévanes, je crains que cette liaison ne porte malheur à mon maître ; et puis je crains aussi qu'il ne soit bien contrarié quand il saura que vous êtes à Londres.

— Je ne veux point forcer la confiance de sir Edgard, répondis-je ; je vais prendre des papiers dans le cabinet de milord, et je partirai ensuite pour Richemond. Sir Edgard pourra ignorer que je suis venu à Londres ; veillez à cela, Briggs.

Je sentis que j'avais peine à retenir mes larmes.

— Monsieur aurait tort de croire que mon maître ne l'aime plus autant, dit Briggs, je suis certain du contraire.

Il soupire souvent, et je suis sûr qu'il regrette le temps où il vous accordait toute sa confiance.

J'eus peut-être tort de faire des questions à Briggs, mais je ne pus m'empêcher de lui demander si lord Lattimer était à Londres.

— Il est dans une de ses terres, où milady a refusé de le suivre.

— Et cette lady Lattimer est très-jeune ?

— Non, Monsieur : on assure qu'elle a bien trente ans, mais elle ne paraît pas en avoir plus de vingt-deux ; il est impossible d'avoir un plus beau visage, une plus belle taille, et de magnifiques cheveux blonds !

Je sentis mon cœur frémir de faiblesse. N'y avait-il donc qu'une femme qui possédât un beau visage et de magnifiques cheveux blonds ? Était-il possible, mon Dieu, que je conservasse encore l'image d'Herminie au fond de mon pauvre cœur !

Je pris les papiers que m'avait indiqués milord Stanley, et je me rendis chez son avocat. Il me remit à trois jours pour me donner une consultation écrite. Je me sentais soucieux et tourmenté ; je ne pouvais me montrer sans craindre de déplaire à sir Edgard ; et cependant devais-je l'abandonner dans la route dangereuse où il se lançait. Mais si je paraissais, je lui devenais à charge : j'avais l'air de vouloir forcer sa conscience, et je jetais du froid et de la gêne entre nous. Puis je me sentais timide comme on l'est toujours envers ce qu'on aime. Ce que je redoutais, c'est qu'il vît en moi un censeur incommode.

Je me décidai à attendre à Richemond la fin des huit jours qu'il était censé passer dans le Devonshire, et à garder le silence.

En sortant de chez l'avocat, je me trouvai près du parc de Kingstown. Si c'eût été celui de Saint-James, je n'y serais pas entré, dans la crainte de rencontrer sir Edgard ; mais Kingstown était peu fréquenté par les promeneurs à la mode, et

je m'enfonçai avec sécurité sous ses frais ombrages. Je me
rappelai l'avenir que sir Edgard avait arrangé : il voulait se
marier de bonne heure et vivre dans ses terres ; je ne devais
jamais le quitter, jamais, jamais. Et tous ces doux projets
seraient sans doute renversés pour l'amour d'une femme? Ne
devais-je pas avertir milord du danger que courait son fils ?
Mais Edgard m'en voudrait sans doute ; il m'accuserait de
l'avoir renié et trahi, il ne m'aimerai plus, et perdre son
amitié était au-dessus de mon courage. Je marchais la tête
baissée et si profondément préoccupé, que, quand elles furent en face de moi, deux personnes, dont l'une était sir
Edgard ; je devinai lady Lattimer dans l'autre, je faillis jeter
un cri de terreur et de surprise : lady Lattimer! C'était
Herminie de Melmont !...

Je continuai à suivre l'allée du parc de Kingstown, où je
venais de faire la rencontre d'Herminie de Melmont et de
sir Edgard. Je ne me sentais plus la tête libre ; il me semblait que la terre vacillait sous mes pas ; un bruissement
douloureux importunait mes oreilles, mes yeux voyaient la
verdure recouverte de couleurs diverses, et les battements
de mon cœur étaient si pénibles que je croyais n'avoir encore jamais autant souffert. Je ne voyais pas le banc placé
au bout de l'allée, mais je m'y plaçai machinalement.

Peu à peu, cependant, mon trouble se calma, la raison
reprit son empire, et je pus me dire avec plus de sang-froid :
je ne me suis pas trompé ; lady Lattimer et Herminie de Melmont ne sont qu'une même personne. Ah ! malheur ! malheur sur Edgard !

Elle était plus belle que jamais, et ni la leçon qu'elle
avait reçue d'Olivier, ni les années qu'elle avait prises ne
devaient être perdues pour un caractère comme le sien. De

deux choses l'une : ou elle aimait Edgard et son amour devait être emporté, exigeant, capable de tout braver; ou Edgard n'était que le jouet de la coquetterie d'une femme qui voudrait se venger sur lui.

Comment, dans tous les cas, parviendrais-je à balancer l'empire qu'elle devait prendre sur un caractère aussi passionné, aussi confiant que mon élève? sur un cœur qui subissait le charme et le danger d'un premier amour?... Hélas! moi, à qui tant de raisons défendaient de s'y livrer, n'en avais-je pas ressenti la puissance? Et si je n'eusse pas été prêtre, et même si j'avais senti que je pouvais être aimé, qui sait où se serait arrêté ma folie, qui sait si je n'aurais pas tout sacrifié à cette femme, qui semblait d'une manière ou d'une autre destinée à troubler ma vie? Quoi! Dieu dans sa bonté m'envoyait une affection précieuse, et il permettait que mon âme eût rencontré une âme qui pût la comprendre. Cette affection, honorable autant qu'aimable, remplissait ma vie; et réunissant sur Edgard toute l'ardeur que je pouvais dérober à mon Créateur, je me sentais heureux comme je ne l'avais jamais été. Il me semblait que le repos était rentré dans mon cœur, et quand je me flattais qu'Herminie n'y conservait plus la moindre place, voilà qu'elle reparaissait pour s'emparer du trésor qui m'était si cher, et pour m'effrayer et me rejeter dans le doute sur la tranquillité que je croyais avoir retrouvée.

Que devais-je faire? Peut-être lady Lattimer ne m'avait-elle pas reconnu. Dix ans m'avaient beaucoup changé: la vie calme et doucement occupée que j'avais menée; les soins remplis de bonté dont on m'avait entouré, avaient peu à peu produit un si heureux effet sur ma santé, que j'avais pris un embonpoint auquel je ne me serais jamais attendu. Mes douleurs de poitrine avaient entièrement disparu; mon teint pâle n'était plus jaune et livide; ma taille, courbée par la

faiblesse, s'était relevée, et je pouvais facilement avoir été
méconnu par une personne dont assurément je n'occupais
pas le souvenir.

Mais moi, qui l'avais trop bien reconnue, devais-je me
taire?... Pourquoi n'instruirais-je pas Edgard du passé de
lady Lattimer. Je le connaissais trop pour ne pas être certain qu'il aimait lady Lattimer comme une chère et respectable idole ; en arrachant l'auréole qui l'environnait, j'étais
sûr de la faire retomber du piédestal où il l'avait élevée.
Mais le pouvais-je, le devais-je?... C'était parce que Herminie me croyait digne de son estime qu'elle m'avait confié
son passé, c'eût été une mauvaise action de trahir sa confiance, et j'en chassai à l'instant jusqu'à la pensée.

Mais, d'un autre côté, n'était-il pas de mon devoir d'instruire lord Stanley du danger que courait son fils. Il se fiait
à moi, il me considérait comme un second lui-même; et le
matin même, je l'avais trompé, sans le vouloir il est vrai,
en lui écrivant. Cependant, je me dis que le parti que je
prendrais dépendrait de la conduite que tiendrait sir Edgard.
Il m'avait parfaitement reconnu, et je ne pensai plus à retourner à Richemond; au contraire, aussitôt que mon
trouble fut un peu dissipé, je pris le chemin de *Leycester-
square...*

Il n'y avait pas une demi-heure que j'étais rentré à l'hôtel,
et j'avais repris un peu de sang-froid, lorsque sir Edgard
entra chez moi avec la familiarité amicale qui s'était établie
entre nous.

Il me tendit la main avec un embarras si aimable, que
je fus vivement ému. Il l'était encore davantage, et pour lui
donner le temps de se remettre, je lui rendis compte du
sujet qui m'amenait à Londres; j'ajoutai que lord Stanley
était surpris de sa longue absence et m'en demandait le
motif, que...

— Et vous avez répondu, s'écria-t-il ?...

— Ce matin, avant de quitter Richemond.

— Et vous avez dit à mon père que?...

— Ce que je croyais, Edgard.

— Mais, vous savez maintenant...

— Je sais que j'ai perdu votre confiance, et je m'en sens bien malheureux.

Il pressa mes deux mains et balbutia :

— C'est par respect pour votre caractère, pour votre repos que je vous ai caché que j'étais passionnément amoureux.

— D'une femme qui n'est pas libre, Edgard, d'une femme que vous ne pouvez estimer, car elle oublie pour vous les devoirs les plus sacrés.

— Mon ami, interrompit-il avec précipitation, vous ne pouvez juger de la passion de l'amour, vous ne l'avez jamais connue, quoique vous fussiez plus digne qu'un autre de la comprendre.

Je baissai les yeux.

— Lady Lattimer n'est pas libre, il est vrai, reprit Edgard avec ardeur, mais elle peut le devenir. Elle a toujours été malheureuse avec son mari, qui la tyrannise et la traite en esclave. Eh bien ! elle divorcera et je l'épouserai.

— Vous oubliez, sir Edgard, que votre père n'approuvera jamais ce mariage; vous oubliez qu'il a, de votre propre consentement, arrangé avec vous un riche et illustre établissement.

— Lady Lattimer est riche et d'une illustre famille, voilà pour contenter mon père. Elle est spirituelle, charmante et belle comme un ange, voilà pour assurer mon bonheur. Lady Lattimer s'est admirablement conduite jusqu'à ce moment ; elle a respecté la chaîne qu'on lui avait imposée, elle n'a point d'enfant, elle est libre enfin de rompre cette union odieuse.

— Est-ce en Angleterre qu'elle s'est mariée? demandai-je
avec un trouble qu'Edgard eût dû remarquer, s'il eût été
moins préoccupé lui-même.

— C'est sa mère qui l'a forcée à épouser lord Lattimer,
reprit-il.

— Et la connaissez-vous, sa mère?

— Non, lady Lattimer m'a dit qu'elle vivait dans une
autre partie de l'Angleterre. C'est une famille d'émigrés.

— Mais, repris-je gravement, lord Lattimer consentira-t-il
à ce divorce, que vous avez arrangé seuls, lady Lattimer et
vous?

— Eh bien ! s'il n'y consent pas, je lui enlèverai sa femme.

— Mon pauvre Edgard, dis-je tristement, vous avez marché
bien vite dans la route que vous a ouverte la passion dangereuse que vous inspire cette femme. Comme prêtre catho-
lique, je pourrais vous dire que les hommes n'ont pas le
droit de délier ce que Dieu à lié; mais je ne veux m'adresser
qu'à votre raison, à votre honneur, à votre tendresse pour
votre père, puisque malheureusement je ne puis parler à
votre religion. Je dois vous répéter ce dont d'avance vous
êtes, j'en suis certain, convaincu: c'est que jamais lord
Stanley ne consentira à votre mariage avec une femme di-
vorcée, avec une femme plus âgée que vous. Souvenez-vous
aussi, Edgard, de ce précepte qui est de toutes les religions :
«Ne faites pas aux autres ce que vous ne voudriez pas qu'on
vous fît. » Vous aimez cette femme comme un fou, comme
un insensé; et qui vous dit que l'homme à qui vous voulez
l'enlever ne l'aime pas autant et plus peut-être ? Edgard,
cher Edgard, songez au désordre que vous apporterez dans
votre famille en troublant celle d'un autre. Et moi, qui depuis
dix ans ne vous ai pas quitté, quelle opinion prendra-t-on de
mon caractère, de mes mœurs, en découvrant quels fruits
vous aurez tirés de mes conseils?

Edgard appuya sa tête sur mon épaule, ses yeux étaient remplis de larmes.

— Allons, mon cher Edgard! mon cher élève! m'écriai-je en pressant ses mains, qu'un grand effort, tel difficile qu'il soit, triomphe d'une passion si dangereuse.

— Je l'aime! s'écria-t-il, je l'aime, et je ne puis renoncer à elle. Pourquoi voulez-vous que je lui brise le cœur.

— Ah! m'écriai-je, elle vous punira un jour de la faiblesse que vous lui montrez aujourd'hui.

— D'où le savez-vous? s'écria Edgard avec colère, d'où le le savez-vous? et qui vous a donné le droit de la calomnier!

— Edgard! Edgard! m'écriai-je; est-ce à moi que vous parlez ainsi?

Et, me levant, je fis quelques pas pour sortir de l'appartement. Il courut après moi et se jeta dans mes bras:

— Pardonnez-moi! **pardonnez-moi de vous résister,** balbutia-t-il; pardonnez-moi, mais je résisterais même à mon père.

— Hélas! mon enfant, je ne puis garder le silence envers lui; mon devoir m'oblige de parler.

— Faites ce que vous voudrez, reprit Edgard avec une exaltation croissante; répondez à la confiance que mon père a en vous, accusez-moi,

— Vous accuser, moi! ingrat!

— Pardonnez-moi encore, plaignez-moi, reprit-il, je ne sais ce que je dis. Mais non! ne me plaignez pas, puisque Herminie m'aime.

Je ne saurais exprimer l'impression que me fit ce nom dans la bouche d'Edgard. Nous restâmes assez longtemps dans le silence, et certainement les réflexions qu'il faisait étaient moins tristes que les miennes; il craignait de trouver des obstacles à son bonheur, mais il se savait aimé, tandis que moi...

Mais était-ce de moi qu'il était question !

Je dois ajouter aussi qu'un de mes grands chagrins était la crainte de ce que penserait lord Stanley ; il aurait le droit de m'accuser d'avoir trahi sa confiance. Je m'avouais que j'aurais dû lui écrire à l'instant même, mais je ne me sentais pas le courage d'affliger Edgard, de m'exposer à perdre son amitié qui m'était si précieuse ; je l'aimais donc plus pour moi que pour lui. La suite m'apprit du reste que, quand j'aurais pris ce cruel parti, je n'aurais pu empêcher la funeste catastrophe qui m'a condamné à des regrets éternels.

Edgard me demanda si je retournais à Richemond.

— J'en avais l'intention avant de vous avoir rencontré, lui répondis-je, mais maintenant je ne crois plus devoir m'éloigner. Qui sait, Edgard, peut-être pourrais-je vous être bon à quelque chose.

Il me serra la main, et me dit avec embarras :

— A demain donc, mon ami, à demain.

Je passai le reste de la journée fort tristement ; le lendemain je revis Edgard à l'heure du déjeuner, je ne le retrouvai pas moins amical, moins bon, mais il me parut tantôt extrêmement abattu, tantôt agité par une sorte d'anxiété fébrile. Il me quitta en me répétant comme la veille, mais avec l'expression d'une profonde tristesse :

— A demain, mon ami, à demain.

J'étais trop préoccupé moi-même pour me livrer à l'étude ; l'étude, le seul remède que je trouvasse ordinairement à l'inquiétude de mon esprit ou au trouble de mon âme.

Ne pouvant tenir en place, je me disposai à sortir. Briggs accourut après moi au moment où j'allais franchir la porte.

— Monsieur de Brévanes, me dit-il, je crois devoir vous avertir de ce qui se passe.

— Hélas ! Briggs, j'en sais trop et pas assez ; parlez donc, lui répondis-je.

— Eh bien! Monsieur, ce matin je suis allé chez le carrossier de sir Edgard, pour lui dire de raccommoder promptement le tilbury que le garçon a mis presque en pièces en le ramenant hier du parc. Comme je parlais à cet homme, il s'est dérangé pour crier à plusieurs ouvriers qui travaillaient dans l'atelier à une berline de voyage :

— Ne perdez pas une minute, mes amis, vous avez encore bien à faire: on doit venir prendre cette voiture à minuit, et vous savez que lady Lattimer fait donner de bons pourboires, quand on la sert bien et promptement.

Je suis resté interdit, et suis devenu inquiet. Cette inquiétude est devenue plus vive, parce qu'en rentrant à l'hôtel j'ai rencontré sir Edgard traversant à pied le square et marchant très-vite. Je ne sais si j'ai eu tort de prendre cette liberté; mais j'ai vu naître sir Edgard, milord m'honore de sa confiance, et je me suis permis de suivre mon jeune maître.

— Eh bien! repris-je, eh bien?

— Eh bien! Monsieur, il est entré chez son banquier dans la Cité. J'ai attendu, il n'est pas resté longtemps. En sortant, il s'est dirigé au ministère des affaires étrangères, j'en ai conclu qu'il venait y prendre un passe-port et qu'il partait la nuit même pour le continent avec lady Lattimer.

— Vos conjectures ne me semblent que trop vraisemblables, dis-je en m'appuyant sur le bras de ce pauvre garçon, lui-même fort attristé, car les forces me manquaient. Sir Edgard veut enlever lady Lattimer. Où est situé l'hôtel de lady Lattimer.

— Groweno's-square.

Je remontai chez moi pour réfléchir un moment et prier Dieu de m'inspirer, puis je me rendis chez lady Lattimer; j'étais décidé, si je trouvais Edgard chez elle, à ne pas la ménager, même devant lui; je me sentais une force extraordinaire, pareille à celle qui doit animer celui qui voit ce qu'il aime en danger de périr, et dont la frayeur et le dévouement doublent les forces.

On me dit chez lady Lattimer qu'elle était absente. Je voulais qu'on portât ma carte, presque persuadé que mon nom m'ouvrirait les portes si lady Lattimer était chez elle ; mais le valet de chambre m'assura plusieurs fois, sans embarras, que milady était réellement sortie et ne rentrerait que fort tard.

— Tard ! comment l'entendez-vous, est-ce qu'elle ne rentrerait qu'à minuit? m'écriai-je involontairement.

— Cela n'est pas probable, me répondit-il, milady n'est pas habillée.

Il fallait donc attendre. Je ne sais ce que je fis pour abréger les heures ; à six heures, à sept, à huit, à neuf, je me présentai inutilement, milady n'était pas rentrée. Je résolus de ne pas abandonner les portes de l'hôtel ; il me semblait impossible que la voiture qui était chez le carrossier ne fût pas amenée pour emporter les malles. Lady Lattimer, qui avait du temps devant elle, ne pouvait partir comme une héroïne de roman, emportant seulement son écrin.

Les conjectures que je formais à cet égard étaient d'ailleurs appuyées sur ce que Briggs avait remarqué, qu'aucun des coffres de la voiture n'y était attaché.

Quoique nous fussions à la fin de septembre, époque ordinairement assez nébuleuse en Angleterre, la soirée était calme et douce.

A dix heures, une voiture entra dans la cour de l'hôtel Lattimer ; j'aperçus une femme à travers les glaces ; je ne doutai pas que ce ne fût Herminie. J'allais frapper, quand je découvris sir Edgard à quelques pas de la porte. Je n'eus que le temps de m'effacer, de manière à ce qu'il ne pût m'apercevoir ; je ne voulais pas lui parler, persuadé qu'il chercherait à m'empêcher de pénétrer jusqu'à lady Lattimer.

Je le laissai donc entrer et j'allais en faire autant à mon tour, quand j'aperçus deux hommes soigneusement enveloppés dans de larges manteaux; ils ne s'arrêtèrent qu'à quelques pas de moi, je pouvais parfaitement entendre leur conversation.

— Mon cher lord, dit le plus petit à l'autre, je trouve votre cause juste, mais il ne faut pas la gâter par une violence peu raisonnée.

— Je ne veux pas plaider pour obtenir facilement la réparation d'une conversation criminelle, reprit l'autre avec une colère concentrée, il faut du sang pour punir un tel outrage; ensuite, je me séparerai de cette femme que j'aimais si aveuglément.

Dans ce moment je trouvai sir Edgard bien coupable, car il me semblait reconnaître dans la voix de lord Lattimer autant d'attendrissement que de colère.

— Êtes-vous bien certain que ce soit sir Edgard qui soit entré ? reprit-il; je suis si troublé... je le connais si peu....

Soit que la personne qui accompagnait lord Lattimer ne fût pas sûre que ce fût sir Edgard qui venait d'entrer à l'hôtel, soit qu'elle voulût gagner du temps pour essayer de calmer son ami, elle répondit qu'elle n'était pas certaine de la chose et qu'il valait mieux envoyer l'homme qui leur servait d'espion questionner le valet de chambre de milady, et s'assurer du fait. Ce valet de chambre trahissait sa maîtresse.

— Eh bien! retournons au bout de la rue, répondit lord Lattimer.

Je ne les eus pas plus tôt vus s'éloigner que je frappai à la porte de l'hôtel. Les domestiques voulaient m'arrêter, le valet de chambre surtout essaya de me barrer le passage; mais sans doute la dignité de mon maintien, mon air de résolution le décida à me laisser pénétrer. Peut-être crut-il aussi que j'étais le complice de sa maîtresse, et qu'on me punirait en même temps qu'elle.

Je traversai le salon qui n'était pas éclairé; on n'apercevait qu'une bougie dans le boudoir où je pénétrai. Sir Edgard était assis près d'une table et écrivait; lady Lattimer était debout près d'une porte entr'ouverte.

— Que direz-vous à cet homme outragé? m'écriai-je avec sévérité. Que vous alliez enlever sa femme, et qu'il a tort d'arriver pour vous en empêcher; que vous voulez le tuer pour conserver votre maîtresse?

— Ah! taisez-vous, taisez-vous, s'écria Edgard; voulez-vous me forcer...

La porte du salon s'ouvrit violemment; on le traversa, et lord Lattimer entra. Il était impossible d'affecter un dédain plus insolent et une politesse plus hautaine. Edgard croisa les bras et le regarda froidement.

Je ne sais quel changement s'opéra subitement dans mon âme; ce qu'il y a de certain c'est que moi, prêtre, ministre du Dieu de paix, je me sentis animé d'une affreuse haine contre lord Lattimer, parce que je sentais qu'il venait attenter à la vie de ce que j'avais de plus cher au monde. Je tournai les yeux vers lui avec une audace bien éloignée de mon caractère habituel.

— Qui ai-je l'honneur de recevoir chez moi? dit enfin lord Lattimer, en se tournant dédaigneusement du côté de sir Edgard.

— Sir Edgard Stanley, repartit fièrement mon élève.

— Vos assiduités, sir Edgard, peuvent être fort agréables à lady Lattimer, reprit le lord avec un accent ironique; mais il ne me convient pas à moi de les souffrir, et vous m'obligerez de les cesser entièrement.

— Tant que la maîtresse de la maison ne m'aura pas défendu de lui présenter mes hommages, reprit sir Edgard avec hauteur, je regarderai seulement comme une brutale impolitesse le congé que je viens de recevoir.

— Je suis fâché que vous soyez si difficile à congédier, reprit lord Lattimer du ton le plus impertinent; mais comme ce n'est ni l'heure ni le moment de décider, sir Edgard, si vous êtes ici plus maître que moi, j'attends seulement de votre politesse de me permettre de jouir d'un peu de solitude avec ma fidèle compagne. Vous devez croire que je suis empressé de me trouver tête à tête avec elle.

Sir Edgard salua avec hauteur, et, en passant devant lord Lattimer, il dit à voix basse :

— J'espère ne pas attendre longtemps de vos nouvelles, milord.

— Vous pouvez y compter, répondit celui-ci en rendant le salut.

Sir Edgard et moi nous marchâmes jusqu'à Leycester square, sans échanger une parole. Ce silence continua quand nous fûmes arrivés dans son appartement. Cependant je ne pouvais me décider à le quitter; je ne pouvais non plus lui parler sans craindre qu'il ne sentît dans mes paroles le blâme ou le reproche. La nuit s'avançait, et nous restions toujours silencieux et accablés. Sir Edgard tenait les yeux fixés sur le tapis, et de fréquents mouvements nerveux m'annonçaient qu'il souffrait. Il me dit enfin :

— Allez vous reposer, mon ami. Priez pour moi, et tâchez de me pardonner... je suis si malheureux!..

— Edgard, mon cher enfant, répondis-je doucement, je ne veux pas augmenter vos chagrins, je ne veux pas vous importuner de mes réflexions; le mal est fait, et Dieu seul sait où il s'arrêtera. Je ne puis garder seul la responsabilité de votre sort, de votre vie peut-être; il faut que j'écrive à milord Stanley.

— Oh! vous ne ferez pas cela, s'écria-t-il avec angoisse;

voulez-vous que mon père arrive pour être le témoin de mon duel avec lord Lattimer?...

— Il peut arriver pour l'empêcher.

— Mon ami, le caractère dont vous être revêtu vous empêche de connaître sous quelques rapports les lois de l'honneur, selon les exigences du monde. J'ai offensé lord Lattimer; il ne peut ignorer que j'allais fuir avec Herminie.

— Cruel enfant, rien ne vous arrêtait donc, ni la crainte de la douleur que vous auriez causée à votre père, ni celle presque aussi violente que vous m'alliez imposer?

Edgard me tendit la main, et me dit d'une voix basse :

— Je sais bien que je suis un ingrat, un insensé, mais je l'aime, et je préférerais...

— Et quand vous tueriez son mari, croyez-vous que vous vivriez heureux avec sa veuve, Edgard? Il m'est impossible d'arrêter même ma pensée sur une conjecture plus funeste. Mais que deviendrions-nous, votre père et moi, si?...

— Ah ! vous vivriez pour prier pour mon âme égarée, s'écria Edgard en se levant avec agitation ; tout ce que je puis vous promettre, mon ami, c'est que je ne chercherai point lord Lattimer, mais que je répondrai à son appel ; personne au monde ne pourrait m'en empêcher.

— Cependant, hasardai-je timidement, si vous quittiez Londres, si vous formiez et teniez la ferme résolution de cesser toute liaison avez lady Lattimer, ne serait-ce pas prouver à son mari que votre intimité avec elle n'a point passé les bornes de...

—Mon ami, nous avons été trahis par le valet de chambre; il avait toute la confiance de lady Lattimer; il savait que nous devions partir cette nuit pour le continent. Quitter Londres dans ce moment serait non-seulement une lâcheté, mais une perfidie. Je ne dois pas abandonner celle que j'ai perdue à la vengeance d'un homme implacable et cruel.

— Soyez tranquille, dis-je avec une expression ironique que je ne pus retenir, soyez tranquille, Herminie de Melmont...

— Herminie de Melmont! Qui vous a dit son nom? d'où savez-vous?... déjà quelques mots m'ont donné à penser... Ah! parlez, parlez, je vous en conjure. Vous connaissez lady Lattimer.

— Je connais lady Lattimer, répondis-je gravement, et quand j'ai su que c'était elle que vous aimiez, mes craintes ont redoublé. Elle est belle, spirituelle et bien dangereuse; ne m'en demandez pas davantage, cher Edgard, je ne vous dirai plus rien. Je ne suis pas bon juge, il est vrai, de ce qu'on nomme honneur dans le monde; mais il me semble que chercher à tuer celui à qui on a ravi le repos et l'honneur; celui à qui on a ravi la femme qu'il avait le droit d'aimer et de défendre, il me semble que c'est une action non-seulement déloyale, mais barbare.

— Vous connaissez Herminie, répéta plusieurs fois Edgard, vous connaissez Herminie et vous ne la croyez pas digne de mon amour?

— Elle est mariée, répondis-je simplement.

— Mais si elle avait été libre, me l'auriez-vous désirée pour compagne?

— Elle a dix ans de plus que vous, Edgard.

— N'importe, mon ami, répondez avec votre franchise accoutumée; si elle eût été libre, l'eussiez-vous jugée digne d'être la fille de mon père?

— Non, répondis-je sans hésiter.

— Eh bien! que m'importe maintenant la vie, répondit Edgard d'une voix sombre : je croyais que celle que j'aimais était digne du respect du monde entier; je croyais que moi seul... Mais vous m'avez ôté l'illusion qui m'était la plus chère; cependant je vous renouvelle, mon cher ami, la pro-

messe de ne point chercher lord Lattimer. Mais je ne quitterai
pas Londres, parce qu'il croirait que je le crains. Maintenant,
mon ami, je souffre de vous voir debout à une heure aussi
avancée ; moi-même je vais essayer de prendre quelques
heures de repos.

— Et, répétai-je avec instance, vous ne ferez aucune démarche pour revoir lady Lattimer ?

— Aucune, me répondit-il en soupirant, aucune, soyez
tranquille de ce côté.

Edgard me reconduisit jusqu'à la porte de mon appartement, et m'embrassa avec une effusion si aimable que je
sentis qu'il ne m'avait jamais été si cher.

Rentré chez moi, j'écrivis à lord Stanley ; je ne lui racontai que ce qu'il était indispensable qu'il sût, et je le priai de
venir à l'instant même ; puis j'ordonnai à mon domestique,
homme sûr et discret, de partir en courrier au point du jour
et de ne pas perdre une minute.

Accablé par la fatigue de corps et d'esprit, je me jetai sur
mon lit et m'endormis profondément. Mais je ne tardai pas
à me réveiller en ressentant ces douleurs nerveuses aux-
quelles j'étais autrefois si sujet, mais dont j'étais débarrassé
depuis bien longtemps. De ce moment elles sont revenues
pour ne plus me quitter que par de faibles intervalles.
L'accès qui me prit fut si violent, que, quand il se calma au
point du jour, je tombai dans un profond sommeil.

Il était environ midi quand je fus réveillé brusquement
par plusieurs coups frappés à ma porte. C'était Briggs.

— Pardon, me dit-il, pardon, mais j'ai cru devoir prévenir
Monsieur...

— Mon Dieu ! Briggs, vous me faites trembler, parlez vite.

— Il y a deux heures environ, un monsieur s'est présenté
très-poliment pour parler à sir Edgard. Il avait l'air calme
et même gai...

— Enfin, Briggs, enfin...

— Je l'ai introduit dans le salon où mon maître n'a pas tardé à venir le rejoindre. Ils ne sont restés que dix minutes ensemble. Quand le monsieur a été parti, sir Edgard a sonné et m'a donné l'ordre d'aller moi-même voir si son tilbury était prêt, vous savez, Monsieur.

— Eh bien! eh bien?

— Eh bien! Monsieur, quand je suis rentré, sir Edgard était sorti à pied.

— Mon Dieu! m'écriai-je en essayant de me tenir debout et de dompter l'extrême faiblesse que j'éprouvais, mon Dieu! Eh! sait-on de quel côté il s'est dirigé?

— Je n'ose vous apprendre, Monsieur, ce qui redouble mes craintes.

— Quoi! mon Dieu?

—Son secrétaire est ouvert, je n'y ai pas trouvé une seule guinée. Dans un des tiroirs seulement était renfermé ce pli à votre adresse.

Je tremblais tellement que je ne pouvais décacheter ce paquet; enfin j'y parvins. Il n'y avait que peu de lignes pour moi, les voici :

« Le sort en est jeté, mon ami, lord Lattimer vient de me
« faire avertir qu'il m'attend avec un témoin. Je vais cher-
« cher le mien et ne ferai point impatienter lord Lattimer.
« Pardonnez-moi, conjurez mon père de me pardonner. Si
« je suis vainqueur je vous apprendrai où je m'exile et vous
« viendrez me rejoindre. Si je succombe, pleurez-moi sans
« trop d'amertume; ne vous séparez pas de mon père, et con-
« solez-vous l'un et l'autre, en vous disant que je ne pouvais
« plus être heureux.

« Sans doute, vous avez fait ce que vous avez dû, en dé-
« truisant la plus belle illusion de ma vie, mais vous l'avez
« en même temps et pour jamais décolorée. J'aimais Her-

« minie, je l'aime encore ; je devais fuir en emportant le
« mépris que vous m'aviez inspiré pour elle ; je comprends
« aussi que ma cause n'est pas juste. Dieu ne doit pas la
« protéger et j'ai le pressentiment que je succomberai. Je
« vous adresse donc un dernier adieu ; adieu mon père, si
« bon et si indulgent ; adieu à vous, qui m'aimez comme si
« j'étais votre enfant. Ah ! dans ce moment je pleure mon
« erreur, je crois que je regrette d'avoir aimé celle que vous
« n'estimez pas. Tous mes beaux rêves d'amour et de jeu-
« nesse sont finis ; et sans mon père, sans vous, je ne regret-
« terais rien.

    « Voici les lettres de celle que je ne veux plus nommer,
« vous les lui remettrez ; quand même je vivrais, je ne dois
« rien garder d'elle. »

Si je ne tombai pas sans vie en lisant cette lettre, c'est que
Dieu voulait que je souffrisse encore davantage ; c'est qu'il
voulait que de cruelles et déchirantes épreuves tombassent
sur moi, pour me punir d'avoir attaché tout mon bonheur
à une créature mortelle.

— Il est allé se battre, dis-je à Briggs d'une voix éteinte ;
encore si je pouvais deviner qui il a choisi pour lui servir de
témoin !

Briggs marchait dans la chambre en répétant :

— Mon Dieu ! mon Dieu ! quel coup pour milord.

— Hélas ! dis-je, je ne croyais pas que ce fatal duel aurait
lieu si vite, j'espérais que lord Stanley arriverait à temps.

En parlant ainsi mes dents claquaient avec une telle force,
que je ne sais comment elles ne se brisèrent pas. Briggs fut
effrayé de mon état, il me dit pour me calmer :

— Je vais faire atteler une voiture, Monsieur, nous irons,
nous chercherons, nous trouverons j'en suis sûr.

Je m'habillai pendant son absence. Je l'entendis revenir précipitamment, il me dit :

— Monsieur, je suis presque certain que sir Edgard aura été chercher sir Arthur Sidnam; il est à Londres, je l'ai vu hier. C'est le jeune homme avec qui sir Edgard est le plus lié; allons chez lui, peut-être apprendrons-nous quelque chose.

Cet espoir ranima un peu mes forces. Briggs me força de prendre quelques gouttes de cordial.

Sir Edgard était en effet allé chercher lord Arthur; le valet de celui-ci nous dit :

— Je crois que c'est pour se battre, car sir Edgard paraissait fort triste et mon maître m'a dit : « Williams, il est probable que je ne rentrerai pas aujourd'hui, je vais hors de Londres. »

— Hors de Londres! m'écriai-je, et vous ne savez pas de quel côté ils peuvent être allés? Sont-ils sortis à cheval, en voiture? parlez, Williams !

— Je n'en sais rien, Monsieur, j'étais occupé dans le moment. Mais j'y pense, quand sir Arthur va hors de Londres, il prend habituellement une chaise chez...

— Conduisez-moi, conduisez-moi ! Et j'entraînai Williams avec une énergie dont je me serais cru tout à fait incapable un instant auparavant.

En effet, sir Arthur avait pris une chaise avec sir Edgard et ils avaient envoyé chercher des chevaux de poste. Je courus à la poste : la première chose que je fis, fut de m'assurer des chevaux; la seconde, du postillon qui avait mené ces Messieurs; il arrivait après les avoir conduits à la première poste sur le chemin de Brighton. De poste en poste, je suivis ainsi les traces de sir Edgard; à la quatrième, nous entrâmes dans une forêt; le postillon s'arrêta alors, et me dit :

— C'est ici, auprès de ce petit chemin, que j'ai descendu

les personnes que vous suivez, il y a de cela deux heures.

Devais-je me flatter que le malheur que je redoutais tant n'était pas arrivé? je voulais espérer que Dieu avait permis ce miracle. Dans tous les cas, je voulais retrouver Edgard; j'entrai avec Briggs dans l'allée où sir Edgard était disparu avec son ami. Le temps était magnifique, il était environ cinq heures du soir, le soleil descendait sur le sommet des arbres et illuminait les feuilles toutes d'un vert différent, la plupart d'une teinte rosée. On n'entendait que le gazouillement monotone des oiseaux qui disaient leur dernier chant du soir. Ah! combien de fois n'avais-je pas joui d'une pareille soirée avec Edgard! Dans ce moment, ce calme si doux me faisait l'effet d'un silence de mort. Arrivés à un rond-point où plusieurs routes venaient aboutir, nous nous arrêtâmes, laquelle fallait-il suivre?

Briggs me laissa un moment pour explorer pendant quelques pas chacune de ces routes; mais il revint sans avoir rien découvert, et nous ne savions plus que faire. Ah! c'est alors que je ressentis toute la profondeur de ma souffrance et de ma douleur. Jusque-là j'avais été, non distrait, mais étourdi par les démarches que j'avais faites; mais du moment où je les voyais inutiles, quand je ne trouvais plus un moyen pour essayer de sauver Edgard, je ne puis dire toute l'horreur qui s'empara de mon cœur.

Briggs, désespéré, marchait dans tous les sens et revenait près de moi plus découragé encore. Je me mis à genoux auprès d'un arbre, adressant ces seuls mots à Dieu :

« Faites, ô Seigneur, que je le retrouve vivant! »

Dans ce moment, un bruit léger comme le cliquetis de deux épées parvint jusqu'à moi. Il était si faible, qu'il fallait le calme qui nous environnait, l'intérêt puissant qui nous rendait attentifs pour pouvoir le distinguer; mais il était réel, il existait. Il s'opéra à l'instant en moi un mira-

cle; une minute avant je ne pouvais me soutenir, tout à
coup je me mis à courir avec la rapidité d'une flèche. Bientôt le bruit devint tellement distinct, que je fus convaincu
qu'on n'était qu'à quelques pas. Enfin, j'aperçus un étroit
sentier à peine battu, je le pris; et au bout de quelques secondes, je me trouvai sur une petite éclaircie garnie d'un
frais gazon.

Je ne puis trop dire ce que je vis alors; je crois que sir
Edgard me tournait le dos et ne pouvait m'apercevoir. Je ne
puis expliquer aussi quelle fut ma pensée, il n'y eut ni projet, ni combinaison dans mon action, ce fut instinctivement
que je me jetai entre les deux épées qui brillaient comme
deux lames de feu aux rayons du soleil couchant; puis j'é-
prouvai comme un froid, puis je ne sentis plus rien.....

Quand je revins à moi, j'étais couché, appuyé contre un
arbre; mon sang coulait. Je comprenais tout, et mon premier mot fut le nom d'Edgard.

Briggs, qui me soutenait, baissa la tête.

— Mort! il est mort, balbutiai-je?

— Non, me répondit-il en comprimant ses larmes, mais
il est blessé.

— Je veux le voir! m'écriai-je, et, aidé de Briggs, je me
traînai jusqu'à sir Edgard.

Quel spectacle! mon Dieu! Pendant combien d'années il
a troublé le peu d'heures que m'accordait le sommeil; et
même aujourd'hui il domine encore tellement ma pensée, que
c'est souvent en vain que j'implore Dieu pour qu'il éloigne
de moi cette cruelle image.

Edgard! mon élève! mon fils par le cœur; Edgard, qui,
la veille encore, était si rempli de force et de jeunesse! Edgard, si bon, si tendre pour moi malgré son fatal amour,
Edgard était couché sur le gazon, si pâle, si livide, qu'on
aurait pu douter qu'il existât, si ses yeux ne s'étaient tour-

nés de temps en temps vers le ciel. Sir Arthur le soutenait dans ses bras; je me mis à genoux de l'autre côté, Edgard sentit mes larmes sur son front.

— C'est moi qui vous ai blessé, balbutia-t-il, mais c'est seulement de ma mort dont je demande pardon à vous et à mon père.

Il cessa de parler; nous nous tûmes aussi : de quelle expression se servir dans un tel moment? Ma douleur était si violente, que j'aurais succombé à ma blessure sans croire en avoir souffert. La nuit était tout à fait close, quand nous entendîmes des voix qui appelaient.

Briggs y courut, et guida près de nous ceux qu'on avait été chercher. Je crois qu'on posa sir Edgard et moi sur le même brancard; il me semble que je tins, toute la route, sa main glacée dans la mienne, puis, je ne sentis plus rien.

Huit jours après, on me dit que huit jours s'étaient écoulés; j'ouvris les yeux et je reconnus la bonne madame Laurent assise auprès de moi.

Je lui avais fait plusieurs visites depuis que j'étais établi chez lord Stanley; je lui avais même amené plusieurs fois mon élève, elle l'avait vu beau, charmant, rempli de jeunesse et d'espérance. La première parole que je lui adressai fut le nom d'Edgard.

Certes, si je n'avais pas encore été aussi faible, si mes yeux avaient pu s'ouvrir entièrement, j'aurais compris la contrainte avec laquelle elle me répondit; mais dans ce moment je crus à la vérité de tout ce que me dit madame Laurent. Edgard vivait, m'assurait-elle, il vivait, mais sa blessure était grave. J'essayai de me lever, mais je retombai anéanti.

Quelques jours après, j'étais assis sur mon séant, ma fenêtre était ouverte, je regardais le ciel en demandant à Dieu les jours d'Edgard, son père entra.

De ce moment, je devinai notre malheur à l'altération de ses traits, à la morne résignation de son regard ; je ne l'interrogeai même pas ; j'ouvris les bras, il s'y précipita ; nos sanglots, notre désespoir se confondirent.

Edgard n'était plus, je n'avais pu donner tout mon sang pour le sauver...

Ma blessure était presque guérie, mais je retombai malade ; lord Stanley ne me quitta point, et quand je fus en état de supporter la voiture, il me proposa de partir pour Stanley-Castle. En arrivant, j'appris que mon bien-aimé Edgard nous y avait précédés. Il devait dormir dans un monument de marbre qu'on lui élevait sous la direction de son père ; appuyés l'un sur l'autre, nous allions suivre les travaux que l'on faisait pour la demeure de notre enfant. On avait choisi la place où sir Edgard se plaisait davantage.

C'était un petit vallon situé assez loin du château ; on y trouvait une charmante fontaine dont Edgard aimait l'eau limpide. Que de fois nous y étions venus ensemble lire ou causer ; que de fois nous y avions vu se lever et se coucher le soleil ! quels souvenirs bon Dieu ! que ceux qui vous rendent vivants les êtres que nulle puissance au monde ne peut réveiller ! O mort ! nécessité cruelle ! pourquoi saisir tes victimes parmi la jeunesse et l'enfance ! A qui ma vie à moi était-elle utile ? Edgard n'avait plus besoin de mes soins ; les passions auraient toujours été plus fortes que mon amitié ; quelques gouttes de mon sang, mon sang tout entier n'aurait pu, s'il avait vécu, l'arracher à l'atroce puissance de cette femme, dont le souvenir et l'image avaient tant de fois tourmenté mon repos.

Hélas ! je croyais ne pouvoir plus penser à elle qu'avec horreur, et je redoutais surtout d'en parler. Cette répugnance était si forte que, dans la crainte d'entendre même prononcer son nom, je n'avais demandé aucun détail à lord Stanley.

Mais, un soir que nous étions assis ensemble près de la tombe de son fils, il me dit :

— Voilà six mois que j'ai perdu mon Edgard, six mois que je n'ai pas osé vous faire une question, ni remplir son dernier vœu.

Je sentis mon cœur se serrer, et pressentis de qui il allait être question.

— Il s'agit, reprit milord avec effort, il s'agit de celle qui est cause de la mort de mon fils. Quelques heures avant de mourir, il était dans un délire terrible, il prononçait votre nom, le mien, il nous appelait à son secours, mais c'était encore plus souvent le nom d'Herminie qui s'échappait de ses lèvres ; il reprochait à cette Herminie de l'avoir trompé, de ne l'avoir jamais aimé. Ah! que de passion dans ses reproches, dans sa colère, dans sa douleur. Enfin il devint plus calme, il reprit toute sa raison ; il me dit ce que je savais déjà, que vous vous étiez jeté entre l'épée de lord Lattimer et la sienne, et serrant mes mains avec ses dernières forces, il ajouta : « Vous vous consolerez avec lui, mon père, vous lui direz que je le confondais avec vous dans mon âme ; vous lui direz, ajouta-t-il d'une voix à peine intelligible, qu'il rende le dépôt que je lui ai confié. »

Puis, joignant ses mains déjà glacées, il ajouta :

« Je ne lui demande pas de prier pour moi, je sais qu'il le fera, je sais qu'il demandera à Dieu de me pardonner de m'être rendu indigne de vous et de lui ; il ajouta en balbutiant : je désirerais bien que M. de Brévanes ne vous quittât jamais, mon père, mais si les circonstances en ordonnaient autrement, n'oubliez pas qu'après vous il fut mon meilleur ami. »

Ces paroles furent les dernières qu'il prononça, ajouta lord Stanley.

Nous restâmes longtemps dans le silence après cette conversation qui venait de renouveler toutes mes douleurs, et je crois que quelque malheureux que fût le père d'Edgard, je l'étais encore plus que lui.

A l'ouverture du parlement, lord Stanley fut forcé de se rendre à Londres. Je lui demandai la permission de ne pas l'y suivre; il me semblait que c'était me séparer de nouveau d'Edgard, que de m'éloigner de sa tombe.

Hélas! je ne m'avouai pas que j'éloignais ainsi le moment où j'aurais une entrevue avec lady Lattimer; hélas! j'étais bien loin de m'attendre qu'un souvenir pénible d'elle viendrait encore m'atteindre dans la solitude.

Quoique l'hiver fût déjà assez avancé, je passais tous les jours quelques heures auprès de la tombe d'Edgard; loin de fuir son souvenir, je m'en entourais continuellement. J'avais rassemblé dans mon cabinet, qui était le même que celui où je travaillais jadis avec mon cher élève, ses livres et ses dessins, jusqu'à ses jouets d'enfant que j'avais précieusement conservés. Son beau lévrier, bien vieilli, s'était attaché à moi et ne me quittait jamais; et quand j'étais assis auprès du tombeau de mon tant regretté Edgard, ce pauvre chien sentait si bien que c'était là que reposait son maître, que ses yeux étaient sans cesse pleins de larmes, et que rien n'aurait pu lui arracher une marque de joie.

Un matin, au moment où j'allais partir pour mon triste pèlerinage, je fus étonné de ne pas trouver Strong à mes côtés. Je l'appelle, je le demande, tous les gens sont en émoi; on court de tous côtés; Strong est cher à tous ces bons serviteurs qui ont vu naître sir Edgard et qui le regrettent. La journée se passe, Strong ne revient pas. Le village le plus près du château était assez éloigné, il n'était pas probable que ce chien, qui ne me quittait jamais, y fût allé. Cependant je ne pus résister au besoin de m'assurer par moi-même si personne n'aurait aperçu mon chien, et quoique la journée fût avancée je partis pour le village. Aucune des maisons, quelque pauvre qu'elle soit, n'y présente l'aspect de misère que l'on aperçoit si souvent dans nos villages de France, et tous les habitants aimaient et respectaient lord Stanley; aussi j'étais bien sûr que l'on ne me cacherait pas Strong, mais toutes mes recherches furent inutiles. Cependant, un petit garçon s'avança, et me dit :

— Je suis allé ce matin porter des graines au jardinier du château, et il me semble que j'ai entendu les gémissements d'un chien du côté du vallon du tombeau.

Je pensai que le pauvre animal était allé mourir sur la tombe de son maître, et je me disposai à retourner sur mes pas pour m'en assurer; à cet effet, je pris un chemin de traverse qui y conduisait plus directement. A quelques pas de ce sentier, s'élevait une chaumière délabrée, la seule peut-être en cet état qu'il y eût dans le pays.

Elle était habitée par une vieille femme à qui j'avais souvent donné l'aumône. Elle se tenait sur sa porte, et comme la soirée était très-avancée, ce ne fut que lorsque je fus tout près d'elle qu'elle me reconnut; elle fit alors une exclamation de joie en me disant :

— Monsieur le ministre, j'allais me rendre au château afin de réclamer votre assistance pour une pauvre dame qui est ici bien malade.

— Une dame chez vous! m'écriai-je, mais elle doit y manquer de tout?

— Mon Dieu oui, mais ce n'est pas moi qui suis allé la chercher. Elle est bien pauvre, et peut-être d'autres ne l'auraient-ils pas accueillie.

Je suivis la vieille dans l'intérieur de sa misérable demeure. L'obscurité était presque complète, et quand j'entrai dans la pièce, je distinguai à peine une mauvaise paillasse, sur laquelle gisait une créature humaine.

— De l'eau! par grâce un peu d'eau! murmurait une voix creuse.

La vieille femme restait immobile.

— Apportez de la lumière, allez chercher de l'eau, m'écriai-je, et, ajoutai-je tout bas : faites venir le médecin du pays, je payerai tout, soyez tranquille.

La vieille apporta de la lumière et un verre d'eau, la malade se souleva un peu et but avec avidité.

La lumière donnait sur son visage; je pouvais la voir sans qu'elle m'aperçût, et je ne pouvais m'empêcher de retrouver dans cette tête flétrie comme un souvenir du passé.

Des cheveux d'un blond argenté sortaient de dessous une grossière coiffe de toile; je ne la voyais que de profil, mais ce profil accusait une rare distinction; et quand la malade sortit ses longs bras décharnés, quand ses mains crispées et tremblantes saisirent avec avidité le verre que la vieille lui présentait, elles me parurent blanches et belles encore.

— Quelle heure est-il? demanda-t-elle d'un ton impérieux, n'est-il venu ni lettre, ni personne pour moi?

— Rien, ma pauvre dame, rien.

— Rien! reprit la malade, mais c'est impossible; vous serez sortie, et pendant ce temps on sera venu, on aura frappé!

— Mais vous voyez bien qu'il y a quelqu'un là, dit-elle en m'apercevant. Avancez, avancez, poursuivit-elle d'un ton dur et saccadé; avancez, et donnez moi la réponse de lady Lattimer.

Quoi!.. cette femme réduite à une si cruelle misère; cette femme accoutumée à un luxe presque insolent, c'était elle qui avait demandé un grabat et la charité à une pauvre mendiante; cette femme, c'était la marquise de Melmont ou plutôt la femme d'Olivier de Martigues.

— Sans doute, dis-je doucement, Madame, sans doute la

réponse que vous attendez va arriver. Mais jusque-là, permettez-moi de vous offrir mes services, je suis Français.

J'allais même ajouter : je suis prêtre; mais je pensai que si elle me reconnaissait, ma vue irriterait madame de Martigues.

La vieille femme était allée chercher le médecin; la malade était retombée livide sur son grabat.

— Merci, Monsieur, me répondit-elle d'une voix creuse; mais j'espère que je vais mourir, et que je n'aurai plus besoin de la pitié de personne.

— Mais moi, Madame, j'ai besoin de ne pas vous laisser sans vous avoir vu entourée de ce qui peut rendre votre position moins fâcheuse.

La misère n'avait peut-être fait qu'augmenter l'orgueil de cette femme, elle me jeta un regard irrité; elle semblait me haïr de ce que je voulais soulager sa misère.

Le médecin entra, tâta le pouls de la malade et demanda de quoi écrire. Je lui présentai un crayon et une page de mon portefeuille. Je le suivis quand il sortit.

— Voici l'ordonnance d'une potion qui doit adoucir les souffrances de la malade, me dit-il, mais il est inutile de faire des dépenses; elle n'a pas vingt-quatre heures à vivre, et il sera inutile que je revienne.

— Cependant, Monsieur, lui répondis-je, la nature est si...

— Comme vous voudrez, Monsieur; seulement, je vous avertis que mes visites sont d'une demi-guinée.

Je la lui payai à l'instant, en lui disant de revenir le lendemain. Je retournai près de la malade, tandis que la vieille femme était allée chercher la potion ordonnée.

Madame de Martigues portait, de temps en temps, vers moi des regards que l'approche de la mort ne parvenait pas à adoucir. Une fois, elle dit :

— Je voudrais être seule. Puis, elle ajouta : Herminie! fille ingrate et dénaturée!

La vieille rentra. Craignant qu'elle ne s'y prît maladroitement pour faire prendre la potion à la malade, je pris moi-même ce soin. Elle baissait visiblement, et se plaignait du froid. Je donnai quelques schellings à la vieille femme pour qu'elle se procurât du bois et fît du feu; en attendant je retirai mon pardessus et en couvris la malade; et, quoiqu'elle semblât moins mal arrangée, sa faiblesse augmentait de minute en minute. Elle dit tout à coup d'une voix basse:

— Je l'ai déjà maudite; mais à l'heure suprême où je suis arrivée, je la mau...

— Arrêtez! m'écriai-je, arrêtez, Madame, je suis prêtre et vous ne devez pas maudire devant moi; vous ne devez pas maudire devant cette image, ajoutai-je en tirant de mon sein le crucifix qui ne me quittait jamais.

Elle détourna la tête et deux grosses larmes coulèrent de ses yeux.

— La miséricorde de Dieu est infinie, repris-je en m'asseyant près de son chevet, il vous envoie une grande consolation à cette heure terrible qui nous attend tous.

Je suis prêtre, répétai-je, prêt à vous entendre et à vous absoudre si vous vous repentez.

— Il me semble reconnaître votre voix, balbutia-t-elle; il me semble que vous êtes...

— Celui qui déjà une fois vous a entendue maudire votre fille, Madame.

Elle repoussa le crucifix que j'avais posé entre ses mains, et dit d'une voix brève :

— Ah! c'est vous; eh bien! écoutez, écoutez, si je dois la haïr.

Elle me raconta alors une partie de ce que j'avais lu dans le manuscrit d'Herminie. Elle me dit toutes ses colères, ses

angoisses et ses jalousies; elle me dit toute sa haine de
emme contre sa fille; elle osa m'avouer qu'elle avait espéré
qu'elle s'était détruite, et qu'elle-même avait quitté la
France sans s'inquiéter du sort de son enfant.

— Je suivis Olivier de Martigues, mon mari, en pays
étranger, poursuivit-elle; j'avais emporté une forte somme
en or et tous mes diamants, mais Olivier, que son père avait
rejoint, crut nos ressources inépuisables. Comme tous les
émigrés, ils s'imaginèrent tous deux que notre exil serait de
peu de durée, et sans calcul, sans réflexion, entraîné par
son amour pour le luxe et le jeu, par une passion encore
plus offensante pour moi, Olivier m'eut bientôt réduite à
une gêne aussi dure qu'humiliante.

Nous vécûmes ainsi deux ans, lui dépensant, et moi
presque dans la misère. Puis, quand je n'eus plus les
moyens de l'aider à satisfaire ses caprices et son luxe, il se
mit à me haïr. Il fit plus : sa maîtresse était une Française
qui avait conservé encore moins de ressources que nous;
eh bien! continua madame de Martigues d'une voix étranglée, eh bien! il l'établit chez nous. Il me força d'être polie
et même attentive pour elle. Il fit encore plus : quand nous
fûmes tout à fait misérables, il me traîna dans une autre
ville d'Allemagne, et là, me força de changer de robe. Ce
fut, oh! honte sur lui! ce fut sa maîtresse qui porta son
nom; ce fut moi qui fus forcée de la servir.

Vous vous étonnez, n'est-ce pas, Monsieur, que j'aie pu
consentir à une telle bassesse; mais, je dois l'avouer, je l'aimais encore. Cet amour était une honte, il me rendait vile
et obéissante, car j'espérais le ramener par mon abnégation,
par mon dévouement. Cet homme m'avait fait commettre
déjà tant de folies, il était cause de tant de remords; car
souvent je pensais à ma fille, pour qui j'avais été si dure, à
ma fille perdue peut-être par ma faute. Mais il faut avan-

cer, poursuivit madame de Martigues, il faut avancer, l'i-
noxérable mort me presse et ma fille m'abandonne.

— Dieu ne vous abandonnera pas, repris-je d'un accent
consolant; remerciez-le au contraire de vous avoir éprouvée,
de vous éprouver encore, s'il a fait entrer le repentir dans
votre âme.

— Nous quittâmes Arnheim, reprit madame de Martigues
d'une voix plus faible. Jamais Olivier ne prenait la peine de
m'expliquer le motif de ses actions; mais je ne tardai point
à connaître le but de notre changement de ville.

Nous étions à Amsterdam, quand je me réveillai un
matin, abandonnée, sans effets, sans ressources, sans papiers,
et n'ayant d'autre parti à prendre que de me donner la mort.
Je courus le soir sur le bord de la mer. Il faisait froid, je
n'avais rien pris de la journée, ma tête était égarée et j'allais
me précipiter dans l'abîme avec résolution. Un bras ferme et
même brutal me retint; c'était celui d'un marin qui eut
pitié de moi; il me conduisit à sa femme. Je lui cachai qui
j'étais, et il crut me rendre un immense service en me
procurant une place de femme de chambre près d'une An-
glaise.

Oui, Monsieur, j'ai courbé mon front sous cette humiliation, j'ai été aux gages, j'ai mangé avec des valets.

— Remerciez encore Dieu! ma fille; ce Dieu qu'on a tant
bafoué et humilié, ne vous donnait-il pas l'exemple de la
patience et de l'humilité?

— Je suivis ma maîtresse en Angleterre, reprit madame de
Martigues, quoique je craignisse d'y rencontrer quelques
compatriotes; cependant un sentiment irrésistible me poussait toujours à m'informer d'eux.

Un jour la sonnette qui s'adressait à mon service se fait
entendre, j'accours au salon. On sonnait pour me demander
un chiffon, que ma maîtresse voulait faire admirer par une

jeune dame assise près d'elle. Cette jeune dame avait le dos tourné à la porte par où j'étais entrée ; mais quand je revins avec le fichu demandé, quand je m'approchai pour le remettre à ma maîtresse, je reconnus dans la personne assise près d'elle ma fille Herminie, devenue lady Lattimer.

Je jetai un faible cri, ma maîtresse me demanda durement ce que signifiait cette grimace. L'expression de la figure d'Herminie ne changea pas, pas une larme ne mouilla sa paupière ; elle ne leva la tête qu'avec plus de hauteur, mais je fus certaine qu'elle m'avait reconnue, car son front avait légèrement rougi. On m'ordonna de sortir.

Quand je fus seule je pleurai d'humiliation, de remords et de tendresse. Quoique je lui eusse montré beaucoup de dureté, je ne pouvais croire qu'Herminie ne sentît au moins quelque respect pour moi ; je me disais qu'en ne me reconnaissant pas ouvertement, elle avait été seulement retenue par un orgueil que je comprenais. Hélas ! je l'avais faite à mon image, mais je me disais aussi que, précisément à cause de cet orgueil et à défaut d'affection, elle ne voudrait pas laisser sa mère dans une position si indigne d'elle.

Aussitôt que je pus sortir sans être remarquée, je courus à l'hôtel Lattimer ; je demandai milady. Une femme de chambre, après m'avoir toisée avec insolence, me répondit que sa maîtresse ne pouvait me recevoir. Je remis une lettre que j'avais préparée d'avance. On me la rapporta sans qu'elle eût été décachetée ; lady Lattimer faisait dire qu'elle ne pouvait secourir tous les Français.

Je pouvais éclater, la couvrir de honte, l'orgueil aussi m'arrêta. Cependant j'attendis bien des fois ma fille au moment où elle sortit de chez elle. Mais jamais son regard hautain et dédaigneux ne s'arrêta sur sa mère.

Quelques jours après je reçus mon congé de ma maîtresse ; je me retirai la rage et la mort dans le cœur. Je n'avais plus rien à ménager, et j'arrivai à l'hôtel Lattimer avec le dessein de confondre ma fille. Mais sans doute j'étais rigoureusement consignée, car le concierge ne me laissa même pas pénétrer dans la cour. A force d'instances, on finit par me dire que lady Lattimer était partie pour une de ses terres. J'appris que cette propriété était située de ces côtés. J'étais dans un tel état d'irritation, que je crois que j'aurais tué Herminie si je l'avais alors rencontrée.

Épuisée, malade, désespérée, je fus heureuse de trouver cette misérable cabane, où une mendiante recueillit ma misère. Je m'informai où était la terre de lady Lattimer, et je lui écrivis. Je suis sûre qu'elle doit avoir reçu cette lettre, et cependant elle ne vient pas.

— Peut-être ne lui est-elle pas parvenue, repris-je doucement, espérez Madame.

— Il faut que j'espère si je veux pardonner, balbutia-t-elle.

— Quoi qu'il arrive, il faut pardonner, prononçai-je avec force, il le faut, si vous voulez qu'on vous pardonne à vous-même.

Elle ne parlait plus qu'à de rares intervalles; la nuit s'avançait, je craignais qu'on ne fût inquiet de moi au château. Mais quelque coupable, quelque peu intéressante que fut madame de Martigues à mes yeux, je ne pouvais oublier mon devoir. J'envoyai un exprès à Stanley-Castle, avertir que je ne rentrerais pas, et que l'on fût chercher Strong sur la tombe de son maître.

Je tâchai ensuite d'adoucir pour cette malheureuse femme le moment suprême où elle se trouvait. Je lui promis le pardon de Dieu en échange de son repentir ; je parvins à la calmer et elle mourut au point du jour, doucement résignée, en bénissant sa fille. Je bénis à mon tour ce triomphe de la religion sur le ressentiment de la haine.

Je priais encore près de son corps, quand un messager se

présenta ; il était chargé d'une assez forte somme pour remettre à madame de Martigues.

— Remportez cet argent, dis-je ; apprenez à lady Lattimer
que sa mère n'a plus besoin que d'une sépulture, et que
cette sépulture le curé de Melmont lui répond qu'elle sera
honorable.

La rencontre et la mort de madame de Martigues augmentaient ma tristesse. Je ne pouvais, je l'avoue, m'empêcher
de murmurer contre la fatalité, qui m'envoyait toujours des
relations avec une femme que j'aurais tant voulu oublier.
Ce qui me désolait encore plus, c'est que je ne pouvais me
dissimuler toute la méchanceté du caractère d'Herminie. Elle
était cause de la mort d'Edgard, elle avait repoussé sa mère ;
elle n'était donc capable d'aucune action généreuse. Je fré-
missais à la pensée de la revoir jamais ; et cependant ne
devais-je pas remplir les dernières volontés d'Edgard, n'étais-
je pas coupable déjà de ne pas l'avoir fait plus tôt ; de ne
pas avoir eu le courage de vaincre ma répugnance.

J'allais enfin me rendre à Londres, quand lord Stanley,
revenu dans sa terre, tomba dangereusement malade. Je ne
le quittai pas, et tâchai de devenir le médecin de son âme,
car son corps était entre les mains des plus habiles médecins.
Je soupçonnais bien, avant la mort d'Edgard, que lord Stanley
était déjà dévoré par un grand chagrin. Je tâchai qu'il
m'accordât sa confiance, espérant qu'il y trouverait quelque
consolation. Enfin, quand sa santé fut plus forte, il m'ouvrit
son âme.

— Oui, me dit-il, oui, j'ai aimé et j'ai cherché vainement
à oublier une femme qui était indigne de mon amour ; je
l'aime encore. Tant que mon fils a existé, l'affection que je
lui portais me donnait le courage de me trouver presque

heureux. Mais depuis que j'ai perdu mon Edgard, le souvenir de cette femme me domine malgré moi, d'autant plus que je l'ai revue.

— Milord, dis-je doucement, vous recoonaissez que cette femme est méprisable, et la force, l'élévation de votre caractère ne vous...

— Mon pauvre ami, interrompit lord Stanley, vous êtes heureux de ne vous être jamais laissé emporter par les passions. Hélas ! je ne suis pas étonné que mon pauvre Edgard ait sacrifié sa vie à l'amour. Il avait puisé dans mon sang cette ardeur que je cache sous une apparence de calme. Vous seriez-vous douté en effet, cher Brévanes, vous seriez-vous douté que je me serais laissé dominer par le chagrin et le regret, au point d'avoir souvent pensé à en finir avec la vie. Ah ! si vous saviez que d'efforts il m'a fallu faire pour ne pas me donner la mort.

— Mais qu'était donc cette femme, milord? m'écriai-je.

Je faisais cette question parce qu'il me semblait que lord Stanley éprouverait du soulagement à m'ouvrir complétement son âme. Dans ce moment, tant il me regardait avec confiance et amitié, il ressemblait tellement à mon pauvre Edgard, que j'aurais donné pour son bonheur une partie du sang que je n'avais pu répandre pour son fils.

— Eh bien! reprit lord Stanley, vous allez tout savoir. Je me suis marié très-jeune, Edgard n'avait que trois ans et moi vingt-quatre quand je perdis sa mère. Je la regrettai sincèrement, quoique notre mariage eût été un acte d'obéissance de ma part. J'avais peu de penchant pour les plaisirs du monde ; j'aimais l'étude, je m'occupai de mon fils autant que son jeune âge pouvait le permettre. Cependant je sentais dans mon âme du vide et de la tristesse, je sentais enfin que l'amour paternel ne lui suffisait pas.

Pourtant, comme je restais presque continuellement dans

mes terres, que je ne faisais que de courts séjours à Londres, je n'eus à me reprocher que de ces altercations qui ne comptent pas dans la vie d'un homme délicat. Je dois dire aussi que longtemps j'aurais cru faire un vol à mon fils, en aimant avec ardeur autre chose que lui.

C'est ainsi que je résonnai tant qu'un sentiment violent et profond, bien profond, hélas! ne m'eût rendu le plus aveugle des hommes. Et, je vous l'avoue, en faisant un retour sur moi-même et sur ce que j'éprouve encore, je crois que j'aurais pardonné à Edgard son amour pour lady Lattimer.

Je serrai la main de lord Stanley en lui disant :

— Je me suis bien trompé sur votre caractère, milord.

— C'est ainsi que nous sommes faits, reprit-il, nous autres Anglais ; nous cachons un volcan sous la glace.

Enfin, je passai plusieurs années presque malheureux, mais résigné. Mon fils grandissait, il avait besoin d'un autre instituteur que moi. Je me rendis à Londres pour m'occuper de cette importante affaire ; et c'est à cette même époque que j'achetai ma campagne de Richemond.

Elle n'était pas alors aussi bien arrangée que vous l'avez vue. Je profitai de mon séjour à Londres pour l'embellir.

Un jour, j'étais sorti sans avoir l'intention de me rendre à Richemond ; mais je me trouvai par hasard près d'une voiture publique qui y conduisait. Une femme y était déjà placée. L'envie me vint d'y aller ; mais, voulant partir de suite, je pris pour mon compte le reste de la voiture, et nous nous mîmes en route.

Je fis alors quelque attention à ma compagne de voyage. Je ne vous dirai rien de sa beauté, mon cher de Brévanes ; tout m'ordonne de ne pas m'appesantir sur des détails qu'il ne vous conviendrait pas d'entendre. Ce que je puis vous dire, car ma position insensée a besoin d'excuse, c'est que

c'était une de ces femmes à qui Dieu donna tout pour séduire. Je tâchai de lui inspirer quelque confiance, mais elle
me répondit constamment avec une extrême réserve.

Arrivés à Richemond, elle prit un petit sentier conduisant
du côté du village qui paraissait le moins habité.

Je n'allai pas chez moi, je l'attendis; je l'attendis deux
heures, car elle avait dit au cocher qu'elle reprendrait sa
voiture pour revenir à Londres. Je m'étais encore arrangé
de manière à ce que nous fussions seuls au retour.

Que vous dirai-je, mon ami, quoiqu'elle eût l'air froid et
imposant, et qu'elle restât longtemps reservée, je parvins à
être reçu chez elle. Je pris le nom d'une de mes terres; je
ne savais véritablement, alors, quels étaient mes projets
pour l'avenir. Quoique sa position parût convenable, je fus
longtemps à me répéter que je ne donnerais jamais une
seconde mère à mon fils. Mais telle fut la force de mon
amour, que peu à peu je m'accoutumai à cette idée. Louise
était si belle, si remplie de talents, de grâces et d'esprit,
que mon mariage avec elle fut décidé dans ma tête; elle
était Française.

— Française! répétai-je d'une voix un peu émue.

— Oui, Française émigrée. Elle me dit qu'elle avait été
sauvée par un ami et que toute sa famille avait péri sur
l'échafaud.

— Puis-je savoir son nom de famille, milord?

— Louise de Sandoval.

— Je respirai.

— Elle me prouva qu'elle avait une fortune considérable
placée en Angleterre. Nous convînmes enfin que notre mariage se ferait sans bruit, sans cérémonie.

Je revins à Stanley-Castle, pour y chercher quelques papiers essentiels. Je trouvai Edgard triste et un peu maladif;
il se plaignait de ma longue absence, à laquelle il était peu

accoutumé. Je l'assurai que cela n'arriverait plus, et que je
lui donnerais une seconde mère qu'il aimerait tendrement.

Il me répondit gravement qu'il venait de lire dans un
auteur français, sans cependant comprendre toute la chaleur de cette phrase, que les secondes mères, comme les secondes amours, n'étaient jamais que la froide copie des premières.

La tristesse d'Edgard redoubla; à cette époque je la regardai comme une petite tyrannie un peu injuste, et je repartis
pour Londres. Je retrouvai Louise cent fois plus aimable et
plus tendre s'il était possible.

Nous devions nous marier le lendemain, à la pointe du
jour, et partir de suite pour Richemond, où nous avions le
projet de passer quelques jours.

Quoique la journée fut avancée, quand je quittai Louise, je
me rendis à Richemond, pour m'assurer que tout était en
ordre pour notre arrivée. Une fois tranquille sur cet article,
comme la soirée était fort belle, j'ordonnai à mes gens d'aller m'attendre à la sortie du village, et je pris un chemin
détourné pour me rendre au lieu que je leur avais assigné.

Je rêvais avec douceur au bonheur qui m'attendait, et cependant je me sentais troublé par le souvenir de mon fils.
Je l'avais laissé triste, presque malade; je devais encore passer une quinzaine de jours sans le revoir, et j'éprouvais le
malaise que l'on ressent toujours, quand on a la conscience
de ne pas remplir ses devoirs dans toute leur étendue.

Je marchais la tête baissée, à moitié heureux, à moitié
tourmenté, quand je me sentis froissé par un homme qui
portait, sur son épaule, un petit berceau d'enfant. Il s'arrêta
à la porte d'une maison qui donnait sur un petit jardin.
Cette porte s'ouvrit et se referma très-vite. Je ne sais pourquoi je me mis à considérer cette maison avec attention,
tout à coup je crus reconnaître celle dans laquelle j'avais

vu entrer Louise, la première fois que je l'avais rencontrée et suivie. J'allais cependant passer sans m'arrêter plus long-temps, quand tout à coup les fenêtres de cette maison s'é-clairèrent, bien que la nuit ne fût pas encore tout à fait ar-rivée. Les volets étaient encore ouverts; par je ne sais quel providentiel instinct, je m'approchai des fenêtres. Je recon-nus Louise à travers les rideaux.

Elle m'avait dit qu'elle connaissait, à Richemond, une dame française qui n'était pas heureuse, et qu'elle allait la voir quelquefois. Mais pourquoi, quand je l'avais quittée le jour même, m'avait-elle assuré qu'elle donnerait le reste de cette journée à la réflexion et à la retraite. Pourtant, je cherchai à me rassurer. J'aimais tant Louise, j'avais tant besoin de croire en elle!..

L'homme qui avait apporté le berceau sortit, il laissa né-gligemment la porte poussée. J'hésitai un instant à profiter de cette circonstance; la jalousie, la méfiance l'emportè-rent... Je poussai la porte, et entrai dans un petit parloir qui précédait la salle où j'avais vu Louise. Une femme d'un extérieur sans distinction, mais qui n'était pas âgée, était assise comme elle, et entre elles deux, dans le berceau qu'on venait d'apporter, reposait un enfant. Je pouvais voir cela sans être aperçu, parce que je me tenais dans l'ombre, et que la salle était très-peu éclairée par une seule bougie. Peut-être risquai-je de ne pouvoir me retirer sans être en-tendu ou aperçu, mais l'intérêt qui me poussait était trop puissant pour que j'hésitasse.

— Oui, c'est demain, disait Louise d'une voix triste mais ferme; oui, c'est demain que j'appartiens à sir Henry, ou plutôt à lord Stanley; car je sais parfaitement le titre qui lui appartient, et dont il croit me faire demain la surprise.

— Je ne sais si vous prenez un bon parti, reprit l'autre femme; on peut découvrir que vous avez cet enfant.

—Que m'importe! une fois que le mariage sera fait, répondit Louise d'une voix impérieuse; ce qu'il me faut, c'est un nom qui couvre le mien; c'est un rang dans le monde. Si milord apprend ensuite la vérité, eh bien!.. nous verrons... Quoique la chose pourtant ne me paraisse pas probable, ajouta-t-elle; avec beaucoup de précautions...

— Hélas! tout se découvre, reprit l'autre femme; je sais bien que milord vous adore et que vous avez un grand empire sur lui.

— Je ne crois plus à la sincérité d'aucun homme, répondit Louise avec amertume; il me négligera quand je serai sa femme; mais que m'importe!

— Je croyais que vous l'aimiez, dit la femme, qui avait pris l'enfant sur ses genoux.

— Je ne puis rien aimer, répondit Louise, d'une voix creuse.

— Pas même ce pauvre petit ange; il est pourtant si beau!

— Il ressemble à son misérable père.

— Allons, allons, calmez-vous, Mademoiselle; il faut oublier ceux qui nous ont fait du mal et leur pardonner.

— Pardonner, oublier, jamais! Mais il est temps que je parte, ajouta Louise en se levant.

— Vous n'embrassez pas votre fils?

— Non, dit-elle.

Et elle jeta sa mante sur ses épaules.

Je parvins à me retirer sans être entendu. Louise ne tarda pas à sortir. Je ne me sentais aucune envie de l'aborder ni de la confondre; car je n'éprouvais point de colère, mais une profonde douleur, et je pleurais amèrement mon illusion détruite. Enfin je me sentais si faible pour cette femme, que si elle m'avait dit qu'elle m'aimait... Mais, non, son union avec moi n'était qu'un vil calcul; il lui fallait le nom d'un époux pour couvrir le sien qu'elle avait souillé...

Cependant, faut-il vous l'avouer, mon ami, j'eus besoin d'un grand effort pour rompre avec elle. Depuis onze ans que tout ceci s'est passé, j'ai cherché vainement à l'oublier, et je l'ai toujours défendue contre ma propre raison.

J'écrivis à Louise que je savais qu'elle ne m'aimait pas, que je l'avais entendu de sa bouche, à Richemond ; que je ne pouvais l'estimer, que je souhaitais qu'elle trouvât une dupe aussi facile que j'avais été prêt à le devenir.

Je partis la nuit même pour Stanley. Je trouvai Edgard encore plus souffrant et très-sérieux. Je lui déclarai que je ne me remarierais jamais. J'essayai de prendre sur moi, je me fis dès ce moment une physionomie de marbre. Vous arrivâtes peu de temps après cet événement, et jamais vous ne l'avez soupçonné.

Hélas! depuis la mort de mon Edgard, cette cruelle blessure s'est rouverte. Je ne cesse de me répéter que j'ai été injuste, cruel envers Louise; qu'elle avait certainement été la victime d'un lâche, et que ce n'était point à moi de la punir de son malheur. Je me débats contre le besoin de la chercher, de la revoir; je me dis enfin que ce n'était point un vil intérêt qui la conduisait : elle était riche. Oui, j'ai eu tort, j'ai sacrifié mon bonheur.

—Milord, vous avez fait ce que vous avez dû, dis-je gravement; il eût mieux valu cent fois que cette Louise n'eût ni naissance, ni fortune, et qu'elle eût un cœur digne du vôtre; mais elle n'aimait pas son enfant.

— C'était le fils d'un homme qui l'a lâchement trahie.

— Qu'importe! une mère est toujours mère.

— Mais elle si belle, si spirituelle, si charmante! dit tout bas lord Stanley.

— N'avez-vous rien conservé d'elle? murmurai-je en hésitant.

—Son portrait, que je cache comme mon plus cher trésor.

Il chercha sur sa poitrine, et en tira ce portrait.

— Milord, dis-je avec fermeté, il faut oublier cette femme; vous le devez.

— Pourquoi? dit-il avec effroi; cet amour est ma vie.

— Vous ne pouvez le conserver, car Louise de Sandoval n'est autre que lady Lattimer; lady Lattimer, la cause de la mort de notre bien-aimé Edgard.

Je n'avais pas plus tôt accompli la révélation qui lui faisait presque un crime de son amour, que la physionomie de lord Stanley avait pris une teinte sérieuse et glaciale. Cependant avais-je pu faire autrement, et sur le coup d'une surprise si pénible, avais-je été le maître de cacher la vérité?

Je croyais d'ailleurs, et je crois encore, avoir accompli un devoir; et cependant je devais être puni comme déjà je l'avais été, en faisant une action loyale.

Depuis ma révélation à lord Stanley, je ne le voyais plus qu'un instant chaque matin, et chaque matin je trouvais plus de froideur dans son accueil. Il ne me parlait même plus de notre douleur et de nos regrets communs; il semblait qu'il évitât tout ce qui pouvait rapprocher notre pensée et notre cœur. Quand je lui demandais des nouvelles de sa santé, il me répondait brièvement qu'il allait bien

Il m'annonça enfin qu'il partait pour Londres. Je crus pouvoir lui déclarer qu'ayant une restitution à faire à lady Lattimer, je l'accompagnerais. Il me pria d'attendre pour venir à Londres qu'il m'eût écrit, et me quitta sans me donner aucune marque d'amitié, aucune raison de cette espèce d'ordre. Huit jours après, je reçus une lettre dont le contenu acheva de briser mon âme. J'étais préparé depuis longtemps à inspirer tous les sentiments pénibles, excepté la haine et le mépris.

Milord m'écrivait qu'il se reprochait son injustice, mais qu'il ne pouvait me pardonner de lui avoir fait un crime, une honte de son amour.

« Je sens mon tort, ajoutait-il, mais je ne pourrais me
« décider maintenant à vivre sous le même toit que vous;
« et telle est la puissance de cette passion si fatale, que je
« viendrais à vous haïr, mon respectable ami, si je ne m'é-
« loignais pas. Je pars donc sans trop savoir où je vais. J'ai
« donné l'ordre à mon intendant qu'on vous traitât con-
« stamment comme moi-même. Restez donc près de la tombe
« d'Edgard. Peut-être reviendrai-je vous y retrouver; mais
« je ne me réunirai à vous que quand je ne sentirai plus
« d'amour pour la femme qui a causé la mort de mon fils.

« Adieu, croyez à mon estime, à mon respect pour votre
« caractère. Je vous le répète, je me reproche mon injustice,
« mais je ne puis la vaincre dans ce moment. »

Cette lettre m'atterra; mais je ne balançai pas après l'avoir reçue sur le parti qui me restait à prendre. Le jour même, je quittai Stanley-Castle ; c'était la seule réponse que je pusse faire à un homme que je respectais, que j'avais aimé ; mais qui ne semblait plus se souvenir de l'affection que j'avais eue pour son fils, et que je conservais pour son souvenir. Je ne croyais pas montrer trop de susceptibilité en ne restant pas dans une maison dont je chassais le maître. Je fus même au moment de renvoyer à lord Stanley mon contrat de rente; mais je réfléchis que c'eût été un outrage à la mé- moire de mon Edgard, puisque cette rente était constituée sur la fortune qui lui revenait de sa mère.

Je sentis une profonde douleur en m'éloignant pour ja- mais de la tombe de mon enfant, de mon élève.

J'emportai un peu de la terre qui le couvrait, j'emportai les livres qui avaient servi à ses études ; j'emportai son portrait, et je montai en voiture extrêmement abattu. Tant que je pus les voir, je regardai les arbres qui ombrageaient la tombe d'Edgard. Elle devait rester longtemps solitaire, je ne devais plus y pleurer jamais! Pauvre enfant! si jeune, si beau, si tendre! Pourquoi donc l'aveugle mort ne m'avait-elle pas pris à sa place!

Quand j'arrivai à Londres, je pensai au parti que je devais prendre. La France était plus que jamais en guerre avec l'Angleterre; je ne savais si j'étais considéré comme émigré. De toutes manières il me fallait une permission pour rentrer dans ma patrie; j'avais un motif sacré et puissant pour le désirer: je savais que le culte était relevé; je savais que le chef du gouvernement faisait tout pour lui rendre un nouvel éclat, il était de mon devoir de rentrer dans le sein de l'Église, et d'y reprendre les devoirs religieux que j'avais été forcé de négliger. Mon intention était de rentrer dans un couvent, ou d'obtenir une cure; la plus obscure, même la plus pauvre, était celle que je préférais, puisque j'avais assez de revenu pour venir au secours des malheureux.

Cependant, abandonné, presque repoussé par lord Stanley, je ne savais à qui m'adresser, quand je pensai tout à coup à cette bonne madame Laurent, qui m'avait déjà été si utile. Je lui écrivis : en attendant sa réponse, il me restait un devoir pénible à remplir, un devoir que je ne pouvais plus différer; c'était de voir lady Lattimer. Je ne devais pas lui envoyer les lettres que j'avais à elle; ce dépôt ne devait sortir de mes mains que pour entrer dans les siennes.

Ce fut le cœur serré et avec terreur que je m'acheminai vers son hôtel. Toutes les fenêtres en étaient hermétiquement fermées. Je pensai que lady Lattimer était dans une de ses terres et que je serais obligé d'aller l'y trouver. J'entrai pour prendre des renseignements du suisse. Il me répondit brièvement que l'hôtel était à vendre depuis plusieurs mois.

— Et où trouverai-je lady Lattimer?

— Je l'ignore, me répondit-il, à moins qu'elle ne soit en France, car le divorce a été prononcé ; milord voyage de son côté et ne reviendra, je crois, de longtemps en Angleterre.

Ainsi elle était en France, et je sollicitais d'y retourner, comme si une sorte de fatalité me poussait à me rendre où je pouvais la retrouver. Hélas! j'étais destiné à lui devoir toutes les souffrances de ma vie!...

Au bout de peu de jours je reçus la réponse de madame Laurent ; elle me faisait passer l'acte en règle de ma radiation et un passe-port pour la France. J'hésitais encore, car la pensée de retrouver Herminie dans ma patrie m'effrayait. Cependant que pouvais-je faire en Angleterre? Je n'y étais nécessaire au bonheur de personne, et il ne m'était plus permis de vivre près de la tombe d'Edgard...

Pourtant, quand après une courte et heureuse traversée je mis le pied sur ma terre natale, je sentis vivement l'isolement qui m'y attendait. Je n'avais pas un parent, pas un ami ; et arrivé à cette époque de la vie où les affections naissent difficilement, je ne voyais autour de moi qu'un triste isolement. Il faut le dire enfin, ma foi en Dieu était toujours la même, mais j'avais trop vécu dans le monde pour un homme qui s'était consacré à la vie religieuse. J'avais perdu le repos que l'on trouve dans cette existence paisible ; et au moment de me mettre sous le joug, je sentais une tiédeur qui m'inspirait un extrême dégoût de tout. Plus étranger dans une ville de France que je ne l'étais en Angleterre, toutes mes actions avaient un caractère d'hésitation pénible. Je craignais et je désirais à la fois de me remettre sous le joug de mes supérieurs. Je me trouvais étourdi, embarrassé dans ce Paris, que je ne connaissais pas. C'était à l'époque où Napoléon venait de se faire sacrer empereur. Un vertige militaire s'était emparé de toutes les têtes, on ne rencontrait que des uniformes ; on n'entendait parler que de victoires ou de plaisirs ; et c'était au milieu de ce trouble que moi, pauvre prêtre, je venais demander qu'on s'occupât de ma destinée et qu'on la guidât. Accoutumé depuis onze ans à une indépendance presque entière, j'avais peur, il faut l'avouer, de me sentir gêné par l'austérité d'un cloître. Enfin, si je n'avais point parjuré mes vœux par mes actions, ma pensée s'était trop souvent égarée, et je n'étais point satisfait d'elle ; car dans cette ville si grande où j'étais étranger, il me semblait qu'à chaque pas j'allais, ou rencontrer Herminie, ou apprendre de ses nouvelles. N'était-ce pas un crime que cette crainte ; si elle m'avait été indifférente, je ne l'aurais point haïe, je n'y aurais point pensé.

Enfin le moment était arrivé où j'allais confier à un autre tout ce qu'il y avait d'erreurs dans le fond de mon âme. Ce serait une terrible heure pour moi que celle où il faudrait cacher mon front couvert de rougeur, en prononçant le nom d'une femme.

L'archevêque de Paris me reçut avec autant de bonté que d'indulgence ; c'était avec une véritable joie qu'il voyait revenir au bercail toutes ses brebis égarées ; et comme il semblait qu'il n'existait qu'une carrière ouverte pour les hommes de ce siècle, la carrière militaire, on encourageait ceux qui se consacraient à Dieu, surtout ceux qui avaient quelque naissance. Aussi l'archevêque me donnait-il le choix entre une cure de campagne et mon affiliation au clergé de la capitale. J'eus le courage, ou plutôt la lâcheté, de préférer retourner dans la solitude ; l'aspect de Paris que je voyais pour la première fois m'étourdissait, m'effrayait même.

L'archevêque, en me congédiant, me dit que sous peu de jours je recevrais ma nomination. En le quittant j'entrai à Notre-Dame. J'avais vu Saint-Paul, Westminster et les plus belles églises de Londres ; cependant je demeurai saisi d'admiration quand je me trouvai sous ces vieux arceaux, quand je m'inclinai devant ce maître-autel tout resplendissant d'or.

Je priai longtemps, et me déterminai à purifier ma conscience. Un vieux prêtre entrait dans son confessionnal ; je l'y suivis, et je lui ouvris en tremblant mon âme malade; alors il me dit :

— Remerciez Dieu de n'avoir péché que par intention, mais méfiez-vous de vous-même ; soyez fort contre une image que vous devez chasser. Vous marchez vers l'âge mûr, oubliez à jamais les passions du jeune homme.

Je me trouvai beaucoup plus tranquille après cette purgation de mon âme, je crus n'avoir plus rien à craindre de mon imagination ; cependant je me sentis frémir quand je reçus les ordres de l'archevêque. Il me rendait ma cure de Melmont.

Devais-je accepter? Comment la refuser? N'étais-je donc fort qu'en paroles et en projets? Je me déterminai à obéir sans faire aucune objection. Je quittai Paris , je m'arrêtai à Rouen. De l'ancien séminaire où j'avais passé ma jeunesse, on avait fait une caserne ; le tumulte avait remplacé le calme. Le jardin était entièrement détruit. Je m'éloignai en soupirant, j'aurais tant aimé à revoir ma cellule ; ma cellule où j'avais tant souffert et dormi en paix...

Il me prit un vif désir de visiter l'hôtel de mon père, cette maison où j'avais cependant été traité en étranger.

Cet hôtel était occupé par le général qui commandait la ville. J'obtins pourtant d'entrer dans le jardin. J'y reconnus grand et superbe un peuplier que j'avais planté ; le concierge me dit, ignorant qui j'étais , que c'était un fils du propriétaire, qu'on avait obligé de se faire prêtre, qui l'avait planté.

— Il y a longtemps que vous êtes dans cette maison? demandai-je.

— Certainement, reprit le vieillard, puisque j'ai été chercher en nourrice l'enfant dont je viens de vous parler.

— Et toute cette famille est éteinte ?

— A peu près, reprit-il, en finissant une énorme prise de tabac et en comptant sur ses doigts avec une merveilleuse indifférence : le père et la mère étaient tombés en enfance, et sont morts ; deux fils ont péri à l'armée ou en mer ; le petit prêtre qui était fort laid, et que personne ne pouvait souffrir, a été assassiné par les habitants du village où il était curé. Quant à l'aîné, monsieur le chevalier, qui, par parenthèse, était dur et méchant, on est venu l'arrêter à l'époque de la terreur ; il était accusé de... ma foi je ne sais pas de quoi. Il voulut se sauver ; mais en escaladant le mur du jardin, il s'est cassé la jambe, on l'a conduit en prison, et son affaire a été bientôt faite. C'était cependant à la fin du règne de la terreur ; mais il avait des ennemis, et on a si bien dévasté l'hôtel, que nous avons eu beaucoup de peine à trouver un lit pour le général, jusqu'à ce qu'on l'ait remeublé. Comme le vous le disais, il ne reste plus personne de cette famille ; on ne peut compter qu'une petite fille si faible, si délicate... elle est peut-être morte dans ce moment, car voilà déjà quelque temps que je n'en ai entendu parler.

— Cet enfant est la fille de...

— De M. de Brévanes le chevalier. Il s'était marié fort tard ; sa femme mourut de chagrin et de saisissement, en laissant une fille de deux ou trois ans, qui aurait été élevée par charité, si la lingère qui fournissait la maison depuis longtemps ne l'avait recueillie.

— Où la trouverai-je ? m'écriai-je, dites, dites ?

— En descendant la rue à gauche, vous rencontrerez une petite boutique qui n'est pas trop élégante ; la petite travaille déjà, quoiqu'elle n'ait que huit ou neuf ans et soit chétive. J'espère que Monsieur ne m'oubliera pas, ajouta-t-il, en tendant la main.

J'y mis une pièce d'argent, et sortis rapidement de la mai-

son, pour chercher la boutique que l'on m'avait indiquée.
J'y entrai extrêmement ému ; il faut n'avoir joui d'aucune
affection de famille, il faut se sentir isolé pour concevoir quel
prix j'attachais à rencontrer ma nièce.

Une grosse femme d'une figure assez dure était assise dans
le comptoir. Je demandai d'abord à voir de la toile pour
chemises.

— Henriette ! cria cette femme d'une voix aigre, Henriette,
venez, montez sur cette chaise, et passez-moi le ballot qui
est dans la case A.

Une petite fille toute fluette, et dont la figure était cachée
par une forêt de cheveux bruns, accourut, monta sur la
chaise avant que la maîtresse eût même fini sa phrase. Mais
quand elle voulut tirer à elle le paquet de toile, ses forces
trahirent sa volonté ; elle resta les bras en l'air, soutenant le
paquet, et jeta un petit cri de frayeur. Je l'aidai à descendre
le paquet, puis j'enlevai l'enfant de dessus la chaise et la
posai par terre.

Je vis alors sa pâle mais charmante physionomie, ses
yeux bruns remplis d'intelligence et de tristesse, et son teint
blanc dénué de toute couleur.

— Que vous êtes maladroite et bonne à rien, s'écria la
grosse femme ; allons, venez et finissez cet ourlet, on attend
après ces serviettes.

L'enfant se replaça dans le comptoir, et obéit. Je la regardais beaucoup plus attentivement que la toile que la marchande étalait devant moi. Ce que je redoutais déjà le plus,
c'était que ce ne fût pas ma nièce.

Décidé à m'en assurer, je dis :

— C'est là mademoiselle de Brévanes, n'est-ce pas ?

— Oui, Monsieur, reprit la marchande en aunant toujours.
Mais puisque vous savez que je l'ai recueillie, je vous prie
de croire que je ne néglige pas son éducation ; mais je n'en

peux pas faire grand'chose. Je ne sais pas trop ce qu'elle
deviendra...

La pauvre petite leva sur moi ses yeux remplis de larmes.

— Madame, me hâtai-je de dire, je suis l'oncle de cette
enfant, je vous prie de vouloir bien me la remettre, bien entendu que je vous rembourserai toutes les dépenses que vous
avez faites pour elle.

Henriette me tendit les bras à travers le comptoir; je saisis
ses deux petites mains et les pressai dans les miennes.

— Certainement, Monsieur, dit la marchande avec un peu
d'émotion, quand vous m'aurez prouvé que...

Je posai mes papiers sur la table, et dis un peu sévèrement :

— Je suis l'abbé de Brévanes, Madame ; je reviens d'émi-
gration, je désire avoir ma nièce auprès de moi ; cependant,
si elle veut rester avec vous.

— Oh ! non, s'écria Henriette, oh ! non; et elle s'attachait
à mon bras.

Au fond, la lingère n'était pas une méchante femme, elle
avait brutalisé Henriette parce que c'était dans son caractère.
Henriette avait plus souffert qu'une autre, car elle était
douée ou plutôt affligée d'une sensibilité extraordinaire.
Quoiqu'elle eût été élevée dans la médiocrité, elle sentait
qu'elle n'était pas à sa place. Dans ses vivacités, sa bienfai-
trice lui reprochait souvent le pain qu'elle mangeait ; et elle
se sentit bienheureuse quand nous fûmes montés en voiture,
et qu'elle pût appuyer sa petite tête brune sur mon épaule.
Elle pleurait à la fois de joie, d'attendrissement, d'admiration
en voyant toutes les beautés de la campagne. La pauvre
petite n'avait jamais quitté la sombre boutique de la mer-
cière ; l'air frais et parfumé de la campagne entrait dans
cette petite poitrine déjà fatiguée. Chaque fleur des champs,
chaque buisson chargé de roses sauvages devenait l'objet de

son envie ; nous nous arrêtions à chaque instant pour en cueillir, aussi mîmes-nous plusieurs jours en route.

Quand j'entrai dans le village de Melmont, le m'aperçus qu'il s'y était opéré de grands changements. A la place de chaumières, je trouvai de jolies petites maisons; des arbres que j'avais laissé tout petits à l'époque de ma fuite, don- naient beaucoup d'ombrage ; les petits enfants étaient devenus des jeunes gens; et les jeunes gens qui, douze ans aupara- vant, m'avaient insulté, étaient maintenant des hommes graves et réfléchis. Mais j'avais oublié le mal qu'on avait voulu me faire; et quand Catherine, devenue mère de fa- mille, vint m'ouvrir la porte du presbytère, je la saluai d'un sourire bienveillant.

Dès le lendemain de mon arrivée, je courus à la cabane de Richard, Je ne jetai en passant qu'un regard sur le châ- teau, il paraissait délabré et abandonné ; les beaux arbres de la grande avenue avaient été coupés, et une double rangée de petits acacias élevaient déjà leurs têtes à la place.

Une jeune femme était assise devant la cabane de Richard. Elle me reconnut et se jeta presque à mes pieds, c'était Ma- rianne. Son père et sa mère étaient morts, son frère était en mer, et elle était mariée ; son mari était jardinier dans le vil- lage. Après avoir visité le petit grenier que j'avais habité, y avoir fait une fervente prière, j'engageai Marianne à venir s'établir chez moi avec son mari, que je pris pour jardi- nier.

— Vous fermerez bien la cabane, mon enfant, ajoutai-je, nous y viendrons prier de temps en temps pour ceux qui ne sont plus.

Huit jours après, j'étais complétement et paisiblement ar- rangé dans mon petit ménage.

Le premier jour où je redis la messe dans ma pauvre église, je la consacrai par l'adoption qu'au fond de mon cœur je fis de ma nièce. Mon affection pour elle s'augmentait tous les jours, car tous les jours je découvrais en elle une qualité et une grâce nouvelles; mais je n'avais pas assez de connaissance du monde, et surtout des femmes, pour me méfier de ses qualités dangereuses et attrayantes. Je me laissais aller à jouir de l'aimable expansion de son caractère et de sa sensibilité exaltée, sans me douter qu'elle ferait un jour son malheur et mon désespoir.

La révolution qui avait rendu un moment les paysans impies et cruels n'avait point laissé de traces dans ces cœurs égarés, et jamais le moindre mot de ma part ne leur rappela le passé. Il resta bien encore quelques âmes endurcies qui rirent de ce qu'ils appelaient les momeries ridicules; je ne cherchai à les ramener que par la douceur, et si je ne les convainquis pas, je les forçai au moins au silence. Quelques années se passèrent ainsi, non comme un songe, j'en savourai au contraire chaque heure avec délices.

Henriette en grandissant devenait toujours plus aimable, et était pour moi une société agréable et utile. Elle égayait mon intérieur, et quand j'entendais le bruit léger de ses pas, je me sentais heureux d'un genre de bonheur que je n'avais jamais connu. C'était surtout quand je la voyais agenouillée devant l'autel où je disais la messe, que je sentais toute l'étendue de mon bonheur. Le banc seigneurial avait été enlevé et la sacristie détruite. Rien dans la nouvelle ne me rappelait le passé; et je me sentais calme et heureux quand je voyais Henriette assise sous ma chaire, écoutant les paroles consolantes que chaque dimanche je faisais entendre à mes paroissiens.

L'hiver nous passions nos soirées auprès d'un bon feu à nous entretenir doucement, ou à faire quelque intéressante lecture, et dans l'été c'étaient de charmantes promenades le soir; nous cueillions de belles fleurs dont j'avais rempli mon jardin. Notre vie était si douce, que je ne demandais pas autre chose à Dieu que de la continuer.

Le séjour de la campagne avait fortifié Henriette sans lui donner cependant une santé robuste ; ses traits étaient restés délicats, et sa taille d'une grande flexibilité. Plus que cela même, elle semblait pouvoir à peine se soutenir sans appui, et je m'alarmais sitôt qu'elle se plaignait. Et cependant cette délicatesse la rendait plus charmante ; ses yeux surtout étaient d'une beauté admirable, et rien n'égalait la douceur et l'intelligence de son regard, si ce n'était la merveilleuse séduction de son sourire. Ma tendresse pour elle me rappelait celle que j'avais eue pour Edgard ; et maintenant que tant d'années se sont écoulées depuis que je les ai perdus tous les deux, je les confonds dans mes souvenirs et dans mes regrets.

Comme j'étais toujours inquiet sur la santé d'Henriette, je fus très-satisfait quand notre village prit assez d'extension pour qu'il vînt s'y établir un médecin qu'on disait habile.

Nous eûmes sa première visite.

Je ne tardai pas à reconnaître en lui beaucoup de talent comme médecin, une humanité réelle pour ses semblables, j'ajouterai même une parfaite bonté ; mais comme il n'y a point d'homme complet, il manquait au docteur Yvard l'expérience du monde et des hommes. J'ajouterai qu'il était d'une indiscrétion qui ne venait pas de son cœur, mais de l'ingénuité frivole de son esprit. Incapable d'une mauvaise action comme d'une discrétion complète, il vous racontait ses affaires comme il racontait celles des autres ; d'une ingénuité souvent enfantine, il manquait de cette gravité qui inspire la confiance dans son état. Ses inconséquences, et ses défauts mêmes, le rendaient d'une société assez gaie, pour que je fusse bien aise de voir cette distraction à Henriette. Elle riait souvent avec lui et quelquefois de lui ; mais ne lui parlait jamais de sa santé. En général, comme toutes les personnes accoutumées à souffrir, elle n'aimait pas à se plaindre.

J'avais à plusieurs fois consulté le docteur sur son état ; il m'avait répondu que, bien que la constitution d'Henriette fût délicate, sa santé se fortifierait si elle avait de la distraction, et si on lui évitait les émotions. La distraction était pour le docteur Yvard la panacée universelle. C'était ce qu'on appelle, en un mot, un bon vivant qui ne croyait ri ne devinait le mal moral.

Sa femme, qui lui était très-inférieure sous le rapport de l'éducation, avait à peu près le même caractère avec moins d'esprit. Elle venait peu au presbytère, parce qu'elle était très-occupée de surveiller la cuisine du docteur, qui était fort gourmand.

Du reste, quoi que pût dire celui-ci, Henriette ne prenait point d'autres distractions que celles qu'elle pouvait trouver à la maison, et avec moi ; elle était ma joie et mon orgueil.

La veille du jour où nous devions célébrer l'anniversaire de sa dix-septième année, le docteur vint nous proposer de faire une course sur le bord de la mer ; on devait lui apporter de fort beau poisson.

En passant, nous aperçûmes de loin un mouvement inaccoutumé dans la cour du château ; je n'en demandais pourtant pas la raison, quand le docteur s'écria :

— Vous ne savez pas la nouvelle, je ne l'ai apprise que ce matin, car je vous l'aurais dite tout de suite ; eh bien ! on répare le château, et vous ne savez pas pour qui ? c'est pour la fille de l'ancien propriétaire, la marquise de Melmont. C'est l'empereur qui le lui a rendu, à moins qu'elle ne l'ait racheté ; du reste, il paraît que cette dame est très-riche, elle est veuve d'un Anglais.

Un frisson parcourut toutes mes veines, comme si je sentais que mon mauvais génie venait exercer sur moi sa funeste influence. Quelque visible que fût mon trouble, le docteur continua à parler, sans paraître y faire attention; mais il n'échappa point à Henriette. J'éveillai ainsi sa curiosité et son intérêt; elle devint avide de savoir ce qui se passait au château. Malheureusement le docteur était toujours prêt à satisfaire toutes les curiosités, de quelque genre qu'elles fussent.

Cependant la réflexion me rassura; je me demandai quel chagrin nouveau lady Lattimer pouvait me causer. Sans doute je ne pourrais me dispenser de la voir une fois : j'avais deux dépôts également importants à lui remettre, et je prévoyais qu'après cette entrevue lady Lattimer ne serait nullement curieuse de conserver des relations intimes avec moi. Elle était fort peu religieuse, et j'étais presque certain qu'elle ne remplirait aucun des devoirs qui pourraient nous rapprocher.

Je serais donc parvenu à écarter une pensée qui m'était pénible, si le docteur n'avait paru prendre à tâche d'en rappeler sans cesse l'objet. Il m'apprit l'arrivée de lady Lattimer; il me dit qu'il l'avait vue, ayant été appelé au château pour une de ses femmes; il me vanta la beauté de lady Lattimer, qui était encore très-remarquable, la séduction de sa voix, de ses manières ; alors Henriette me dit:

— Mon oncle, est-ce que nous ne verrons jamais une si aimable dame? Nous irons sans doute au château; elle recevra sans doute beaucoup, elle donnera des fêtes...

Et ses yeux brillèrent d'un éclat inquiet.

— Certainement s'il y a des fêtes vous y serez conviée, dit le docteur avec assurance, et vous en ferez le plus bel ornement.

— Oh! quel bonheur de voir une belle fête, s'écria Henriette en joignant les mains avec ardeur.

Je fus vraiment effrayé de la passion qui régnait dans toute sa personne, et je dis d'un air très-grave :

— Henriette, nous ne devons faire aucun changement à notre modeste et tranquille existence. Elle te semblerait bien monotone, une fois que tu aurais goûté de ces plaisirs dont parle si imprudemment le docteur.

Le docteur aurait dû comprendre que ce sujet de conversation ne me plaisait pas, mais c'était un homme qui suivait toujours son idée, sans s'inquiéter si l'expression en était pénible aux autres; et comme il n'était malheureusement pas dans mon caractère de montrer beaucoup de fermeté, il racontait sans cesse à Henriette ce qu'il entendait dire du château, et excitait ainsi son intérêt.

Je m'attendais cependant à recevoir quelques nouvelles de lady Lattimer. En effet, elle m'écrivit un jour un billet fort poli pour m'engager à me rendre le soir même au château. Je pensai qu'elle avait choisi cette heure afin que je la trouvasse plus libre. La curiosité d'Henriette se montra bien vive quand elle me vit partir : elle me regardait avec tant d'anxiété, que je compris qu'elle espérait que cette visite allait commencer des relations qu'elle désirait voir se former. C'était bien loin d'être mon espoir, à moi, car j'étais bien déterminé, au contraire, à ne pas permettre qu'Henriette eût la moindre relation avec lady Lattimer.

Quand j'arrivai au château, on commençait à l'éclairer. On me fit traverser plusieurs appartements sur lesquels je ne jetai pas même un coup d'œil de curiosité. On m'introduisit dans le boudoir de lady Lattimer; son luxe prouvait qu'elle n'avait pas appris le néant de toutes ces inutilités.

Elle vint à moi avec empressement et me tendit la main. Je m'inclinai devant elle sans la prendre : ma froideur la blessa sans doute, car elle recula de quelques pas, et me montra un siége avec beaucoup de cérémonie. Je suis même

sûr que dans ce moment elle se sentit très-humiliée de m'a-
voir pour confident, et cependant elle ne me savait pas si
instruit. Mais elle se reprocha bien vite de s'être laissé in-
timider, car sa figure prit une expression de hauteur et
presque de dédain.

— Monsieur de Brévanes, me dit-elle enfin après un moment de silence, vous avez deviné, sans doute, pourquoi je
vous ai prié de prendre la peine de vous rendre au château.
Vous savez dans quelles circonstances malheureuses et em-
barrassantes je fus forcée de vous demander que vous fussiez
dépositaire de papiers que je vous réclame aujourd'hui.

— Vous oubliez, Madame, répondis-je avec froideur, que,
sans que je m'y attendisse et m'y reconnusse aucun droit,
ce ne fut point seulement un dépôt, mais une confidence que
je reçus de vous?

— Est-ce donc, Monsieur, la connaissance de ces papiers
qui a apporté tant de changement dans vos...

Je devinai qu'elle voulait parler de mes sentiments;
avais-je donc été assez imprudent pour les laisser paraître.
La rougeur se porta à mon front, et je dois avouer que je me
sentis un moment plus humble devant cette femme.

— Madame, dis-je après m'être remis, je n'ai éprouvé
qu'une profonde pitié, qu'un intérêt rempli de craintes quand
vous arrivâtes sous la chaumière de Richard.

— Êtes-vous donc changé? s'écria-t-elle; je trouve dans
vos paroles, dans vos regards, une expression qui a le droit
de m'étonner, de me blesser même. Vous n'avez pas appris
à feindre, monsieur de Brévanes.

— C'est une science que je ne dois pas connaître, Madame,
répondis-je, en plaçant sur une table, près d'elle, le paquet
qui contenait les lettres qu'elle avait adressées à mon cher,
à mon bien-aimé Edgard.

Elle reconnut son nom et l'écriture.

— Comment savez-vous.... d'où tenez-vous ces lettres? s'écria-t-elle en se levant droite devant moi. Avez-vous donc abusé de votre ministère?

— Vous m'offensez, Madame, mais je dois vous pardonner; pourtant ce n'est qu'avec effort, ajoutai-je, car vous êtes la cause de la perte d'un être aussi bon qu'aimable. S'il ne vous avait pas connue, Madame, il vivrait pour le bonheur de son père et pour le mien... mais vous avez voulu vous venger, et vous m'avez été fatale, puisque vous êtes cause que j'ai perdu mon cher élève par la mort, et l'amitié de son père en lui dévoilant la vérité.

— C'est assez, Monsieur, interrompit lady Lattimer avec hauteur.

— Vous m'entendrez une seule fois, Madame, repris-je, ce n'est point pour vous affliger, mais parce que je me plais à croire que vous cesserez d'écouter votre égoïsme et votre orgueil.

— Eh bien ! Monsieur, parlez, s'il faut que je vous écoute; qu'avez-vous donc encore à me reprocher?

— J'étais près du lit de votre mère, Madame, quand vous lui avez envoyé une inutile aumône. C'est moi, Madame, c'est moi qui ai cru devoir la refuser, et qui lui ai fait rendre les derniers devoirs.

— Ma mère est morte ! s'écria-t-elle. Je l'ignorais, Monsieur, je vous le jure; mon messager revint me dire que la personne à qui j'avais envoyé de l'or me remerciait et partait pour l'Écosse.

— Vous avez envoyé de l'or à votre mère que vous saviez mourante, Madame. Ah ! puisse Dieu ne pas vous punir de ne pas être accourue remplir le plus saint des devoirs !

Herminie était restée longtemps la tête appuyée dans ses mains, puis tout à coup elle la releva et me dit :

— Je pense, Monsieur, qu'il ne serait agréable ni à l'un

ni à l'autre de continuer aucunes relations, et que vous garderez pour vous seul des secrets dont vous devez sentir l'importance.

— Ne craignez rien, Madame, répondis-je gravement, j'espère les oublier.

— Monsieur, dit-elle avec plus de hauteur encore; souvenez-vous que je n'aurai pas impunément rougi devant vous.

Je m'inclinai sans répondre, et je sortis.

Je repris le chemin du presbytère le cœur serré et attristé; je savais que j'emportais la haine de cette femme, et quoique je ne l'eusse pas encore méritée, cette pensée me rendait malheureux. Cependant, la réflexion et la prière ramenèrent le calme dans mon âme; je n'avais rien à me reprocher, j'avais fait ce que j'avais dû, et j'espérais n'entendre plus jamais parler d'elle.

Henriette n'osa pas me demander comment j'avais été reçu au château; mais, durant plusieurs jours, je pus deviner qu'elle réprimait avec peine sa curiosité. Peu à peu son humeur, si douce et si égale, changea; elle devint pensive, rêveuse; quand elle croyait que je ne la regardais pas, elle laissait échapper son ouvrage ou son livre, et restait longtemps à regarder les nuages courir dans le ciel. Les plaisanteries du docteur ne la faisaient plus sourire, et cependant elle attendait sa visite avec une sorte d'impatience; elle le questionnait sur ce qui se passait au château et dans les environs. Quand je l'appelais au jardin, elle n'y accourait plus empressée et légère comme autrefois, et la vue d'une fleur nouvellement éclose ne lui causait ni surprise, ni joie. Elle s'ennuyait, enfin, elle était lasse de notre vie monotone et solitaire; et moi je ne comprenais pas cette maladie qui venait de s'emparer de cette âme de jeune fille, parce qu'il ne m'avait pas été permis de goûter aucune des joies de la jeunesse : je ne croyais pas que la jeunesse fût un tyran indomptable.

J'interrogeais Henriette; elle me répondait en souriant qu'elle était bien, mais ses yeux restaient emplis de larmes ; puis tout à coup elle paraissait d'une gaieté folle, se prenait de passion pour un nid d'oiseau, se mettait à élever des tourterelles, leur donnait la volée, et les regardait s'envoler d'un œil humide.

L'été entier se passa ainsi, et quand arrivèrent les longues soirées, Henriette restait rêveuse et inoccupée près de moi.

Henriette était un ange, mais un ange né avec des passions ardentes, et un besoin de mouvement, d'émotions et de distraction, qui contrastait avec sa nature délicate et presque chancelante. Le docteur, par une malheureuse propension à un bavardage stérile et en quelque sorte cancanier, avait éveillé chez elle une curiosité qui était devenue une souffrance, et j'engageai le docteur à ne pas nous parler de ce qui se passait au château. Je ne gagnais rien à cette précaution, puisqu'il trouvait toujours le moyen de causer avec Henriette en particulier. Il me dit une fois :

— Savez-vous que j'ai envie de me retirer de chez lady Lattimer ?

— Et pourquoi prendriez-vous un parti qui nuirait à vos intérêts ?

— Ah ! continua-t-il, c'est que j'ai l'idée que lady Lattimer manigance quelque chose en faveur des Bourbons; je suis presque certain qu'elle conspire. Depuis le désastre de Russie, Napoléon branle au manche, et je ne serais pas étonné que lady Lattimer l'aidât à tomber; elle est entourée de grands seigneurs du faubourg Saint-Germain, qui ne viennent pas là seulement pour s'amuser à la campagne. Au surplus, ajouta-t-il naïvement, et changeant d'avis sans qu'on lui fît la moindre objection, je suis médecin, et il m'importe peu qui gouverne. C'est une maîtresse femme que lady Lattimer ! si vous saviez comme elle mène son monde ! son neveu surtout lui obéit au doigt et à l'œil.

— Ah ! lady Lattimer a un neveu ?

— Oui, du côté de son mari, je crois ; elle paraît l'aimer beaucoup. Je n'ai, de ma vie, vu un si beau jeune homme ; toutes les femmes qui sont là en raffolent.

Je me dispensai de répéter au docteur combien je désirais qu'il ne parlât pas de tout ce qui se passait au château devant ma nièce ; il me l'avait vingt fois promis, et vingt fois il avait manqué à sa parole. Je le connaissais trop bien pour espérer qu'il se montrât prudent ; mais je n'ai peut-être pas encore assez dit ce que son caractère renfermait de bonté, de noblesse, d'imprudence et de bonhomie.

Cependant, à la fin de l'automne, lady Lattimer quitta le château ; j'espérais alors qu'Henriette, n'entendant plus parler de ce qui s'y passait, reprendrait de la sérénité, de la gaieté ; au contraire, sa mélancolie augmenta, j'en parlai au docteur, qui me répondit :

— C'est qu'elle mène une vie trop retirée ; envoyez-la quelquefois chez nous le soir, ma femme et moi nous sommes gais, et nous la distrairons ; je ne vous demande pas d'ailleurs de vous en priver pendant longtemps, mais elle aura trouvé la soirée moins longue quand elle en aura passé une partie avec nous.

Henriette accueillit d'abord assez froidement cette ouverture, et ne s'y rendit que pressée par mes instances et pour ne pas désobliger le docteur. Les premiers soirs même elle revenait de si bonne heure, que je le lui reprochais presque, tant je me sentais heureux de lui savoir quelque distraction.

Hélas ! nous sommes presque toujours les premiers artisans de nos chagrins; et je n'eus bientôt plus à me plaindre de ce qu'Henriette rentrait trop tôt et ne paraissait pas plus animée.

Un soir, elle revint si tard, que malgré moi je me souvins du chagrin que j'avais éprouvé quand sir Edgard m'avait abandonné pour rester près d'une autre; cependant, je fus le premier à chercher des raisons pour excuser Henriette et me rassurer. Quand elle rentra, je pris son embarras pour du regret, et je lui dis qu'elle avait bien fait de rester chez le docteur puisqu'elle s'y amusait. Hélas! je ne cherchai pas à pénétrer dans cette âme jusque-là si franche; je ne supposais même pas qu'elle eût quelque chose à m'apprendre! mais je dois mourir comme j'ai vécu, ne soupçonnant jamais le mal ni le coup qui doit me frapper, conservant la simplicité d'un enfant, un cœur facile à déchirer, et aucune prescience de l'avenir.

L'hiver entier se passa ainsi. Le soleil commençait à reprendre un peu de force, Henriette continuait chaque soir ses longues visites chez le docteur. Sa maison, nouvellement bâtie, était une des plus jolies du village, et le jardin était fort soigné.

Marianne ou son mari conduisait Henriette jusqu'à la porte du docteur. Dans les commencements, l'un ou l'autre allait la chercher de bonne heure, comme elle le désirait alors. Mais quand elle prolongea son absence, elle annonça que le docteur la reconduirait; et en effet, on l'entendait quelquefois lui dire bonsoir en la laissant à la petite barrière de la cour.

D'après cela, on conviendra que je devais être, et j'étais, en effet, parfaitement tranquille. Cependant je souffrais cruellement de sentir qu'elle m'oubliait si facilement, car ce n'était plus une heure ou deux qu'elle passait chez le docteur. Sitôt que nous avions fini notre frugal repas, elle me

laissait au jardin quand le temps permettait d'y rester, ou
bien au coin de mon feu avec ma plume et mes livres. Si
je l'engageais à demeurer quelques moments de plus avec
moi, elle y consentait; mais elle ne pouvait se tenir en
place, ni commander à sa contrariété. Je ne savais voir dans
tout cela qu'une impatience enfantine. Peu habile à deviner
ce qu'on voulait me cacher, j'avançais dans la vie sans la
comprendre; mais le moment arrivait où j'allais voir se
soulever un coin du voile qui me cachait la vérité.

Un soir, il avait tombé toute la journée de ces giboulées
de mars qui sèchent si vite, je trouvai Henriette pâle, altérée:
elle avait beaucoup toussé et je l'engageai à ne pas sortir.
Elle n'osa pas d'abord résister à un conseil qui était donné
avec tant de tendresse, mais elle ne cessait d'aller de la cheminée à la fenêtre, et de la fenêtre à la cheminée; elle ne
pouvait se fixer à rien. Enfin, elle me dit :

— Si j'allais chez le docteur, il me donnerait, j'en suis certaine, quelque chose qui m'empêcherait de tousser cette nuit.

— Le moyen le plus sûr pour arriver à ce but, répondis-je
doucement, serait, il me semble, d'envoyer prier le docteur
de venir ; tu nous ferais du thé, Henriette, tu te coucherais
de bonne heure, et demain ton rhume serait entièrement
guéri.

Elle ne répondit rien, mais elle me parut si triste, que je
dois avouer qu'un amour-propre mal entendu venant en aide
à la peine que me faisait la tristesse d'Henriette, je lui dis
que je réfléchissais qu'en effet elle ne devait pas déranger le
docteur pour si peu de chose ; puis je fus à la fenêtre, et
j'ajoutai après avoir regardé dans la cour :

— Les chemins sont secs, va, mon enfant ; prends garde
seulement de ne pas prendre du froid.

Elle fit un mouvement qui me fit bien mal ; je crois qu'elle
s'en aperçut, car elle dit en se rasseyant :

— Je resterai si vous le désirez, mon oncle; mais en parlant ainsi ses yeux étaient baignés de larmes.

— Non, mon enfant, dis-je doucement, je ne serai pas fâché d'être seul, j'ai justement à travailler à mon sermon pour dimanche.

Et elle me présenta son front sur lequel je déposai un baiser, puis elle sortit. Je revins près de la fenêtre, elle courait, ses pieds ne touchaient pas la terre.

— Quoi! me dis-je en retournant auprès du feu tristement, quoi! pas une affection, même la plus sainte et la plus douce, ne nous met à l'abri de la peine. Henriette me laisse seul, toujours seul, pendant ces longues soirées où j'étais si heureux de la sentir près de moi!

Et, injuste comme on le devient presque toujours avec l'âge, je m'en prenais à la jeunesse d'Henriette, je lui reprochais de ne plus aimer les occupations paisibles du foyer domestique, qui faisaient tout mon bonheur à moi. Cependant, je ne tardai pas à me reprocher ce mauvais et égoïste sentiment, je pris ma plume, et j'étais tout entier à la composition de mon sermon, quand Marianne ouvrit la porte pour m'annoncer qu'on venait me chercher de la part d'une vieille femme qui nous intéressait beaucoup Henriette et moi ; elle était honnête, intelligente, laborieuse et d'une mauvaise santé.

Quelque contrarié que je fusse de me déranger, je n'hésitai pas ; je trouvai la bonne femme très-alarmée d'une indisposition assez légère, il est vrai, mais si elle avait tant de peur de mourir, c'est qu'elle était nécessaire à ses enfants. Après l'avoir rassurée, je lui promis cependant d'engager le docteur à venir la voir le lendemain. Me trouvant près de la maison de celui-ci, je me dis que je pouvais de suite lui aller faire cette prière, et que je ramènerais Henriette plus tard.

Comme je crois l'avoir dit, la maison du docteur était

placée au bout du village, du côté de la cabane de la femme de chez qui je venais. Pour y arriver, il fallait traverser une pelouse semée de petits bouquets de bois. Cette pelouse où, le dimanche, on dansait dans l'été, était solitaire tout le reste de la semaine ; l'autre bout de cette pelouse rejoignait l'extrémité de l'avenue qui menait au château.

L'air était doux, j'avais la tête lourde et souffrante ; machinalement, je me mis à parcourir la pelouse en long et en large, pensant que j'aurais bien le temps d'arriver chez le docteur. Le soleil était tout à fait tombé, mais le ciel était si clair que le crépuscule faisait presque l'effet du jour ; la campagne ainsi doucement éclairée paraissait charmante et la nuit si belle, que je m'arrêtai avec un sentiment d'admiration et de reconnaissance envers Dieu. J'étais appuyé contre un des arbustes qui formaient un des petits bosquets dont j'ai parlé ; de cette place, je découvrais l'avenue du château ; tout à coup j'aperçus deux personnes qui la descendaient doucement. A la grâce de leurs mouvements, je reconnus aisément que ce n'étaient point des habitants de notre village ; je les regardais cependant sans soupçonner qu'elles pussent m'intéresser. Comme je me trouvais caché à demi par un bouquet d'arbustes , que mon habillement était entièrement noir, ils ne pouvaient m'apercevoir ; cependant, par un mouvement dont je ne me rendis pas compte, je m'effaçai entièrement derrière le bosquet. Les deux promeneurs avançaient toujours.

Je faillis jeter un cri quand je reconnus Henriette! Son bras était passé sous celui d'un jeune homme dont je ne distinguais pas bien la figure, mais dont je voyais parfaitement la taille haute et élégante. Ils se parlaient bas, et remontèrent l'avenue sans s'être préoccupés de ce qui se passait autour d'eux. On devinait facilement qu'appuyés ainsi l'un sur l'autre, le reste du monde n'existait plus pour eux.

Ce sera dans cette circonstance qu'on aura peut-être encore plus de peine à comprendre la faiblesse et la bizarrerie de mon caractère ; car je dois avouer que la crainte de causer une grande émotion à Henriette, et de l'embarrasser en lui apprenant que j'avais découvert son secret, me laissa d'abord immobile et sans résolution. Quand j'eus repris un peu de réflexion, au lieu de marcher vers la grande avenue, je m'éloignai rapidement, je passai même devant la maison du docteur comme si j'avais peur que quelqu'un m'aperçût ; j'avais certainement l'air de venir d'accomplir quelque mauvaise action, tandis que je venais d'en découvrir une. Car, en supposant que la démarche d'Henriette fût tout à fait innocente, n'était-il pas bien coupable à elle de me tromper, moi son ami, son oncle, ou plutôt son père.

Cependant, comme il arrive presque toujours, c'était à la personne qui m'était la moins chère que j'en voulais davantage ; c'était le docteur que je trouvais le plus coupable. Il me semblait impossible qu'il ignorât les entretiens d'Henriette avec un jeune homme ; ou il était plus que crédule, ou il était plus qu'imprudent.

J'étais tellement agité quand je rentrai au presbytère, que Marianne s'écria :

— Est-ce que la pauvre Madeleine serait plus mal, Monsieur ?

— Non, non, lui répondis-je précipitamment ; ne manque pas, Marianne, d'aller lui porter quelques bouteilles de vieux vin.

Puis, je me précipitai dans mon cabinet, où je m'enfermai. J'espérais reprendre du sang-froid, Henriette pouvait rentrer d'un instant à l'autre ; et si je voulais lui parler, ce à quoi je n'étais pas décidé, j'avais besoin, pour retrouver du calme, de solitude et de prière, deux moyens qui m'ont toujours réussi.

Heureusement, Henriette ne rentra pas immédiatement ; et, redevenu maître de moi, j'appelai Marianne pour lui recommander de ne pas dire à ma nièce que j'étais sorti et rentré un peu souffrant ; j'étais certain qu'elle n'enfreindrait pas cet ordre.

J'entendis enfin la voix d'Henriette, et je l'entendis avec une profonde émotion ; elle entra et me tendit la main comme de coutume. Je ne pus me décider à la prendre, mais elle put croire que c'était tout simplement, parce que je ramassais ma plume que j'avais laissée tomber.

— Et le rhume ? dis-je enfin, le docteur vous a-t-il donné un remède, Henriette ?

— Vous êtes fâché, mon oncle, balbutia-t-elle en m'embrassant ; je ne vais cependant pas plus mal, je vous assure.

— Tant mieux, mon enfant, repris-je en détournant les yeux, car pour rien au monde je n'aurais voulu rencontrer son regard.

Nous gardâmes le silence, nous étions embarrassés tous deux ; et cependant pas un mot de ce qui s'était passé n'avait été échangé entre nous. O vérité ! vérité que Dieu mit dans le cœur de l'homme, et dont il ne s'écarte jamais sans être puni ! Vérité que je croyais avoir pour ainsi dire incrustée dans le cœur de cette enfant, que n'aurais-je pas donné pour te voir arriver spontanément à ses lèvres, et pour ainsi dire malgré elle ? Mais Henriette gardait le silence, et nous nous mîmes à table ; mais nous ne mangeâmes pas plus l'un que l'autre : il est vrai que ce repas du soir était toujours très-léger.

Pas une seule fois je ne regardai Henriette, elle ne vit donc pas les larmes qui remplissaient mes yeux. Funeste sensibilité ! elle ne m'a été donnée que pour faire mon tourment.

Quand l'heure fut arrivée de nous séparer pour la nuit,

je dois avouer qu'un mouvement d'humeur me saisit, et je dis à ma nièce d'un ton un peu sévère :

— Henriette, nous touchons aux fêtes de Pâques; à Noël vous ne vous êtes pas approchée du tribunal de la pénitence, vous n'avez pas rempli vos devoirs religieux. Vous vous disiez souffrante alors, et je n'insistai pas. Mon enfant, je vous attends demain au confessionnal.

— Demain !... s'écria-t-elle avec effroi. Non, mon oncle, non, je ne puis, c'est impossible !

Son trouble me fit pitié, et je repris plus doucement :

— Eh bien ! Henriette, je ne veux pas savoir pourquoi c'est impossible demain, mais je désire que vous ne retardiez pas longtemps l'accomplissement de ce devoir.

Et je marchai vers la porte.

La pauvre petite n'osa faire ce qu'elle faisait ordinairement, prendre mon bras pour monter l'escalier, et me conduire jusqu'à la porte de ma chambre. Elle tomba sur une chaise, couvrit son visage de ses mains, et j'entendis ses sanglots qui me déchirèrent le cœur.

— Henriette ! ma chère Henriette ! m'écriai-je en lui tendant les bras.

Elle vint s'y jeter, appuya sa tête sur mon épaule, et pleura encore plus fort. Je l'aidai à monter l'escalier; quand elle fut un peu calmée, je lui dis doucement :

— Ne sais-tu pas que tu n'as pas de meilleur ami que moi. Nous causerons demain si tu es bien.

Mais le lendemain, Henriette passa une partie de la matinée au lit; et quand elle descendit, elle mit une adresse incroyable à éviter tout ce qui pouvait avoir rapport à notre scène de la veille. Pourtant, jamais je ne l'avais trouvée si tendre, si attentive; elle me suivit au jardin, s'occupa des fleurs exotiques que j'élevais dans une petite serre.

Je crus que je devais attendre la confiance d'Henriette sans la provoquer par des questions; j'avoue d'ailleurs que je la trouvais si aimable, si charmante, que je reculais à dire un seul mot qui pût troubler notre bonne intelligence. J'avais tant peur de l'affliger et elle m'était si chère!... Cependant, j'étais bien résolu à savoir toute la vérité, et surtout à ne pas permettre qu'Henriette sortît de la maison ce jour-là. J'espérais même qu'elle n'en manifesterait pas l'intention, et qu'elle m'éviterait de faire usage d'une autorité que je n'employais jamais sans me sentir plus malheureux et plus embarrassé que la personne sur qui je l'exerçais.

Par un de ces hasards qui arrivent si mal à propos dans la vie, le maire de Melmont vint me voir. Notre entretien s'étant prolongé jusqu'à l'heure du dîner, je le retins. Je crois qu'Henriette fut satisfaite de cet arrangement; cependant, à mesure que l'heure avançait elle paraissait plus triste. Nous sortîmes de table; j'entrai dans mon cabinet pour remettre au maire les papiers qu'il était venu chercher; nous causâmes encore quelques moments; deux fois je m'approchai de la fenêtre qui donnait sur le jardin, Henriette s'y promenait en rêvant.

Enfin, je me débarrassai de mon convive, et après l'avoir conduit jusqu'à la petite barrière qui fermait ma cour, je descendis au jardin; j'en fis le tour. Ce jardin n'était pas bien grand, et j'eus bientôt reconnu qu'Henriette n'y était pas. Je rentrai dans la maison, je frappai à sa porte; ne recevant pas de réponse, j'entrai, la chambre était vide. Je n'osais questionner Marianne, mais elle me dit la première :

— Mademoiselle est allée chez M. le docteur.

Ou Henriette ne soupçonnait pas que je savais une partie de la vérité, ou elle me bravait et montrait alors une audace dont je ne l'aurais pas crue capable. Je préférai croire qu'elle ne m'avait pas compris, et alors quel parti devais-je prendre? Aller la surprendre, la confondre; savoir quel était ce jeune homme, m'assurer si c'était un séducteur ou seulement un complice innocent, comme j'aimais à me le persuader. Pour un homme de mon caractère, c'était une démarche tellement décisive, où il fallait apporter un sang-froid et une fermeté si contraires à mes habitudes, qu'il faut que j'avoue que je fus bien longtemps à me décider. Cependant je sentis que c'était mon devoir, et je sortis.

La pluie commençait à tomber; Marianne courut après moi pour me donner mon manteau. Ma figure était si bouleversée, qu'elle me dit avec inquiétude :

— Vous ne devriez pas vous exposer à ce mauvais temps, monsieur le curé.

— Je suis bien, Marianne, très-bien, répondis-je; et je poursuivis ma route du côté où j'avais aperçu Henriette la veille.

La pluie augmentait, le ciel était couvert de gros nuages gris qui couraient rapidement; je regardai autour de moi, mais je n'aperçus qu'un épais brouillard. Tout en me disant qu'il était impossible qu'Henriette fût dehors par un pareil temps, j'avançais toujours dans la grande avenue. Quand je me trouvai en face du château, je sentis comme un frisson de peur, et je redescendis rapidement pour me rendre chez le docteur. Sans doute j'y trouverais Henriette et peut-être celui que j'avais vu la veille avec elle. C'était un doute injurieux pour le docteur, et que je me reprochais; mais j'étais si inquiet, si malheureux, que Dieu devait bien me le pardonner.

La maison du docteur était située entre cour et jardin; en quittant l'avenue du château, je me trouvai du côté du jardin dont une porte s'ouvrait sur le chemin. Je vis de loin le jardinier sortir avec sa brouette remplie de mauvaises herbes, et comme il laissa la porte ouverte, je pénétrai dans l'enclos sans qu'il m'aperçût.

Au moment de franchir les marches conduisant au petit perron qui montait à la maison, je m'arrêtai : si je n'allais pas trouver Henriette; en venant la chercher, n'était-ce pas découvrir ce qu'il était si essentiel de cacher?... Pour rien au monde, je n'aurais voulu l'exposer à rougir devant les autres. Je m'approchai alors d'une fenêtre située au rez-de-chaussée; c'était celle d'un petit salon où se tenait ordinairement le docteur. La lampe était allumée, et à travers les interstices de la jalousie, je distinguai parfaitement le docteur avec le maire qui avait dîné au presbytère; puis la femme du docteur, dont le tricot, ouvrage habituel de ses mains, était tombé sur les genoux. Elle écoutait attentivement une conversation amusante, sans doute, car j'entendais le gros rire du docteur; mais Henriette n'était pas là, rien n'annonçait qu'elle y fût venue. Où était-elle, bon Dieu!... que devais-je faire? où la chercher? n'était-ce pas tout perdre que de demander une explication au docteur?

Je restai un moment indécis, puis je sortis du jardin avec encore plus de précipitation que je n'y étais entré. Où pouvais-je chercher Henriette?... La pluie tombait avec plus de force; cependant je retournai à l'avenue du château. Fatigué du poids de mon manteau, trempé de pluie, ressentant un malaise général, abattu, désespéré, je m'appuyai contre un arbre et essayai de réfléchir; mais mes idées se brouillaient: je ne comprenais plus qu'une chose, c'est qu'Henriette était perdue.

Dans ce moment, j'entendis le claquement d'un fouet, j'aperçus deux lumières qui s'avançaient rapidement; le roulement d'une voiture froissait le pavé. Je ne sais si j'avais précisément l'idée qu'Henriette fût dans cette voiture; cependant je me mis à courir après en criant qu'on arrêtât. Le claquement du fouet, le bruit des roues empêchèrent qu'on entendît ma voix, et j'eus bientôt perdu de vue la chaise de

poste. La pensée qui m'avait un instant traversé l'esprit
était trop horrible pour que je ne la chassasse pas à l'instant ;
je me dis qu'Henriette allait rentrer, que peut-être même elle
était au presbytère. Soutenu par cette espérance, j'y retournai rapidement, et cependant, quand j'arrivai, je n'osai demander si Henriette était à la maison.

Marianne me gronda de m'être exposé à un pareil temps,
me fit un bon feu et resta en silence près de moi. Elle n'osait
m'interroger, mais la pauvre fille devinait combien j'étais
inquiet. Les heures s'écoulaient à la fois lentes et rapides :
j'en étais à m'avouer que je craignais qu'Henriette ne rentrât
pas. Onze heures sonnèrent. Marianne, à qui j'avais dit de
me laisser seul, était cependant entrée plusieurs fois sous
différents prétextes ; enfin, elle me dit :

— Jamais Mademoiselle ne rentre si tard, Monsieur, c'est
la pluie qui la retient ; voulez-vous que Bastien aille la chercher ?

— Non, dis-je ; non, non.

Quoique j'aie avoué la faiblesse de mon caractère, je puis
dire que mes ordres étaient toujours ponctuellement suivis.
Marianne ne répliqua pas et me laissa encore une fois. Ma
tête alors s'emplit de vertiges, ma langue desséchée s'attacha
à mon palais ; je voulus me lever pour saisir la sonnette, un
étourdissement me fit retomber sur mon fauteuil, et je ne
ressentis plus rien.

Quand je rouvris les yeux il était grand jour ; je vis le
docteur et Marianne près de moi. Je me soulevai pour regarder le reste de la chambre, puis je refermai les yeux, et ma
tête retomba sur mon chevet. Henriette n'était pas là.

Ah ! Dieu me punissait cruellement des fautes que j'avais
commises dans ma vie. Le docteur prit mon bras, je ne le

retirai pas, et cependant, je puis l'avouer, dans ce moment sa présence m'était odieuse; j'aurais tant voulu pleurer seul devant Dieu!

Le docteur était là, devant moi, avec la figure réjouie, car il éprouvait réellement de la joie de me voir hors d'un danger dont je n'avais pas eu connaissance; il me le dit en ajoutant :

— J'ai recommandé à Marianne de vous faire de bon consommé, vous n'avez plus besoin que de reprendre des forces.

Je fis signe de la main que je désirais rester seul.

— Je comprends, me dit-il, vous avez besoin de dormir; je reviendrai ce soir vous tenir compagnie.

Me tenir compagnie!... Quelle expression dans un pareil moment, et de la part de celui qui était probablement cause de la perte d'Henriette.

Resté seul, je pleurai et je priai beaucoup; cela me rendit du calme. Marianne rentra, elle se mit à genoux près de moi; et joignant les mains elle me dit bien bas :

— Mon cher maître, je ne sais pas si vous allez blâmer ce que j'ai fait, mais quand M. le docteur est arrivé ce matin au point du jour, car je l'avais envoyé chercher par Bastien, et qu'il m'eût demandé si on avait averti mademoiselle Henriette, je lui ai dit qu'elle était partie hier soir pour aller près d'une parente dangereusement malade.

Je serrai la main de Marianne et ne lui répondis pas. J'étais mieux le soir quand le docteur arriva; après s'être informé de ma santé, il me dit :

— Vous êtes si sensible, que je suis sûr que c'est la nécessité où vous vous êtes trouvé de consentir pour quelques tours à l'éloignement d'Henriette qui vous a rendu malade. C'est un enfantillage cependant; car, enfin, il faudra bien que vous vous en sépariez un jour. C'est une personne d'une grande sensibilité aussi, qu'Henriette, continua-t-il, et vous l'avez rendue si romanesque, que je puis vous le dire, puisqu'elle n'est pas là; d'ailleurs, vous ne l'en aimez que davantage. Eh bien! elle était souvent plusieurs jours sans venir à la maison, quoique cela l'amusât, j'en suis sûr; mais elle ne voulait pas vous laisser seul, et si elle venait, elle ne restait pas longtemps. Aussi elle m'avait bien défendu de vous en parler, de peur que vous ne le regardiez comme un sacrifice.

— Docteur, dis-je malgré moi, car cette question eût éclairé un homme plus adroit que lui; docteur, n'allait-il jamais personne chez vous?

— Dame! il venait le maire, quelquefois sa femme, car je ne peux pas compter deux ou trois visites que j'ai reçues, il y a plus de trois mois.

— Des visites; de qui?

— Du neveu de lady Lattimer.

— Le neveu de lady Lattimer! m'écriai-je, Henriette ne m'en a jamais parlé.

— Cela ne m'étonne pas, reprit le docteur, elle savait que vous n'aviez pas eu à vous louer de la tante du jeune homme; puis, d'ailleurs, il est venu si rarement.

— Mais pourquoi, comment se fait-il que le neveu de lady Lattimer soit resté seul au château?

— On ne me l'a pas dit, mais je l'ai deviné, reprit le docteur d'un air fin. Je suis persuadé que ce jeune homme sert d'intermédiaire aux Bourbons et au faubourg Saint-Germain; le voisinage de la mer rend la chose facile. Il y a longtemps que je crois vous avoir dit que lady Lattimer...

— Mais, m'écriai-je en interrompant le docteur, qu'est-ce que ce jeune homme est venu faire chez vous?

— Il est venu une fois par politesse, deux autres pour me chercher de la part de mademoiselle Durand, vous savez, ma malade du château; ce jeune homme paraît très-bon et montre beaucoup d'égards pour cette vieille fille qui l'a élevé.

Je soupçonnais déjà que le neveu de lady Lattimer n'était autre que son fils; ces paroles du docteur me le confirmèrent, et je me sentis plus malheureux encore. Ce sang ne devait-il pas m'être toujours fatal!

J'essayai pourtant de dominer mon émotion, et je dis au docteur :

— Et ce jeune homme est resté tout l'hiver au château? et il y est encore?

— Du moins, il y était encore hier, me répondit-il.

Je n'ajoutai rien, quoiqu'il ne me restât presque plus d'espoir que ce ne fût le fils de lady Lattimer qui eût enlevé Henriette. Cependant je me rassurais en me disant qu'Henriette allait m'écrire, et je passai plusieurs jours dans cette attente, le cœur me battant au bruit le moins accoutumé, me persuadant, tant il y avait de naïveté dans mon caractère, que peut-être elle allait revenir; qu'elle n'avait pu se décider à m'abandonner entièrement.

Cependant le temps se passait, Henriette ne revenait pas. Je me dis que je ne pouvais l'abandonner au vice, au malheur; qu'il était de mon devoir de faire quelques démarches. Si le fils de lady Lattimer était le séducteur de ma nièce, il lui devait une réparation, il la donnerait ou... ou que ferais-je? mon Dieu! à qui demanderais-je justice? Henriette ne s'était-elle pas perdue elle-même; n'était-elle pas partie volontairement... Ah! que cette pensée était poignante et terrible !

Quand j'eus retrouvé un peu de force; que j'eus repris mes devoirs et mes occupations habituelles, combien ma maison me parut solitaire! Tout m'y rappelait Henriette: les fleurs qu'elle soignait avec moi; sa petite chaise d'en-

fant où, toute grande qu'elle était, elle aimait encore à s'asseoir; son métier à tapisserie resté en face de la table où
je travaillais; le son de sa voix résonnait toujours à mon
oreille. Marianne ne chantait plus dans sa cuisine; Bastien
bêchait nonchalamment le jardin; et les animaux domestiques, qui tous connaissaient si bien Henriette, semblaient
la chercher. Oh! que l'absence est une horrible douleur,
surtout quand l'espoir de la voir finir s'éteint chaque jour;
comme elle assombrit la vie! Car vainement depuis trois semaines avais-je attendu des nouvelles d'Henriette, je n'avais
rien reçu.

Je vainquis enfin la répugnance que j'avais de parler de
mon chagrin à des étrangers, et je pensai que mademoiselle
Durand, la gouvernante restée au château, pourrait me donner quelques renseignements.

Je m'acheminai vers ce séjour où j'espérais ne plus rentrer. Je marchais tristement sur le gazon de la grande avenue où j'avais vu Henriette, et j'arrivai avec bien de la répugnance.

Mademoiselle Durand me reçut respectueusement, mais
cependant je crus démêler beaucoup d'embarras dans son
accueil; j'en éprouvais moi-même. Il me semblait que la
première question que j'allais faire devait dévoiler la faute
d'Henriette. Cependant je finis par demander à mademoiselle Durand à quelle époque le neveu de lady Lattimer
avait quitté le château.

— M. Albert de Sandoval est parti il y a environ trois
semaines, répondit-elle.

— Il est à Paris?

— Mais je le pense : du reste milady ne m'a pas fait l'honneur de m'en parler dans sa dernière lettre, et j'ignore...

— Cependant, Mademoiselle, repris-je avec gravité, vous
devez savoir parfaitement quelles étaient les occupations de

M. de Sandoval pendant son séjour au château; il vous témoignait de la confiance, de l'amitié : cela devait être, c'est
vous qui avez élevé Albert de Sandoval, qui veilliez sur lui
dans la petite maison de Richemond.

— Mon Dieu! s'écria-t-elle, d'où savez-vous tout cela?
Quant à moi je suis sûre de n'avoir commis aucune indiscrétion.

— N'importe comment, répondis-je, je sais cela et bien
d'autres choses. Ce que je vous demande, ce que je vous ad-
jure de me dire au nom de la religion dont je suis un des
ministres, c'est de m'instruire de ce que vous pouvez savoir
relativement à une jeune personne.

— Je vous jure, monsieur le curé, reprit-elle avec l'accent de la vérité, que je ne sais positivement rien. J'ai été
malade tout l'hiver; je ne voyais Albert que quand il venait dans ma chambre.

— Mais quelles étaient ses occupations, pouvez-vous m'apprendre son caractère?

— Hélas! me dit-elle, on ne peut s'abuser, son cœur est
froid et sa tête légère; il aime le luxe, la dépense, il ne ressemble que trop.....

— A son indigne père, interrompis-je. Ah ! je ne le crains
que trop, ma pauvre Henriette est perdue. Dites-moi, Mademoiselle, où pourrais-je trouver lady Lattimer?

— Elle a racheté l'ancien hôtel de sa mère, me dit mademoiselle Durand, rue de Varennes.

— C'est bien, m'écriai-je en me levant pour partir. Je ne
sais ce qui adviendra de tout cela, mais je vous supplie,
Mademoiselle, de garder le plus profond silence sur notre
entretien.

— Je vous demande la même grâce, me répondit-elle :
milady ne me pardonnerait pas d'avoir parlé avec tant de
liberté de M. de Sandoval.

Je revins au presbytère plus malheureux encore; je commençais à comprendre la vie, je commençais à me méfier des hommes. Ah! ne vaudrait-il pas mieux mourir avant de perdre ainsi toute confiance en ses semblables!

Je demandai un congé sous prétexte d'aller terminer quelques affaires de famille. On m'envoya un vicaire pour me remplacer; je fis mes préparatifs de départ. Quand je fus au moment de monter en voiture, Marianne me dit timidement :

— Soyez indulgent, monsieur le curé; elle est si bonne, si jeune et si sensible!

Elle n'avait pas besoin de me recommander l'indulgence, à moi, qui ne savais qu'aimer et bénir.

C'était donc vainement que j'avais consacré ma vie à Dieu; que j'avais renoncé au monde, à ses tourmentantes jouissances. Des événements cruels, le contact de passions dangereuses, plus que cela même, leur fatal empire était venu chercher et briser ma vie. Je n'avais connu le bonheur des affections douces et aimables que pour les voir cruellement déchirées, et tout cela par l'influence d'un être qui m'avait été trop cher. Et enfin, quand mon cœur lui était échappé; quand, arrivé aux confins de l'âge mûr, je me sentais si heureux d'avoir près de moi une innocente enfant dont le charmant caractère et la tendresse embellissaient ma vie, le fils de cette femme venait me l'enlever et la perdre. Et je n'avais d'espoir d'obtenir une réparation qu'auprès de lady Lattimer qui devait me haïr! car je la connaissais trop bien pour ne pas être certain qu'elle ne m'avait point pardonné d'être si bien instruit. Cependant j'étais décidé à ne rien négliger pour faire rendre justice à Henriette.

Arrivé au Havre, je trouvai toute la ville en émoi; j'ap-

pris que les alliés ramenaient les Bourbons. Comme je ne
m'étais jamais mêlé de politique (je dois avouer que je
n'y entendais rien, je m'étais contenté de prier pour les
rois sans les juger ni les craindre), je n'éprouvais aucune
préférence pour aucun des souverains de la terre. Je ne ressentis ni joie, ni même d'étonnement de ce changement.
Seulement, je me rappelai ce que m'avait dit le docteur : si
lady Lattimer avait conspiré pour les Bourbons, son crédit
serait immense ainsi que son ambition. J'arriverais donc
bien mal à propos pour réclamer qu'on rendît justice à une
jeune personne sans fortune.

Pour comble de malheur, je retombai malade en arrivant
au Havre; ma santé était redevenue aussi mauvaise qu'autrefois. Sur la route de Paris, le drapeau blanc flottait sur
tous les édifices; il avait fallu bien peu de temps pour faire
et défaire un roi.

Je courus à l'hôtel Lattimer. On m'apprit que milady,
nommée dame d'honneur de madame la dauphine, était de
service aux Tuileries; on m'engagea à écrire, si j'avais
quelques services à demander : on ne supposait pas qu'un
prêtre presque vieux pût être autre chose qu'un solli-
citeur.

J'écrivis; et le lendemain je reçus cette réponse :

« Comme lady Lattimer a le droit de penser que M. de
Brévanes ne peut avoir aucune communication person-
nelle à lui faire, elle suppose qu'il vient lui adresser quelques sollicitations relatives à sa cure; elle l'engage alors
à lui faire sa demande par écrit. »

Je ne fis pas attendre ma seconde lettre, je la portai moi-
même. Je marquais à lady Lattimer qu'il fallait que je
la visse; qu'il s'agissait de l'honneur de sa famille et de la
mienne. Elle me fit dire que je revinsse le soir même à dix
heures.

Quand j'entrai dans le grand salon de l'hôtel Melmont;
dans ce salon qu'Herminie avait dépeint elle-même dans ses
plaintes de jeune fille, je crus, en la voyant, retrouver la
marquise de Melmont, sa mère. C'était le même regard hautain, les mêmes lèvres minces et dédaigneuses.

Elle se leva à demi et me montra un siége sans m'encou-
rager par une seule parole. J'étais redevenu timide comme
je l'avais été autrefois devant elle ; car je venais l'implorer
pour un être que j'aimais, et qui m'était cent fois plus cher
que moi-même.

— Madame, dis-je enfin, je viens vous demander un acte
de justice et d'honneur. M. Albert de Sandoval, votre neveu,
je tâchai de ne mettre aucune affectation en prononçant ces
paroles, M. Albert de Sandoval a enlevé mademoiselle Henriette de Brévanes ma nièce.

— Ce que vous me dites là me paraît difficile, répondit-
elle d'un ton dédaigneux, M. Albert de Sandoval doit être
en Angleterre.

— S'il y est, Madame, répondis-je avec fermeté, il y est
avec ma nièce.

— Comment, Monsieur, avez-vous laissé former une intimité que vous saviez bien que je n'autoriserais jamais?

— J'ignorais même que M. de Sandoval habitât le château, Madame. Depuis la dernière entrevue que j'ai eu
l'honneur d'avoir avec vous, je croyais ne pas devoir prononcer votre nom, ni m'occuper de quelqu'un qui vous ap-
partînt.

— Comment donc, Monsieur, prenez-vous la peine de venir m'entretenir d'une affaire dont je ne veux, ni ne peux
me mêler?

— Quoi! Madame, m'écriai-je avec indignation, vous
n'ordonnerez pas à votre neveu de remplir son devoir d'honnête homme ?

— Vous savez mieux que moi, Monsieur, reprit lady Lattimer avec ironie, que la jeune fille qui s'est égarée n'a
droit qu'au mépris. Du reste, je laisserai Albert le maître de
faire ce qu'il voudra. Mais s'il épouse mademoiselle de Brévanes, il saura qu'il n'a rien à attendre de ma fortune.

— Eh bien! malgré cela, Madame, j'espère qu'il n'hésitera
pas, et...

— Vous êtes bien resté le même! interrompit-elle avec un
froid sourire. Vous vous faites encore des illusions sur les
hommes; mais je connais Albert, moi; je suis sûre qu'il ne
sacrifiera pas la fortune à l'amour, et je n'aurai même pas
besoin de déployer mon autorité pour l'en empêcher.

— Et croyez-vous, Madame, que je souffrirai qu'on ait
abusé de l'innocence d'une enfant?

— Et que ferez-vous? me répondit-elle avec un impi-
toyable sang-froid. Homme d'Église, le duel vous est défendu; irez-vous porter la cause de votre nièce devant les
tribunaux? Votre nièce a-t-elle été enlevée de force? Y a-t-il
eu viol, enfin?... Du reste, faites ce qui vous conviendra,
Monsieur, et pour vous prouver sur cet article ma bonne
volonté et ma franchise, je saurai vous dire dans peu où est
Albert de Sandoval.

— Oh! Madame, m'écriai-je, ne vous laisserez-vous pas
toucher par mes prières; ne vous souvenez-vous plus du
temps où...

— C'est parce que je m'en souviens, Monsieur, que je
serai inexorable. Vous ne fîtes pas votre devoir alors, Monsieur, car vous deviez me reconduire chez ma mère. Un conseil de famille eût été assemblé, on m'aurait nommé un
tuteur. Au lieu de cela, vous me laissâtes m'élancer seule
dans le monde... Et qui fut cause que vous commîtes cette
imprudence, Monsieur?,. Ce fut une faiblesse que j'avais
devinée,

Je baissai les yeux; hélas! elle avait raison!

— Dans quatre jours, reprit lady Lattimer en se levant comme pour m'avertir qu'elle ne changerait pas de résolution, dans quatre jours vous saurez où est Albert de Sandoval, et vous pouvez vous en rapporter à ma parole, je n . le verrai point avant vous.

Et s'inclinant froidement devant moi, elle me laissa seul. Je sortis de son hôtel plus malheureux, plus embarrassé que je ne l'étais en y arrivant. Car, je dois l'avouer, j'avais espéré conserver quelque empire sur son esprit altier; il me paraissait impossible qu'elle eût entièrement oublié son passé. Mais j'étais encore dupe de ma croyance dans la justice des autres.

Ainsi Albert de Sandoval n'était qu'un vil séducteur, et je n'avais rien à espérer pour Henriette. Que deviendra-t-elle alors, et comment pourrais-je la consoler; car je ne pensais pas à la punir.

Lady Lattimer tint sa parole. Avant que les quatre jours fussent écoulés, je reçus ces lignes écrites de sa main :

«Albert de Sandoval est caché dans une petite maison à
«Neuilly. Le jardin de cette maison donne d'un côté sur la
«Seine, et de l'autre sur une ruelle située au bout du vil-
«lage. Cette petite ruelle est bordée de hauts peupliers. La
«maison, isolée, est facile à reconnaître par le pignon sur-
«monté d'un large cadran. Albert de Sandoval est connu
«sous le nom de Hottwel. Il se dit Anglais, et, avec lui, il a
«une jeune femme qui porte son nom; son domestique est
«peu nombreux.

«J'ai rempli ma promesse; maintenant, agissez, j'attends
«le dénoûment. »

Il était plus de cinq heures quand je reçus ce billet. Cependant je n'hésitai pas à monter en voiture et à partir pour

Neuilly. Quand je fus arrivé auprès du pont, je descendis. Je pris le bord de l'eau, je passai devant les murailles du parc de Neuilly, et marchai encore assez longtemps sans découvrir l'habitation désignée. Tout à coup je me trouvai en face d'une maison que je ne pus méconnaître à la description que m'en avait faite lady Lattimer. Je pouvais la découvrir entièrement, à travers une clair-voie placée dans le mur. Je me trouvais si ému, mon cœur battait avec tant de force et de douleur, je me sentais si abattu, si peu certain de ne pas perdre connaissance, que je m'assis sur le bord de la rivière, regardant, sans la voir, l'eau qui coulait lentement devant moi.

Tout à coup j'entendis la voix qui m'était si chère prononcer d'un ton mélancolique :

— Oui, Albert, oui, je serais bien heureuse si j'avais le droit de porter le nom que vous m'avez forcée de prendre.

— Chère amie, répondit Albert, voilà bientôt deux mois que nous sommes renfermés dans ce petit éden, et vous me tenez toujours le même langage ; je vous aime donc mieux que vous ne m'aimez, car je porterais, moi, tous les noms de la terre, plutôt que de me séparer de vous.

— Ah ! c'est que vous ne savez pas combien une femme rougit quand on lui donne un titre qui ne lui appartient pas. Oh ! c'est que vous ne connaissez pas l'oncle indulgent et bon que j'ai abandonné pour vous suivre. Je le rends bien malheureux, j'en suis trop certaine.

— Ma chère, dit Albert avec fatigue, si vous m'aimiez autant que vous le dites, vous paraîtriez moins affligée, et vous ne me reprocheriez pas continuellement...

— Je ne vous reproche rien, Albert ; mais voudriez-vous que je ne me sentisse pas bien malheureuse de m'être si étrangement égarée, et d'avoir abandonné mon oncle qui me pleure.

—Bah! bah! vous imaginez-vous que nos parents ne s'occupent que de nos petites fredaines de jeunesse?

— Oh! Albert, quelle expression, quand il s'agit de votre existence et de la mienne... Vous savez combien je redoute votre tante?

— Je vous en supplie, Henriette, ne troublez pas ainsi le plaisir que j'ai à vous sentir près de moi ; et surtout ne me parlez pas de ma tante, poursuivit-il avec impatience. Allons, venez faire une promenade avec moi sur le bord de l'eau.

— Je n'ose.

— Qui voulez-vous qui nous voie, il est déjà tard?

J'entendis ouvrir une petite porte, et ils entrèrent dans le petit chemin qui bordait la rivière. En passant, la robe d'Henriette frôla mon bras. Si je ne m'étais retourné, elle m'eût reconnu ; mais je n'osai, dans la crainte de lui causer trop d'émotion. D'ailleurs je voulais tâcher de parler à Albert seul ; j'aurais voulu ne revoir Henriette que pour lui dire :

— Il va devenir ton époux, je te pardonne, sois heureuse.

La pensée du trouble, de l'émotion que j'allais lui causer me tourmentait cruellement.

Ils revinrent sur leurs pas. Il n'est que trop vraisemblable que les plaintes et les remords d'Henriette commençaient à lasser son séducteur, car je l'entendis lui dire :

—En vérité, Henriette, vous êtes cruelle de troubler ainsi le bonheur que j'ai d'être avec vous. Voulez-vous donc me le faire regretter.

Arrivés à la porte du jardin, il lui dit :

— Rentrez, ma chère, rentrez, je vous suis dans un moment, attendez-moi au jardin.

Albert reprit le chemin qu'il avait suivi avec Henriette ; il marchait lentement et en rêvant. Je l'eus bientôt atteint, et

quand il se retourna il me trouva en face de lui. Je lui dis
alors d'une voix ferme :

— Monsieur Albert de Sandoval, je veux vous parler.

Il recula de quelques pas, et s'écria avec beaucoup de
trouble :

— Je ne sais ce que vous voulez dire, Monsieur, je ne
m'appelle pas...

— Point de subterfuges, Monsieur, je sais que vous portez
ici le nom de Hottwel. Toute ruse est inutile, je suis l'oncle
d'Henriette. Vous n'essayerez pas de vous justifier, Monsieur,
ce serait inutile. Mais on ne séduit pas une fille comme mademoiselle de Brévanes sans employer des serments et des
promesses que vous avez l'intention de tenir, n'est-ce pas,
Monsieur? Je ne viens point ici pour ajouter au chagrin que
vous avez fait à ma nièce, je ne vous fais même aucun reproche; et quand vous aurez tiré Henriette de l'abîme, je ne
vous accuserai jamais de l'y avoir fait tomber.

En parlant ainsi, mes yeux étaient fixés sur le beau visage
d'Albert. Il était impossible de réunir plus de grâce et de
perfection; sa taille noble et élancée était irréprochable.
Cependant, en examinant bien la physionomie de ce jeune
homme, on ne découvrait sur son front aucune élévation,
aucune noblesse, aucune franchise. Atterré, contrarié plutôt
que touché de la manière amicale dont je lui parlais, Albert
de Sandoval avait peine à ouvrir ses lèvres minces, et trouvait avec difficulté des paroles qui pouvaient me rassurer,
sans le compromettre. Quelque peu rusé que je fusse, je re-
connaissais parfaitement qu'il manquait de droiture; car il
est à remarquer que les caractères naïfs portent avec eux le
correctif de cette dangereuse qualité. Ils peuvent difficilement comprendre les moyens que l'on emploie pour les
tromper; mais une sorte d'instinct leur révèle la fausseté.
J'étais d'ailleurs prévenu, par ce que m'avaient dit lady

Lattimer et mademoiselle Durand, du caractère d'Albert.

— Monsieur, me dit-il enfin, je ne cherche point à dissimuler mes torts, Henriette a été entraînée, ainsi que moi.

— Eh bien! Monsieur, vous aimez ma nièce, repris-je, vous l'avez perdue; il faut réparer, et réparer sans perdre de temps.

— Vous ignorez peut-être, Monsieur, que je dépends d'une tante, que je ne puis disposer de moi sans son consentement.

— Vous auriez dû y penser, Monsieur, avant d'entraîner Henriette; mais pour l'entraîner à sa perte, il vous a fallu, j'en suis certain, employer bien des ruses, bien des serments. Du reste, ne revenons pas sur le passé; vous n'avez rien à apprendre à lady Lattimer, elle sait tout, et c'est elle-même qui m'a fait connaître où je pourrais vous trouver.

— Quoi! ma tante consent à mon mariage, elle sait qu'Henriette est avec moi! s'écria-t-il avec l'expression d'une profonde surprise.

— Elle vous laisse libre, Monsieur, répétai-je, libre de faire votre devoir. Ainsi, dès ce moment, commençons tous les préparatifs auxquels je vais vous aider. Mais, en attendant, vous ne devez pas vous étonner si je ne permets pas que ma nièce reste avec vous dans une intimité...

— Monsieur, se hâta-t-il de me répondre, je vous laisse le maître d'habiter...

— Non, Monsieur, non, je ne resterai point dans une maison où ma nièce porte un nom qui n'est pas le sien; c'est chez son oncle que vous trouverez mademoiselle de Brévanes, et j'espère que vous ne serez pas longtemps sans venir l'y chercher.

L'embarras d'Albert disparut alors entièrement, et il trouva pour me parler d'Henriette des expressions tendres et aimables. Dans ce moment, je le crus de bonne foi; il ressemblait tant à sa mère, quand elle se laissait aller à une sensibilité qui la rendait irrésistible. Il me restait une tâche à la fois douce et pénible à remplir; c'était celle de voir Henriette et de la forcer de rougir devant moi.

Hélas! loin de me sentir irrité, j'étais tremblant quand j'entrai dans le jardin où M. de Sandoval lui avait dit de l'attendre. Il me laissa à la porte et s'éloigna; j'aperçus la robe blanche d'Henriette au travers du feuillage d'un bosquet. Le bruit de mes pas ne parut pas l'inquiéter, elle crut que c'était Albert qui venait la rejoindre; mais quand elle m'aperçut à l'entrée du bosquet, quoique le jour touchât à sa fin, elle me reconnut à l'instant même et tomba à genoux devant moi.

Je m'approchai, je la relevai, je la serrai sur ma poitrine, et nous pleurâmes ensemble.

Au travers de ses sanglots, j'entendais répéter le mot de pardon, et j'y répondais par des bénédictions. Pauvre enfant! qui, en m'affligeant si profondément, s'était fait tant de mal à elle-même!

Quand nous fûmes un peu calmés, je lui expliquai ma présence et ce que j'avais résolu.

— Le quitter! me dit-elle avec angoisse, le quitter! vous devez penser combien je l'aime, mon oncle, puisqu'il a pu me décider à vous abandonner, vous, si bon pour moi; mais il croira peut-être...

— Henriette, dis-je un peu gravement, puis-je te laisser? Voudrais-tu toi-même demeurer plus longtemps dans cette maison; n'aurais-je pas d'ailleurs l'apparence de me montrer par là complice de ta faute; ne sens-tu pas que tu ne dois revoir M. de Sandoval que quand il viendra te réclamer pour sa femme?

— Ah! il viendra; il m'aime! s'écria-t-elle, en cherchant dans mes yeux la confirmation de ces paroles; mon oncle, laissez-moi lui dire adieu!

— Mon enfant, repris-je en l'arrêtant au moment où elle se dirigeait vers la maison, tu ne dois pas y rentrer. Et je l'entraînai doucement.

Elle pleurait en repassant la petite porte du jardin; elle pleura plus encore quand nous eûmes rejoint la voiture qui m'attendait; et je ne savais comment calmer son désespoir, quand nous fûmes arrivés dans le logement que j'occupais à Paris. Je l'engageai à prier avec moi; sa fatale passion lui avait fait presque oublier ses prières.

Quand je fus seul, je me mis à réfléchir sur la position d'Henriette. Ma tête était un chaos; je n'osais me fier aux promesses d'Albert, et je redoutais profondément lady Lattimer.

Le mariage d'Albert avec ma nièce dérangeait certainement ses plans d'ambition, et je n'osais plus me flatter qu'elle s'intéressât au sort d'une jeune fille; car elle avait oublié son passé, et le malheur qui rend les bons plus sensibles et meilleurs avait produit un effet tout différent sur lady Lattimer. Je n'osais espérer; mais il ne me vint pas une seule fois une parole dure pour Henriette. J'aurais voulu au contraire qu'il me fût possible de l'aimer davantage, et trouver le moyen de le lui prouver.

Le lendemain et le jour suivant se passèrent sans que nous entendissions parler de M. de Sandoval. Quand Henriette cessait un moment de pleurer, c'était pour répéter :

— Il ne revient pas, il m'oublie.

J'avais beau lui dire qu'il fallait à M. de Sandoval le temps de voir sa tante, de la décider, elle ne se calmait un instant que pour retomber dans une effroyable agitation. Sa constitution nerveuse et délicate ne put supporter tant de souffrances sans que la fièvre ne vînt s'emparer d'elle. Oh! qu'il m'était douloureux de la voir souffrir sans la soulager! Que de paroles de tendresse et d'espoir je lui dis! Elle se

calma enfin, et le sommeil, qui n'avait point encore approché de ses yeux depuis qu'elle avait quitté Albert, descendit
enfin sur ses paupières.

Ce sommeil durait encore quand on m'apporta une lettre.
L'adresse était de la main de lady Lattimer; je fus quelques
moments sans oser l'ouvrir, j'étais certain que la destinée de
ma pauvre nièce était cachée sous ce pli. Je priai avec ferveur, puis je brisai le cachet de l'enveloppe. Elle renfermait
deux lettres à mon adresse. Je les transcris littéralement
ici.

Voici celle de lady Lattimer :

« Monsieur,

« J'avais raison de ne rien craindre contre l'accomplisse-
« ment de mes projets. Cependant, je puis vous affirmer, et
« vous savez si je m'abaisse jusqu'à dissimuler ma conduite,
« je puis vous affirmer que je n'ai cherché à influencer en
« rien la détermination de M. de Sandoval. Il a suivi sa
« propre impulsion, la lettre ci-jointe vous en fera foi;
« quand vous la recevrez, il sera parti pour l'Angleterre, où
« je le croyais depuis longtemps. »

Voici la lettre de M. de Sandoval.

« Monsieur,

« Vous allez sans doute me trouver bien coupable, si vous
« me jugez sans m'entendre, et sans avoir la bonté d'entrer
« dans l'embarras de ma situation.
« Élevé par lady Lattimer, la seule parente que je con-
« naisse, comblé de ses bontés, je lui dois tout, et je l'aime
« comme un fils aimerait sa mère. Je vais me rendre bien
« plus coupable, en ajoutant que je connaissais les projets

« qu'elle avait formés pour mon établissement. J'eus le tort
« d'espérer une chose impossible ; ou plutôt, entraîné par
« l'amour que je ressentais et celui que j'inspirais, il n'y
« eut entre Henriette et moi d'autre séducteur que l'Amour.
« Nous fûmes également coupables ; mais nous serions éga-
« lement imprudents si, nous abandonnant à une passion
« que nous avons eu tort d'écouter, nous formions des liens
« que lady Lattimer n'approuverait jamais ; car je n'aurais
« ni fortune ni asile à offrir à Henriette.

« Je sais bien que votre générosité irait au-devant de mes
« inquiétudes à cet égard ; mais il ne peut, il ne doit pas me
« convenir de devoir mon existence à celle que j'épouserais.

« Croyez-le, Monsieur, je souffre tout ce qu'il est possible
« de souffrir en renonçant à Henriette ; mais agir autrement
« serait une imprudence dont nous ne tarderions pas à
« nous repentir autant l'un que l'autre. Soyez assuré, Mon-
« sieur, que lady Lattimer gardera, ainsi que moi, le silence
« le plus absolu sur ce qui vient de se passer, et que mon
« respect égale mes regrets. »

Si jamais je regrettai d'être revêtu de l'habit d'un prêtre,
si jamais j'eus envie de laisser sortir une malédiction de mes
lèvres, ce fut en lisant cette odieuse lettre.

Je la tenais encore d'une main tremblante quand Henriette ouvrit les yeux.

— Une lettre de lui ! s'écria-t-elle.

— Henriette ! Henriette ! ne la lis pas, c'est un misérable.

Mais avant que je pusse la lui arracher, elle l'avait lue,
et croisant ses mains crispées, elle répétait :

— C'est impossible, on l'a forcé à écrire cette lettre ; ou
plutôt, elle n'est pas de lui, ce n'est pas son écriture.

Et elle la relisait, l'examinait avec des yeux avides et

hagards. Oh! qu'elle me faisait peur, qu'elle me faisait mal!
Puis, après cet accès de désespoir et des retours d'espérance
que je n'osais lui ôter, elle tomba dans un abattement qui
me brisait l'âme. Je ne savais plus que faire, ni de quelle
expression me servir pour lui rendre un peu de courage;
car la vie semblait prête à l'abandonner, ou bien elle se li-
vrait à des excès de violence contre lesquels venaient
échouer mes exhortations et mes prières.

Je passai ainsi un terrible et long mois; c'était le temps
que l'on m'avait accordé pour mon congé. Il me fallait retourner à ma cure. Je n'osais proposer à Henriette de revenir à Melmont, tant je lui supposais de répugnance pour
prendre ce parti. Contre mon attente, elle consentit à m'ac-
compagner.

Je l'avais assurée d'abord que personne ne se doutait de
ce qui s'était passé; personne, excepté Marianne peut-être;
mais je savais combien je pouvais compter sur son dévouement et sa discrétion.

Je ramenai donc à Melmont ma pauvre Henriette, en apparence plus calme que dans le premier moment où elle
avait appris le lâche abandon d'Albert, mais dans un triste
état de santé. Le docteur accourut sitôt qu'il apprit notre
retour. Il parut d'abord vivement-frappé de l'état dans lequel était Henriette; puis peu à peu il se rassura, parce
que, comme toutes les personnes bonnes, mais qui n'ont
pas de sensibilité, il ne pouvait s'inquiéter longtemps : aussi
dit-il avec son imprudence habituelle :

— Allons, allons, tout ceci se passera. Vous aurez trop
veillé auprès de votre parente; il faut chercher à vous distraire, à vous amuser; et cela se trouve d'autant mieux,
qu'il nous est arrivé un nouveau voisin.

— Un nouveau voisin? répétai-je machinalement.

— Oui, vous savez bien, ce petit château à moitié délabré

situé à mi-côte, et d'où l'on découvre une si belle vue ; vous
vous rappelez, Henriette ?

— Oui, dit-elle avec fatigue, je m'en souviens.

— Eh bien ! on répare ce vieux castel qui est d'un style
tout moyen âge et dans une situation solitaire. Il est venu
en héritage à un monsieur de Milleville, Adrien de Milleville, je crois.

— Milleville, répétai-je, c'est le nom de famille de ma
mère ; mais il y a tant de Milleville en Normandie que ce
rapport ne signifie rien.

Ce que nous avait appris le docteur n'amena pas pour le
moment d'autre résultat. Notre vie était redevenue en apparence ce qu'elle était avant le malheur d'Henriette. Une
personne qui n'y était pas intéressée aurait pu se tromper
sur ce que nous souffrions, car j'avais supplié Henriette de
tâcher de se vaincre assez pour échapper aux conjectures
d'une maligne curiosité. Cette chère enfant m'aimait tant,
elle craignait si fort de m'affliger, qu'elle parvenait à se
contraindre.

Mais que tout était changé, mon Dieu ! Nous ne soignions
plus nos fleurs ; leur fraîcheur était passée comme celle de
ma pauvre nièce. Quand elle croyait que je ne pouvais la
voir, elle pleurait, et chaque matin je la retrouvais plus
pâle et plus changée. On n'entendait plus dans la maison
ces bons éclats de rire qui réjouissaient tant mon cœur ; et
quand Henriette était à l'église, son regard baissé vers la
terre dénotait toute sa tristesse, et m'apprenait trop que la
prière était inutile pour lui rendre le repos.

Je redoutais beaucoup de voir arriver l'hiver dans l'état
de santé où était cette pauvre enfant ; je me demandais surtout ce que nous ferions de nos longues soirées, quand nous
n'aurions plus entre nous deux qu'une même pensée que
nous évitions de nous communiquer. Je faisais bien tout

mon possible pour la distraire, je l'emmenais avec moi visiter les malheureux. Elle les soulageait par sa pitié et ses douces paroles, et durant quelques moments elle y trouvait un peu de consolation. Mais cela ne suffisait pas à ce jeune cœur qui avait connu les passions ardentes. Le chagrin et l'ennui la dévoraient, je ne le voyais que trop.

Dans cette situation, je dois avouer que j'accueillis avec plaisir le docteur, le jour où, tout essoufflé, il vint me dire:

— Je crois, en vérité, que je vous ai trouvé un cousin.

— Un cousin ! que voulez-vous dire, mon cher Yvard?

— Vous savez, ou vous ne savez pas, reprit-il, car vous n'écoutez pas toujours les nouvelles que je vous raconte, que le petit castel d'Ingerville est presque entièrement réparé. J'ai su que le propriétaire y était presque établi, et, de plus, que c'était un chasseur. Je suis allé lui faire une visite et lui offrir mes services.

Nous avons parlé des habitants de ce pays, et particulièrement de notre bon pasteur, comme vous pouvez le penser.

— Monsieur de Brévanes ! s'est-il écrié en vous entendant nommer. Mais j'ai eu une tante qui portait ce nom-là.

Je me suis rappelé que, de votre côté, vous aviez fait une réflexion sur le nom de Milleville ; je l'ai communiquée au châtelain d'Ingerville, et aussitôt il m'a prié de vous demander la permission de venir s'assurer s'il n'aurait pas le bonheur de rencontrer en vous un parent.

Après avoir consenti à cette visite, que je n'avais du reste aucune raison de refuser, j'allais demander au docteur Yvard ce qu'il pensait de M. de Milleville, quand il me prévint en s'écriant :

— Vous vous attendez peut-être à trouver un homme âgé dans votre cousin; pas du tout, il est le dernier enfant de votre oncle. C'est une personne qui peut avoir de trente à quarante ans, fort bel homme. Ce pourrait bien être un mari pour Henriette, ajouta-t-il tout bas, car elle était assise à quelques pas de nous.

Quand nous fûmes seuls, je demandai à ma nièce si elle avait entendu ce qu'avait dit le docteur. C'était une question que je pouvais lui faire, d'autant plus que, presque toujours plongée dans une mélancolie profonde, elle faisait peu d'attention à ce qui se passait autour d'elle. Elle me répondit seulement :

— Je serais bien aise pour vous, mon oncle, de la présence de M. de Milleville ici, car, pour moi, que m'importe?

J'étais toujours fort attristé quand Henriette me montrait tant d'indifférence et de découragement; mais, malgré mon ardente amitié, que pouvais-je y faire?

M. de Milleville me fut amené le lendemain par le docteur. Je ne doutai plus, en le voyant, de notre parenté, tant il ressemblait à ma mère, qui, comme je l'ai dit, avait été fort belle. C'étaient les mêmes traits sévères et un peu trop accusés, les mêmes grands yeux noirs qu'on n'osait toujours essayer de regarder fixement; la même bouche peu accoutumée aux sourires. Adrien de Milleville joignait à ce visage une taille trop forte, mais élevée et remplie de dignité.

Quand je le présentai à Henriette, elle l'accueillit avec une aimable politesse; elle chercha à vaincre son découragement pour me faire plaisir. M. de Milleville me parut frappé de la figure et de la grâce d'Henriette. En effet, quoique Henriette eût extrêmement changé, elle avait conservé son aimable et douce physionomie, et ses yeux admirables.

Cette première visite de M. de Milleville fut courte; nous ne parlâmes que de nos relations de famille. En nous quittant, il me demanda la permission de revenir souvent. Je lui répondis en l'engageant à regarder ma maison comme la sienne.

Adrien de Milleville était un homme qui pouvait convenir à quelqu'un de mon âge et de mon caractère; il paraissait sérieux et réfléchi. J'espérais aussi que sa société serait une distraction pour Henriette, et donnerait un peu de vie à notre intérieur devenu si morne; mon cousin ne nous quittait donc jamais sans que je l'engageasse à revenir.

Une partie de l'hiver se passa ainsi. Henriette, forcée de se contraindre, paraissait moins abattue. Nous avions été plusieurs fois avec le docteur visiter l'habitation de notre parent; on y jouissait d'une vue magnifique. Il y avait surtout une tourelle dont il avait fait une bibliothèque, et d'où l'on découvrait un vaste horizon et la mer bien loin dans l'espace. Le docteur ne manquait jamais de dire avec son rire bruyant :

— Il ne manque vraiment ici qu'une charmante châtelaine.

Henriette ne faisait pas la moindre attention à ce qui se disait autour d'elle; mais son indifférence n'était point partagée par Adrien, et, quelque peu connaisseur que je fusse, je ne tardai point à m'apercevoir de l'intérêt tout particulier qu'il portait à Henriette, quoique cependant M. de Milleville fût un homme d'un caractère contenu et froid en apparence. L'étendue de ses connaissances, la supériorité de son esprit étaient accompagnées, il faut l'avouer, d'une grande délicatesse de manières et de langage. Le docteur m'avait rapporté quelques actes de sa vie intérieure qui prouvaient que, s'il était noble, généreux, il était implacable.

Une fois, je lui avais demandé s'il n'avait jamais eu de sœur; mais je me reprochai vivement de m'être permis cette question, que j'étais cependant loin de croire indiscrète. Adrien devint extrêmement pâle et me répondit après un moment d'hésitation:

— Oui, j'avais une sœur. Après la mort de mes parent

j'étais resté son seul appui ; j'étais disposé à faire le sacrifice, non-seulement de ma fortune, mais même de mon bonheur pour assurer le sien. Eh bien ! elle s'est perdue, elle a
déshonoré mon nom, et jamais je ne lui pardonnerai.

Une telle révélation me dicta mon devoir, et quand, au
bout de quelques mois, Adrien vint me demander la main
d'Henriette, je lui demandai à mon tour s'il s'était d'abord
adressé à elle.

— Oui, me répondit-il, mais ma cousine m'a répondu
d'une manière évasive ; elle m'a fait de ces objections qui
ne peuvent avoir aucune influence sur un homme comme
moi. Elle m'a parlé de son manque de fortune ; elle m'a dit
qu'elle n'avait aucun goût pour le mariage, et qu'elle ne
voulait jamais vous quitter. Ces objections m'ont paru
puériles, ajouta-t-il. Je préfère savoir la vérité : si Henriette
ne peut m'aimer, je m'éloignerai, je ne la reverrai jamais.

Il m'eût été pénible de le voir s'éloigner ainsi ; je lui promis de parler à Henriette, et je le fis.

— Dites-lui la vérité, mon oncle, s'écria Henriette ; je ne
veux voler ni l'estime, ni l'amour de personne. Ce sera une
triste punition, ajouta-t-elle avec angoisse, mais je dois m'y
soumettre. Monsieur de Milleville est notre parent ; son caractère est noble, ferme et généreux ; il est digne, j'en suis
sûr, de la marque de confiance que nous lui donnerons.
J'assurerai ainsi mon repos, en conservant une société qui
est agréable.

J'avais élevé Henriette dans un tel amour de la vérité, que
je ne m'étonnai point qu'elle prît un parti que je croyais
aussi le plus honorable.

Le soir même j'engageai Adrien à venir faire une longue
promenade avec moi ; il devina, je crois, à mon embarras
et même à ma tristesse, que je n'avais rien de favorable à
lui dire ; car lorsque nous fûmes arrivés sur le bord de la

mer, que nous fûmes certains d'être seuls, que personne ne pouvait nous entendre, il s'arrêta devant moi, et me dit avec une sombre fermeté :

— Eh bien ! elle me refuse, n'est-ce pas?

— Elle vous refuse, mon cher ami, repris-je avec douceur; elle vous refuse, parce que l'honneur et la délicatesse le lui ordonnent; elle vous refuse, parce qu'elle ne peut appartenir à personne.

— Je ne vous comprends pas, me dit-il, expliquez-vous, ne prolongez pas mon supplice!

J'hésitais encore, mais, pressé par ses regards et par la nécessité de mettre fin à une position pénible, je lui racontai le malheur d'Henriette, en évitant tout ce qui pouvait lui faire deviner l'auteur de sa faute.

D'abord, Adrien parut atterré; puis sa figure prit une expression de sombre fureur, mais il garda le silence.

Je le rompis au bout de quelques minutes, en lui disant:

— Vous devez le penser, Adrien, il a dû en coûter horriblement à Henriette pour consentir à ce que je vous fisse cet aveu; c'est vous prouver notre confiance dans votre caractère, et le désir que nous avons de vous conserver pour ami.

Tout en parlant, nous avions repris le chemin du presbytère. Avant d'arriver à la petite barrière qui fermait ma cour, Adrien s'arrêta et me dit :

— Je ne puis entrer dans ce moment avec vous, mon cousin, je ne puis encore voir Henriette; dans quelques jours peut-être... Puis il me serra fortement la main et s'éloigna.

Je trouvai Henriette extrêmement agitée; je réussis cependant à la calmer, en lui représentant que nous avions pris le seul moyen de conserver l'amitié de notre parent. Mais, hélas ! toutes mes prévisions étaient vaines, M. de Milleville ne reparut plus chez nous. Quand un assez long espace de temps nous eut fait perdre l'espoir de le revoir, je me dis, pour me consoler, que nous avions fait ce que nous avions dû.

A cette époque, le docteur était retenu chez lui par la goutte. Nous allions le voir de temps en temps, et nous évitions autant que possible de parler de M. de Milleville ; mais quoiqu'il fut très-souffrant, le docteur était plus instruit que nous ne l'étions nous-mêmes, et il me dit un jour :

— M. de Milleville vous a-t-il dit où il était allé?

— Comment, où il est allé?

— Oui, il est en voyage ; mais, ajouta-t-il malignement, vous le savez bien ; et c'est certainement pour faire quelques préparatifs.

Et il montrait du coin de l'œil Henriette, qui causait avec sa femme.

— Mon cher docteur, dis-je sérieusement, faites-moi donc l'amitié de ne pas vous perdre ainsi dans des conjectures très-fausses.

Et je changeai de conversation.

Henriette apprit avec peine le départ de M. de Milleville ; mais seulement à cause de moi, parce qu'elle voyait avec plaisir une société qui paraissait m'être agréable. Je la rassurai sur cet article en lui répétant, ce qui était vrai, qu'elle me suffisait, et que, si elle pouvait redevenir heureuse et tranquille, il ne manquerait rien à mon bonheur.

Nous avions repris notre vie calme et régulière, et je me laissais prendre à ce semblant de tranquillité ; j'oubliais qu'Henriette n'avait pas dix-huit ans, et qu'un cœur blessé à cet âge ne guérit pas facilement. Nous avancions dans l'hiver, pourtant je faisais encore des promenades sur le bord de la mer ; j'aimais beaucoup à me trouver en face de cet élément que j'avais tant redouté autrefois.

Un jour, il me sembla apercevoir quelqu'un immobile sur le balcon de la petite tourelle d'Ingerville. Je n'osais cependant entrer pour demander si M. de Milleville était de retour; mais le soir même le docteur, qui commençait à sortir, vint nous voir; sa première parole fut pour me dire:

— Eh bien! M. de Milleville est revenu; mais il est extrêment maigri et fort changé! vous en jugerez bientôt, car vous aurez sans doute sa visite aujourd'hui ou demain. Ce qu'il y a d'étonnant, c'est qu'il ne m'a pas demandé de vos nouvelles.

e ne puis dire combien dans ce moment le bavardage du docteur m'était pénible; mais je dois avouer, quoique je le regardasse comme un excellent homme, que je ne pouvais oublier qu'il était en partie cause du malheur d'Henriette; je n'aurais même pas été fâché de pouvoir l'éloigner de chez moi; car, grâce à l'intempérance de sa langue, je ne voyais jamais le docteur sans garder de notre entrevue plus d'un sentiment pénible; mais on sait combien il est difficile à la campagne de cesser des relations de voisinage.

Quelques jours après, dans une autre visite, il me dit encore:

— Vous n'avez pas vu M. de Milleville, n'est-ce pas? il n'est pas venu chez moi non plus. Vous avais-je dit l'autre jour que c'était par hasard que je l'avais rencontré?

— Vous racontez tant de choses, docteur, dis-je en souriant avec effort...

— Bien! bien, reprit-il, je sais que vous me trouvez un peu babillard; mais ce qu'il y a de certain, c'est qu'on assure que votre cousin mène une vie tout à fait extraordinaire. Il ne voit absolument personne; il a laissé pousser sa barbe, ce qui rend sa figure encore plus sévère. On assure qu'il se promène toutes les nuits sur la place du presbytère, ou bien qu'il les passe à se balancer dans une barque sur la mer; les uns disent qu'il conspire, moi je crois qu'il est amoureux d'Henriette, ajouta-t-il tout bas.

Je le priai encore une fois de me faire grâce à l'avenir de ses conjectures; mais je n'espérais guère l'obtenir.

Un jour, c'était à la fin de mars, le froid était vif, et le vent du nord s'engouffrait sur la place du presbytère. Il fumait partout, nous ne savions où nous tenir, Henriette et moi, et nous nous retirâmes de bonne heure pour nous reposer. J'essayai de lire, mais le froid me gagnait, et je me couchai sans espérer de dormir. Hélas! je ne pouvais plus, comme autrefois, me livrer à ces rêves dorés qui n'arrivent qu'à la jeunesse; je pensais tristement à l'avenir d'Henriette... Que deviendrait-elle, si elle me perdait ?... Depuis que je l'avais prise avec moi, j'avais fait chaque année d'assez fortes économies sur mes revenus; et moi, le moins avare des hommes, le plus imprévoyant en ce qui concernait l'argent, le jour même encore j'avais compté avec plaisir trente mille francs, bien serrés dans le coin de mon bureau. C'était une ressource pour ma pauvre Henriette; mais cette ressource ne lui assurait pas la protection si nécessaire à une jeune fille d'une imagination trop vive et déjà blessée, et aussi facile à s'émouvoir que l'était Henriette. J'eus donc bien de la peine à m'endormir, et je crois que je ne dormais pas depuis longtemps, quand je me sentis presque étouffé par un air épais et chaud. Je ne pouvais ouvrir les yeux, il me semblait que je me débattais contre un rêve pénible; mes couvertures me paraissaient d'un poids insupportable. Tout à coup, au travers des interstices des persiennes, il me semble apercevoir comme une lueur éclatante; puis je crus entendre des cris; puis un bruit sourd comme celui de la foudre. Je voulus me placer sur mon séant, mais il me semblait que tous mes membres étaient retenus par des liens; je voulus crier, mais je ne pus même pas faire sortir de mes lèvres le nom du Christ. Je crus que ma dernière heure était arrivée; que Dieu m'envoyait une de ces terribles attaques qui enlèvent à l'instant même un homme de ce monde périssable; ma dernière pensée fut pour Henriette, puis je ne sentis plus rien.

J'étais encore à demi mort quand une voix caressante et douce me rappela à moi-même.

— Mon oncle! mon cher oncle! répétait Henriette, parlez-moi, dites-moi seulement une parole.

Et ses mains parcouraient mon corps pour s'assurer si je n'étais pas blessé. Je la pressai sur ma poitrine avant d'avoir ouvert les yeux, et quand je pus le faire, je me vis couché sur un des bancs de la sacristie de mon église.

Henriette était près de moi, et Marianne pleurait à mes genoux.

Je n'eus pas besoin de demander ce qui se passait. Bastien, aidé de plusieurs habitants du village, transportait dans la sacristie des meubles et des effets. Je voulus absolument me traîner jusqu'à la porte de l'église qui donnait du côté du presbytère. Hélas! cette pauvre maison était en feu. J'aperçus Adrien de Milleville au milieu des travailleurs.

— Ah! mon oncle, me dit Henriette, sans lui vous auriez péri. Le feu a pris dans la salle au-dessous de votre chambre; il faut qu'un malheureux tison que Marianne aura cru bien éteint se soit rallumé, et ait roulé sur le parquet. Vous alliez périr, si M. de Milleville n'était monté par la fenêtre, je ne sais en vérité comment, et ne vous avait descendu dans ses bras. Oh! jamais, jamais, je n'oublierai que je lui dois votre vie.

Et la pauvre petite me serrait dans ses bras, et me répétait qu'elle serait morte avec moi.

Au point du jour seulement, on parvint à éteindre le feu en coupant le côté de la maison où était située la salle dans laquelle il s'était déclaré. Mon cabinet et ma chambre à coucher, étaient en ruines. Il ne restait plus debout de la mai-

son que le vestibule, la cuisine, la chambre d'Henriette, et
une petite pièce que nous avions toujours à donner; puis, au
second étage, deux chambres de domestiques.

Quelque anéanti que je fusse, je courus près de M. de
Milleville, et je le serrai dans mes bras, en lui répétant que
je lui devais la vie. Il se dégagea doucement sous prétexte
d'avoir encore des mesures à prendre.

Quoique Henriette ne l'eût pas revu depuis que je lui avais
fait la terrible confidence de sa position, le moment où nous
nous trouvions empêchait tout embarras, et j'espérais qu'il
reviendrait à nous.

Cependant, quand je fus rentré au presbytère, et quel
moment, grand Dieu! que celui où je vis tout en cendre une
partie de mon pauvre réduit! J'envoyai Marianne, son mari
et même Henriette chercher M. de Milleville; on ne le
trouva nulle part. Je lui écrivis quelques lignes pour le sup-
plier de venir. Bastien revint, et me dit que M. de Milleville
était au lit, les mains et le visage à demi brûlés; et moi, je
ne pouvais bouger... Je me sentais même forcé de me
mettre au lit, quand je pensai tout à coup à l'argent enfermé dans mon bureau. J'envoyai Bastien visiter avec soin
tous les meubles qui avaient été sauvés et portés dans la sacristie. Toutes les recherches furent inutiles, le bureau, fort
petit du reste, et d'un vieux bois, avait été la proie des flam-
mes; on en trouva quelques débris, mais pas une pièce
d'argent. La dot de ma pauvre Henriette était perdue.

Le lendemain de ce jour funeste, la tempête et le vent
avaient dégagé les nuages du ciel, et le soleil, si souvent ironique pour les malheureux, éclairait le désastre. De la fenêtre de la chambre où je m'étais réfugié, je vis épars dans
le jardin mes pauvres chers livres, mouillés et déchirés,

ma bibliothèque brisée : et quand je pus descendre, je marchai sur des ruines pour me rendre à l'église. Je remerciai mes paroissiens des secours qu'ils avaient donnés, et je rendis grâces à Dieu de ce que personne n'eût péri. Certes, si un incendie est triste dans une ville, il l'est encore plus à la campagne, surtout pour de pauvres solitaires qui se font heureux de la tranquillité et du petit bien-être qui les environne. Mais, comme j'ai toujours su me soumettre et me consoler toutes les fois qu'une douleur ne touche pas mon cœur, je me trouvai bientôt assez rétabli pour me rendre où la reconnaissance et l'amitié m'appelaient.

En arrivant chez M. de Milleville, j'éprouvai une vive peine en apprenant qu'il était encore alité. J'insistai pour le voir, quoique son valet de chambre m'eût dit qu'il craignait que cela le fatiguât. Quand il sut que j'étais là, il ordonna qu'on m'introduisît dans sa bibliothèque. Quelqnes minutes après il vint me rejoindre.

Je me jetai dans ses bras, et le remerciai cent fois.

— Ah! j'espère maintenant, lui dis-je, que vous ne voudrez pas m'affliger profondément en ne venant plus au presbytère. Avez-vous pensé aussi que c'était montrer peu d'estime pour Henriette.

Ne pas estimer Henriette! s'écria-t-il, ce serait bien se méprendre sur mes sentiments. Du reste, mon cousin, je vais repartir.

— Repartir, et pourquoi? c'est donc pour nous fuir?

— Et quand cela serait, reprit-il avec une sombre énergie, n'aurais-je pas raison? La délicate révélation d'Henriette élève une barrière entre nous, et mon faible cœur ne peut chasser l'amour qu'elle lui inspire.

Je baissai les yeux; que pouvais-je lui répondre. Nous gardâmes un moment le silence qu'il rompit en me disant :

— Mon cousin, j'allais vous écrire pour vous faire une

proposition que je vous conjure d'accepter. Venez habiter ce
petit château durant mon absence et pendant qu'on réparera
à la cure les désastres de l'incendie.

— Merci, répondis-je en lui tendant la main en signe d'a-
dieu. Merci, Adrien, il y a encore assez de place pour Henriette et pour moi au presbytère; je ne puis ni ne dois le
quitter.

Quand il me vit prêt à partir, ses lèvres tremblantes et la
pâleur de son visage faisaient peine à voir. Enfin, il me dit
en me serrant le bras :

— Croyez-vous qu'Henriette ait oublié celui qui l'a perdue. Croyez-vous qu'elle pourrait m'aimer?

Je restai interdit, je ne croyais pas l'amour plus puissant
que ce caractère énergique.

— Demandez à Henriette, continua-t-il sans attendre ma
réponse; assurez-la que si elle veut devenir ma femme, je ne
chercherai jamais à savoir le nom de son séducteur; assurez-la que jamais un mot ne lui rappellera ce qu'elle a cru
devoir confier à mon honneur.

Car il faut vous l'avouer enfin, ajouta-t-il en me laissant
voir ses yeux remplis de larmes, je ne puis vivre sans elle.
Allez lui parler, mon ami, allez, je vous attendrai demain.

Je quittai Ingerville dans un trouble, dans une agitation
qu'il me serait difficile de rendre. Je me sentais le cœur rempli de reconnaissance et d'amitié pour Adrien; je trouvais
sa proposition remplie de générosité; je voyais la destinée
d'Henriette, cette destinée qui me causait tant d'inquiétude,
je la voyais assurée d'une manière honorable par son mariage avec M. de Milleville. Il n'aurait pas le droit, et je
me croyais certain qu'il n'aurait jamais la pensée de lui reprocher un passé qu'elle lui avait confié avec tant de noblesse et de franchise.

J'arrivai au presbytère le cœur rempli de toutes ces pen-

sées ; je les dis à Henriette. Je lui révélai pour la première
fois ce que j'avais fait pour lui constituer une petite dot, et
comment cet incendie venait de tout enlever. A son âge, il
était naturel qu'elle attachât peu de prix à la fortune. Quand
on est jeune, on ne comprend pas qu'elle puisse entrer pour
quelque chose dans le bonheur ; aussi ce dernier argument
ne sembla pas toucher beaucoup Henriette. Mais quand j'a-
joutai que je me sentais malheureux de ne pouvoir témoigner ma reconnaissance à celui qui m'avait sauvé la vie ;
quand je dépeignis la sombre douleur d'Adrien ; quand je dis
à Henriette quelle passion profonde il éprouvait pour elle ;
quand je me hasardai à assurer qu'avec un caractère comme
celui de M. de Milleville, on pouvait croire qu'il exécuterait
les sombres résolutions qu'il formait ; quand Henriette, peu
accoutumée à m'entendre peindre les malheurs et les agitations de l'amour, comprit toute la croyance et toute l'importance que j'attribuais à celui d'Adrien, la conviction entra
dans son âme, ou plutôt sa sensibilité nerveuse de femme
l'entraîna, et elle me dit en me tendant la main :

— Eh bien ! mon oncle, si mon mariage avec monsieur de
Milleville peut vous rendre heureux, je tâcherai de m'y décider.

— Chère Henriette, je ne voudrais pas que tu prisses un
pareil parti seulement par amitié pour moi, lui répondis-je,
mais tu es bien jeune, veux-tu donc passer ta vie sans appui, sans aucun lien.

— Je crains de l'aimer encore, me dit-elle bien bas.

— Un ingrat, à qui Dieu et une juste fierté te défendent
de penser. Vois, mon enfant, vois où il t'a entraînée. N'est-
il pas temps que tu te dégages de son fatal empire.

— Vous avez raison, me dit-elle en tremblant, j'épouserai
M. de Milleville.

Je n'attendis pas jusqu'au lendemain pour aller porter

cette nouvelle à mon cousin. Comme je n'ai jamais senti
de bonheur pour moi seul, j'ai dû éprouver plus de satisfaction à en causer aux autres.

— Elle ne l'aime plus, me dit Adrien en pressant mes
mains avec ardeur, elle ne l'aime plus, n'est-ce pas ?

— Henriette est une âme délicate et vraie, repris-je avec
assurance.

Hélas! j'avais déjà oublié que le caractère le plus ferme
et le plus noble s'efface devant la fatale passion de l'amour,
et comme de coutume, en voulant faire le bien, je me
trompais.

Un mois après qu'Henriette eut donné son consentement,
elle épousa M. de Milleville. Il avait laissé voir une joie si profonde et déployé tant de générosité dans tous les arrangements,
qu'il était impossible qu'Henriette n'en fût pas touchée.

L'embarras de ma nièce, en revoyant Adrien, avait été
extrême; il ne s'en était montré que plus attentif, plus
tendre, et je ne pus m'empêcher d'espérer qu'elle finirait
par l'aimer, même plus qu'elle n'avait aimé ce perfide Albert. Et ce fut avec une joie bien vive que je fus établir les
deux époux dans le petit château dont tant de fois Henriette
avait envié d'être la propriétaire; M. de Milleville connais-
sant ce désir, l'avait compris dans le douaire qu'il avait reconnu à ma nièce.

J'appris à cette époque que mon cousin était beaucoup
plus riche que je ne l'avais pensé, et le noble usage qu'il
faisait de sa fortune. J'appris aussi par le docteur, qui savait
tout, qu'il envoyait beaucoup d'argent à d'anciens compagnons
d'armes; car M. de Milleville avait servi. Je ne l'en aimai,
je ne l'en estimai que davantage; et toutes les fois que j'allais voir le nouveau ménage, je me félicitais de plus en plus
d'avoir un peu forcé la volonté d'Henriette.

Elle n'était pas gaie; depuis son malheur elle avait conservé une expression de mélancolie qui n'influait en rien sur
la douceur et la grâce de son caractère. Je pensais que ce
caractère était peut-être celui qui convenait le plus à M. de
Milleville, naturellement sérieux, sévère même. Tout semblait donc en rapport dans cette maison : ces sombres murailles crénelées, la vue de la mer qui porte toujours à la réflexion, le petit nombre de domestiques qui se trouvaient
pour le moment dans le château, les appartements gothiques
et voûtés, les meubles un peu vieux, un peu flétris; tout
s'unissait et semblait en harmonie; et quand Henriette descendait le sombre et large escalier de pierre pour venir au-
devant de moi, il me semblait voir une de ces jeunes et charmantes châtelaines qui vivaient solitaires et soumises sous
l'autorité de leur seigneur et maître. Mais je croyais que
cette autorité s'exerçait tendrement.

Quoique Adrien de Milleville n'eût ni la cuirasse ni le
casque, ni les gantelets de fer, il avait une de ces figures
belles et un peu dures qui inspirent un profond respect et
parfois un peu de crainte. Habituellement, il parlait peu et
souriait encore plus rarement. C'était un homme qui semblait cependant très-heureux de la solitude et du bonheur intérieur; il aimait l'étude, la lecture et il n'éprouvait aucun
besoin de distraction. Profondément amoureux d'Henriette,
le sentiment qu'elle lui inspirait remplissait son âme. Mais
comme elle ne l'encourageait pas, et qu'il était peu expansif,
leur vie paraissait triste et monotone, même à moi, prêtre,
à moi déjà vieux.

Henriette n'avait aucun talent qui pût l'occuper beaucoup,
je n'avais pas cru devoir me séparer d'elle pour qu'elle reçût
une éducation plus brillante; elle n'avait donc de ressource
pour passer son temps que la bibliothèque du château. C'é-
tait un plaisir dont elle n'avait jamais joui que celui de lire

des romans; elle s'y livra avec passion, parce qu'il était dans son caractère de prendre tout avec passion ou avec une complète indifférence.

Je lui fis quelques observations à ce sujet; elle me répondit :

— Que voulez-vous que je fasse, mon oncle? Au presbytère, j'aidais Marianne, je pouvais être utile dans notre petit ménage; puis je m'occupais avec Bastien à cultiver nos fleurs. Ici, je n'ai rien à faire, et je vous assure que je trouve bien doux de passer les longues heures à lire sur mon balcon et à regarder la mer. Souvent, quand elle me parlait, elle avait les yeux remplis de larmes; et il était facile de voir qu'elle n'était pas heureuse, mais seulement résignée.

Adrien paraissait cependant toujours calme, je le croyais heureux, lui; il aimait davantage, il menait une vie suivant son goût. Hélas! Dieu en douant la femme de tant de grâces, de tant de moyens de plaire, de séduire, n'a pu lui donner en même temps cette raison solide qui fait qu'elle trouve seulement ses plaisirs dans le devoir.

Henriette, moins qu'une autre, était douée de cette force de caractère qui fait qu'on sait opposer une ferme résolution à la séduction; elle savait accomplir une action qui lui coûtait, mais elle ne savait pas persister. C'était une nature toute d'instinct, toute d'émotion, toute de premier mouvement. J'avais eu tort de ne pas comprendre cela et d'accepter son sacrifice.

Je découvris peu à peu qu'elle était malheureuse de la vie que ma maladroite amitié lui avait faite. Sans doute, elle n'avait pas d'amour pour Adrien quand elle l'avait accepté pour époux; mais quand elle eut partagé la vie commune avec lui, elle en vint à le craindre. Les mystères du mariage m'étaient trop inconnus pour que je susse bien qu'ils doivent inspirer ou l'amour ou une répugnance invincible.

Je n'avais pas réfléchi qu'Henriette avait connu le bonheur de suivre l'impulsion de son cœur, et qu'elle pouvait
comparer. Certes, elle aurait dû avoir toujours présent
à la pensée la générosité de M. de Milleville ; elle aurait dû
se dire que celui qui l'avait trahie était le plus lâche des
hommes ; mais la pauvre Henriette ne pensait à ses torts
que pour avoir occasion de penser à lui.

Souvent, je la surprenais les yeux fixés sur le ciel ou sur
la mer et rêvant profondément. Elle s'éveillait doucement
quand j'étais près d'elle ; mais quand elle entendait la voix,
il est vrai un peu dure, de M. de Milleville, elle frémissait
de terreur, et sa main se crispait quand il la pressait dans
les siennes.

J'ai dit que la figure d'Adrien était régulière et belle ; cependant, je dois avouer que la sévérité de sa physionomie m'inspirait une espèce de repoussement à moi-même. Quel effet
ne devait-il pas produire sur une enfant facile à recevoir toute
espèce d'impressions ! enfin, Adrien avait vingt ans de plus
que sa femme ; il avait connu, épuisé les plaisirs du monde,
et les appréciait à leur juste valeur. Henriette en rêvait les
charmes, et sa riche imagination les embellissait et les exa-
gérait. Elle en vint à se sentir tourmentée par cette cruelle
maladie plus dangereuse que la douleur : l'ennui. La douleur occupe, l'ennui tue.

Je fus plusieurs mois à comprendre ce que je viens d'expliquer en peu de mots ; mais quand je vis la figure d'Henriette devenir chaque jour plus abattue, plus découragée ;
quand je vis ses yeux perdre tout leur éclat, je compris la
faute que j'avais faite. Cependant, comme M. de Milleville
paraissait bon et attentif pour sa femme, j'espérais tout de
du temps.

J'espérais surtout que le ciel bénirait leur union en en-
voyant un enfant à Henriette. Je connaissais si bien la ten-

dresse de son âme, que j'étais sûr, si ce bonheur lui arrivait, qu'elle s'attacherait entièrement à son mari et à ses devoirs. Mais les mois, mais une année se passèrent sans que rien annonçât cet heureux événement, et l'intérieur de madame de Milleville me parut de plus en plus sombre. Adrien restait de longues heures enfermé dans son cabinet, et défendait qu'on vînt le troubler. Sa femme même n'en avait pas le droit. Son air préoccupé, et même sombre, me rendait de plus en plus mal à l'aise avec lui.

J'ai négligé de dire que le docteur Yvard venait assez souvent à Ingerville ; non que le châtelain lui convînt et lui fît accueil, mais il n'était pas homme de cérémonie ni de tact. Il lui semblait d'ailleurs tout naturel de venir visiter une jeune femme qu'il avait connue enfant.

Je m'aperçus au bout de quelque temps qu'Henriette avait tellement repris du goût à sa conversation, qu'elle l'attendait avec impatience, et semblait contente quand il arrivait ; surtout quand elle restait seule avec lui. Je n'osais m'en réjouir ; je connaissais trop l'inconséquence du docteur, et j'avais peur qu'il ne lui rappelât ce qu'elle devait oublier.

Un soir, nous revenions ensemble d'Ingerville, il me dit :

— Savez-vous que j'ai découvert une chose qui m'afflige beaucoup, et comme elle vous produira le même effet, j'hésite à vous la répéter.

— Vous en avez trop dit ou pas assez, docteur ; d'ailleurs, que pouvez-vous m'apprendre qui m'effraye ? Henriette est sous la protection d'un mari qui...

— C'est précisément de ce mari dont il est question. Apprenez donc que M. de Milleville est non-seulement d'un caractère violent, mais implacable et qui ne sait pas pardonner.

— Qu'a-t-il donc fait ? m'écriai-je.

— Mais quelque chose de vraiment cruel.

— Savez-vous que M. de Milleville a une sœur?

— Il me l'a dit.

— Oui, mais ce qu'il ne vous a pas dit, j'en suis certain, c'est que sa pauvre sœur s'est mariée malgré lui ; qu'elle est venue dans ces environs ne sachant que devenir ; qu'elle lui a écrit pour lui annoncer que son enfant était malade et que son mari se mourait. Eh bien ! cette lettre, toute touchante qu'elle fût, ne l'a pas attendri ; il l'a renvoyée sans y répondre, et sans Dieu qui est venu au secours de cette pauvre femme...

Ici, le docteur s'embrouilla, et je devinai qu'il était lui-même l'instrument choisi par la Providence ; car malgré ses ridicules et ses inconséquences, c'était un homme excellent, et c'était bien de lui que l'on pouvait dire que sa main gauche ignorait, ou plutôt, oubliait le bien que faisait sa main droite.

Je priai le docteur de me conduire chez la sœur de M. de Milleville. Quand je vis cette malheureuse famille, je me sentis profondément touché ; et après avoir fait tout ce qui était en ma puissance pour la soulager, je crus pouvoir promettre que j'obtiendrais de M. de Milleville le pardon de sa sœur. Il me semblait impossible qu'on pût conserver du ressentiment envers des êtres aussi malheureux. Je comptais aussi sur l'appui d'Henriette.

Je lui confiai donc cette triste histoire, et l'engageai à tout employer pour obtenir le pardon de sa belle-sœur.

Hélas ! ce fut une nouvelle maladresse de ma part d'apprendre à Henriette cette injustice de son mari. Elle ne put la vaincre, et ne lui pardonna pas ce qu'elle appelait une cruelle dureté de cœur ; elle se sentit également froissée du peu de succès de ses prières. Aussi, dès ce moment, la crainte qu'il lui inspirait se changea en terreur, et son indifférence en aversion ; son ennui en un dégoût que rien ne pouvait

distraire. Tout cela arriva peu à peu, et s'incrusta profondément dans le cœur d'Henriette.

Je dois également avouer que je contribuai peut-être
moi-même à faire ressortir le caractère implacable d'Adrien,
en plaignant sa sœur avec amertume. Henriette aurait voulu
la voir; mais M. de Milleville lui laissait peu de liberté, et
ne lui aurait certainement pas permis. Hélas! qui sait aussi,
car où la vanité ne trouve-t-elle pas à se placer, qui sait si,
dans le fond de l'âme, je n'en voulais pas à M. Milleville,
de montrer si peu d'égards et si peu de respect pour ma
mission sacrée! Car je lui avais parlé au nom de la charité
et de la religion, sans le convainvre et sans l'émouvoir.

Il ne venait pas non plus écouter mes sermons, qui prê-
chaient toujours la tolérance et la charité. Dans les commencements de son mariage, il laissait venir sa femme à
l'église; mais, depuis plusieurs mois, sous je ne sais quel
frivole prétexte, elle n'y paraissait plus. Enfin, à compter de l'altercation que j'avais eue avec lui au sujet de sa
sœur, nos relations s'étaient refroidies; il ne se plaignait
plus quand j'étais longtemps sans venir à Ingerville. Il ne
paraissait plus au presbytère, et Henriette elle-même semblait embarrassée avec moi; si nous étions seuls elle n'avait
rien à me dire. Je compris alors tout à fait qu'elle était
malheureuse, et que son mari la tyrannisait.

Il ne venait personne au château, et il semblait que M. de
Milleville n'eût ni un ami, ni une connaissance. Tout était
sombre autour de ce ménage; mais j'avais été jusque-là si
maladroit dans mes tentatives pour le bonheur de ma pauvre
Henriette, que je n'osais en tenter de nouvelles, dans
la crainte d'aggraver sa position, en cherchant à l'amé-
liorer.

Tel était l'état des choses et les nouveaux chagrins dont je
cherchais, non pas à me consoler, mais que je tâchais de

prendre avec calme et philosophie, quand un soir, que je sortais d'Ingerville fort attristé de l'accueil que j'avais reçu, j'aperçus les fenêtres du château de Melmont brillamment éclairées. Pourquoi ressentis-je tant d'effroi; pourquoi ces lumières me causèrent-elles tant de terreur! ce n'était pas pour moi, qui ne demandais plus qu'une modeste tombe, près de laquelle personne ne pût dire : Il a volontairement fait couler une larme.

Oui, ces lueurs qui éclairaient le château de Melmont me semblèrent comme un présage funeste de tristes événements. Elles m'annonçaient que lady Lattimer était de retour; et jamais le sort ne m'avait rapproché d'elle sans m'occasioner quelque nouvelle douleur.

Ais-je besoin de répéter que je ne m'occupais nullement de politique. J'étais, sur cet article, ignorant comme un enfant; je pensais que les révolutions ne devaient changer ni le caractère, ni les résolutions d'un prêtre, et qu'il devait prier pour le vaincu comme pour le vainqueur. Ainsi, dans le court espace de peu d'années, j'avais assisté à trois révolutions, sans me mêler à ces agitations des hommes; et dans notre petit bourg de Melmont, très-retiré comme je l'ai dit, le drapeau tricolore avait cédé deux fois la place au drapeau blanc, sans causer ni beaucoup de trouble, ni beaucoup d'émotion. Ces espèces de drames à la fois terribles et burlesques, s'étaient noués et dénoués, sans apporter aucun changement dans ce petit coin du monde.

Mais en voyant le château de Melmont habité de nouveau par une femme du caractère de lady Lartimer; en pensant que le séducteur d'Henriette aurait peut-être l'audace de revenir dans le pays, je me sentis inquiet et malheureux. Un pressentiment que j'essayais vainement de chasser, me rendait incrédule sur l'avenir du bonheur d'Henriette. Quoique je l'aimasse avec la tendresse et le dévouement d'un père, je ne me dissimulais pas la faiblesse de son caractère ni de ses défauts.

Quoiqu'elle ne m'eût rien confié de ses chagrins, j'étais persuadé qu'elle était mécontente de sa position et de son mari. A quoi ne l'exposait pas la sévérité de M. de Mille-ville, si ce n'était à se révolter contre lui; car, telle était mon opinion, qu'on ne peut longtemps aimer ce qu'on craint.

Le lendemain de la soirée où j'avais aperçu les lumières au château, le docteur vint me trouver au presbytère, il me dit :

— J'ai une bonne nouvelle à vous apprendre.

Comme je redoutais toujours les bonnes nouvelles du docteur, je ne me pressai pas de lui demander ce qu'il voulait dire; mais il n'avait pas besoin d'encouragement pour parler, et il continua.

— Lady Lattimer est arrivée hier ; vous savez qu'elle n'é-tait pas venue depuis deux étés, et vous vous doutez pourquoi?

Je sentis le rouge monter à mon front, je crus qu'il voulait faire allusion au malheur arrivé à Henriette; le docteur ne me laissa pas longtemps dans l'incertitude, il poursuivit:

— Elle ne peut pas quitter la cour ; vous savez certainement qu'elle a été faite duchesse; mais ce n'est pas de cela dont il s'agit. Quand, en arrivant, elle a appris l'incendie du presbytère, elle m'a chargé de vous dire qu'elle s'engageait à obtenir qu'on réparât ce désastre.

— Tant que je serai curé de Melmont, interrompis-je, cette dépense est inutile; ce qui reste du presbytère me suffit, je suis bien, parfaitement bien.

— Ceci me paraît fort déraisonnable, reprit le docteur, et

après tout, si on veut faire réparer le presbytère, vous ne pourrez...

— Nous verrons cela, si les choses en viennent là, docteur.

— Ce n'est pas tout, reprit-il, j'ai appris quelque chose de bien plus important.

— Si cela ne me concerne pas, lui dis-je avec fatigue, vous pouvez vous dispenser...

— Mais c'est justement parce que cela vous concerne, du moins votre famille. Sachez donc que lady Lattimer m'a fait beaucoup de questions sur le mari de votre nièce; sur sa fortune, sa manière de vivre, les personnes qu'il recevait, Ma foi, je lui ai répondu qu'il n'était pas fort aimable, qu'il vivait comme un ours, et avait l'air d'un conspirateur. Comme je prononçais ce dernier mot, est entré dans le salon un des hôtes de la duchesse, et il m'a fait à son tour mille questions sur un M. de Milleville; puis, tout à coup la duchesse m'a dit :

— Est-ce que M. de Brévanes ignorait que son cousin a joué, fort jeune alors, un rôle assez important à l'époque de la république; qu'il n'a jamais aimé ni Bonaparte, ni le roi; enfin qu'il est républicain dans l'âme.

— Je suis très-persuadé, ai-je répondu, que M. de Brévanes ne sait pas un mot de tout cela. Vous savez, madame la duchesse, ai-je ajouté, que c'est un homme innocent et fort simple.

Comme je parlais, le neveu de la duchesse est entré, vous vous rappelez, M. de Sandoval. Pendant que je causais avec lui, comme j'ai l'habitude d'écouter ce qui se dit autour de moi, j'ai entendu les mots de surveillance, de conspiration, et je...

— Docteur, interrompis-je, comment voulez-vous que je me tourmente de tout ce que vous me dites; le caractère, la

vie, la conduite de M. de Milleville le mettent à l'abri de
de toute inquiétude à cet égard. Mais, continuai-je avec
embarras, le neveu de lady Lattimer doit être marié?

— Pas encore, reprit le docteur, sa fiancée était trop
jeune; mais la noce doit se faire ici, cet automne.

— Ici!

— Et pourquoi pas. Il y aura bien quelque fête, quelque
repas; si M. de Milleville n'était pas si ours, voilà une occasion de procurer un peu de distraction à sa femme. Du reste,
ajouta-t-il en riant de son gros rire qui m'impatientait si
fort, il fait bien de ne pas s'exposer à la comparaison, le
neveu de lady Lattimer est si beau; j'avoue, moi, que si j'é-
tais femme, je ne me...

J'interrompis le docteur en lui annonçant que j'avais besoin de sortir; il m'eût été impossible de supporter plus
longtemps sa conversation. Cependant, quand je fus seul, je
ne pus réussir à me livrer à aucune occupation. Je ne pus
même lire mon bréviaire avec l'attention nécessaire; j'en
tournais les feuillets sans que ma pensée pût s'attacher à
Dieu. Je descendis dans mon jardin et voulus y travailler;
c'était une occupation qui parvenait toujours à me distraire,
mais je ne pus la continuer et je sortis.

Quoique je fusse allé la veille à Ing rville, et que je
ne fusse plus assez libre avec M. de Milleville pour y paraître comme autrefois tous les jours, je me sentis un tel
besoin de voir Henriette, je me persuadai si bien que ma
présence lui serait utile, que je m'acheminai vers le château. Mais au moment d'y entrer, je n'osai; je redoutais l'accueil glacial que me faisait depuis quelque temps M. de Milleville.

En rêvant, je me mis à marcher sur le bord de la mer. Au
détour d'un rocher qui s'avançait sur la plage, j'aperçus une
petite barque amarrée au rivage et gardée seulement par un

enfant. Je n'y aurais fait sans doute aucune attention, si je n'avais aperçu un manteau bleu qui ne pouvait appartenir à un pêcheur ou même à un paysan ; ce manteau était jeté négligemment sur un des bancs de la barque.

Sans me rendre compte du motif qui me poussait, je m'enfonçai sous la falaise qui formait comme une petite grotte, et j'y restai immobile. Je ne m'expliquais pas quels soupçons me tourmentaient, mais j'avais le pressentiment que j'allais faire quelque découverte qui m'intéressait. Au bout d'un bon quart d'heure, j'entendis crier le sable du rivage, puis parler très-bas ; mais comme le silence n'était troublé que par le flot doux et régulier d'une mer calme, je distinguai parfaitement ces paroles :

— L'impunité encourage la tyrannie, disait une voix ferme et acerbe. Est-ce que vous auriez changé d'avis, Milleville ? Est-ce que vous ne seriez pas décidé ?

— Ce que j'ai fait, je le ferais encore, prononça la voix dure et sévère d'Adrien, mais croyez-vous que le moment soit bien choisi ?

— Vous imaginez-vous donc qu'on aime plus les Bourbons aujourd'hui qu'il y a six mois ?

— Plus ils régneront, plus on les haïra, répliqua Adrien, et plus notre affaire sera sûre.

— N'importe, reprit son interlocuteur avec impétuosité, dans la nuit du vingt au vingt et un de ce mois, nous débarquerons sur cette plage ; vous nous remettrez les armes qui sont cachées dans vos caves ; vous savez qu'on nous attend à Paris, et...

Je ne pus en entendre davantage, les deux conspirateurs s'éloignaient. Celui que je ne connaissais pas s'élança dans la barque, Adrien de Milleville retourna par le bord de la mer pour rentrer chez lui ; je le suivis de loin, hésitant si je devais me découvrir à lui et tâcher de le détourner de son projet. Cependant je connaissais trop bien la ténacité de son caractère pour espérer d'y réussir. Je craignais aussi qu'en lui avouant que j'avais tout entendu, son aversion pour moi ne s'en augmentât, et qu'il n'en fît souffrir Henriette.

Je rentrai chez moi pour prier Dieu de m'inspirer; je puisai dans la prière la conviction qu'il était de mon devoir de parler à M. de Milleville. Je retournai chez lui. On me dit qu'il était enfermé dans son cabinet et avait défendu qu'on le dérangeât. Quand j'entrai chez Henriette, elle était loin de m'attendre, et, je le craignis, de me désirer; elle quitta le balcon sur lequel elle était appuyée et me reçut avec embarras, froideur même. Ah! qu'elle était changée! Qu'étaient devenues nos relations si douces et si amicales, relations qui, même à l'époque de nos chagrins, nous avaient encore laissés unis et confiants.

Cependant je pris sur moi et lui dis :

— Mon enfant, il y a longtemps que je veux causer seul avec toi; je ne suis pas content de...

— Qu'y a-t-il donc? interrompit-elle avec une espèce d'aigreur. Qu'avez-vous à me reprocher, ne suis-je pas la femme de M. de Milleville? Ne m'avez-vous pas mariée, qu'importe le reste?

— Henriette, un tel langage m'afflige profondément. Tu sais bien qu'avant tout il me faut l'assurance de ton bonheur.

— Mon bonheur! reprit-elle en levant les yeux au ciel. Oh! mon oncle! qu'avez-vous fait pour l'assurer?

Que d'injustice dans ce reproche, et qu'avais-je fait pour le mériter?

— Henriette, repris-je, le bonheur finit par arriver quand on remplit son devoir.

— Le devoir! murmura-t-elle tout bas, il est quelquefois trop difficile à accomplir.

Il y avait tant de tristesse et d'amertume dans l'expression d'Henriette, que mes larmes coulèrent malgré moi. Elle me laissa sortir sans m'adresser un mot pour les rendre moins amères.

J'entrai dans le jardin, je frappai doucement à la fenêtre du cabinet de M. de Milleville, et le priai de venir me joindre, ayant à lui parler. Il m'aborda avec une expression de contrainte qui me révéla combien ma présence lui était importune.

— Je désirais ne pas être dérangé, me dit-il.

— Aussi, repris-je, ne l'aurais-je pas fait sans une raison importante. Et je lui racontai sans hésiter ce dont le docteur m'avait averti la veille.

— Eh bien! dit-il en fixant ses yeux sur moi avec hauteur, quelle raison avez-vous de supposer que je doive être inquiet des soupçons de gens que je méprise.

Et il jetait sur moi des regards si durs, que je compris dans ce moment la terreur qu'il inspirait à Henriette. Je compris également qu'il était de mon devoir, dussé-je m'exposer à la colère d'Adrien, de lui dévoiler tout ce que j'avais découvert; et quelle que soit la timidité de mon caractère, comme je ne sais pas transiger dans ce qui est juste, je dis en le regardant avec fermeté :

— Voici ce que j'ai découvert, malgré moi, ce que je suis désolé de savoir. Et je lui rapportai ce que j'avais vu et entendu.

— Eh bien! Monsieur, s'écria-t-il toujours avec la même hauteur, croiriez-vous qu'il fût de votre devoir de me dénoncer?

Je reculai de quelques pas; jamais je n'avais eu tant besoin de me rappeler que je devais la vie à Adrien. Mon regard, certes aussi sévère que le sien, lui révéla qu'il m'avait profondément blessé; mais il n'était pas dans les habitudes de M. de Milleville de convenir qu'il eût tort. Quant à moi, me souvenant des devoirs que m'imposait le caractère dont j'étais revêtu, je repris gravement :

— Je ne répondrai pas à un tel affront, Monsieur; si vous aviez attaché plus d'importance aux soupçons que je vous ai appris que l'on avait sur vous, je ne vous aurais pas révélé ce que j'avais découvert malgré moi : c'est du reste à vous seul de savoir si vous et vos amis ne courez aucun risque d'être découverts.

— Ce que vous dites est possible, reprit-il, et m'oblige d'aller les prévenir et de m'éloigner pendant quelques jours. Henriette n'en sera pas étonnée, elle sait que je possède des propriétés à quelques lieues d'ici.

— Ne serait-il pas convenable qu'Henriette vînt au presbytère pendant votre absence ?

— Non, répondit-il avec résolution, je ne veux pas que ma femme s'éloigne de chez moi; d'ailleurs cela ne pourrait qu'augmenter les soupçons.

La cloche du dîner s'était fait entendre depuis un moment, nous étions auprès du perron du château, M. de Milleville s'arrêta. Je n'étais plus avec lui dans les termes d'une amitié, ou même d'une intimité de famille qui me permît de regarder sa maison comme la mienne; aussi je revins chez moi, réfléchissant avec un sombre découragement que je n'avais pas eu plus de succès en travaillant à assurer le bonheur des autres, que lorsqu'il s'était agi du mien propre. Et quand je me retrouvai à ma table, solitaire, quand, après mon frugal dîner, j'entrai me promener dans mon jardin où gisaient encore les ruines de ma pauvre demeure; quand je pensai qu'Henriette n'était pas satisfaite de son sort et n'avait plus de confiance en moi; quand je m'appesantis sur la vie d'isolement qui attendait le reste de mon existence, je me sentis pris d'une de ces douleurs profondes qui sont d'autant plus pénibles, qu'il s'y mêle toujours un peu d'amertune et de murmure. Mon âme malade osait se révolter contre mon sort, et ce ne fut qu'aux pieds des autels que je pus retrouver du calme.

Les jours se passaient, je ne retournai point à Ingerville. J'avais appris indirectement que M. de Milleville n'y était pas; et cependant Henriette ne venait point au presbytère, et ne témoignait aucun désir que je vinsse près d'elle. Pourtant un malheur qu'elle ne put ignorer était tombé sur nous.

Bastien, le mari de Marianne, fut enlevé en trois jours par une fluxion de poitrine; malgré les soins empressés du docteur, il succomba.

Le pauvre garçon n'eut pas la force de parler pour me recommander sa femme; heureusement il était bien certain, en partant, qu'elle aurait toujours la moitié du pain que Dieu me donnerait.

Marianne était attachée à son mari, non-seulement par devoir, mais par un amour simple et touchant. Moi, je perdais un serviteur dévoué et fidèle, ma maison ne m'en sembla que plus triste encore; et quand je retrouvai la bêche de Bastien immobile au milieu du carré qu'il remuait trois jours auparavant, mes larmes jaillirent, et je le regrettai comme si j'avais perdu un enfant.

Cependant, Henriette ne donnait pas une seule marque de sympathie à la pauvre Marianne qui l'avait presque élevée. Blessé de tant d'indifférence, je restai chez moi, retenu par une fierté pénible, et que je croyais cependant justifiée ; c'était une situation bien nouvelle et bien pénible pour moi, de ne devoir pas céder à l'entraînement de mon cœur. J'aimais tant Henriette !

Un jour qu'il faisait un beau temps d'automne ; temps que j'avais beaucoup aimé jadis, temps doux et mélancolique, où le vent semble respecter votre silence et n'agite même pas les feuilles des plus petits arbustes, j'essayais de travailler à mon petit jardin, qui depuis la mort de Bastien semblait déjà prendre un aspect bien négligé; Marianne travaillait en pleurant à ses habits de deuil, elle était assise sur le seuil de notre demeure; tout à coup je l'aperçois qui se lève avec effroi, et je vois Henriette qui s'appuie contre la muraille. J'accours pour la recevoir dans mes bras, elle s'y évanouit.

Aidé de Marianne, je la porte dans son ancienne chambre, devenue la mienne. Quand mes bras furent libres, je sentis mes mains mouillées; je les regardai, c'était du sang.

Henriette était blessée à la poitrine. Dès ce moment, je fus saisi d'un tremblement qui ne m'a jamais quitté depuis.

Marianne prodiguait mille soins à Henriette; elle l'inondait d'eau fraîche et de vinaigre, seule essence dont nous puissions disposer. Henriette revint un peu à elle; en m'entendant dire à Marianne de courir chercher le docteur, elle s'écria avec une énergie extraordinaire :

— Mon oncle! n'appelez personne, je vous en conjure; je sens que ma blessure n'est pas dangereuse, vos secours et ceux de Marianne me suffiront.

Je cédai au désir d'Henriette, je laissai Marianne la panser; et quand je rentrai dans la chambre, Henriette me sembla moins agitée, mais tellement abattue que je ne lui fis aucune question. Ses yeux toujours si beaux et si expressifs se tournaient vers moi comme pour me demander pardon; elle ne pleurait pas, mais elle paraissait écouter avec effroi, comme si elle redoutait l'approche ou l'arrivée de quelqu'un. Je craignais de m'avouer que ce fût son mari qui causait ainsi son effroi; je craignais de deviner que c'était

lui-même qui l'avait blessée ; je craignais encore plus que
cette vengeance ne fût légitime.

Cependant la soirée et la nuit se passèrent sans que la terreur que nous partagions, sans nous le dire, fût justifiée par
l'apparition de M. de Milleville.

Au point du jour, Henriette s'endormit. Je fus dire ma
messe ; je priai avec une ferveur plus grande encore que d'habitude ; je priai pour ma pauvre Henriette.

Fut-ce un effet de mon imagination, fut-ce la réalité, il
me semblait que mes paroissiens me regardaient avec une
sorte d'anxiété. Est-ce qu'ils savaient qu'Henriette était coupable et punie ; est-ce qu'ils savaient combien la main de
Dieu s'était encore appesantie sur ma famille !

Quand je fus resté seul dans l'église, je priai encore ; non
pour apprendre à pardonner, c'était déjà fait, mais pour
avoir le don de consoler et de secourir la malheureuse coupable. Hélas! je n'osais douter qu'Henriette ne le fût pas.

Cette journée fut triste de toute manière. Le temps qui, la
veille, était doux et imprégné de suaves émanations, était
devenu menaçant et chargé d'orage ; la pluie tombait avec
violence. Cependant, quand je n'étais point près du lit d'Henriette, quand je ne priais point pour elle, mes yeux restaient
attachés sur la petite barrière qui fermait mon enclos. Ce
que je redoutais le plus, était d'y voir apparaître M. de Milleville ; mais personne ne vint, la pluie seule continua de
troubler, par son bruissement monotone, notre sombre et
triste solitude. Henriette gardait toujours le silence ; ses
yeux demeuraient presque constamment fermés, et quand
ils s'ouvraient, ils semblaient me demander grâce.

Ce fut ainsi que nous passâmes quatre jours. Marianne nous
soignait, Henriette et moi, car j'étais dévoré par une fièvre
lente. Durant ces quatre jours, je pris vingt ans ; cette nouvelle
adversité m'avait trouvé homme mûr, elle me fit vieillard.

La blessure d'Henriette commençait à se cicatriser ; elle essaya de se lever, et cependant je n'osais encore l'interroger. Cette contrainte entre nous était plus pénible que tout le reste ; il me semblait que si nous nous étions parlé avec confiance, nous eussions moins souffert l'un et l'autre. Aussi, quand je crus Henriette assez forte, je lui dis avec tendresse :

— Mon enfant, n'as-tu donc rien à me dire ?

Malgré moi, elle se jeta à mes genoux, y cacha son doux visage, et prononça bien bas :

— J'aimais toujours Albert, mon oncle, je l'aimais malgré moi ; et cependant j'épousai Adrien de Milleville, parce qu'il me semblait que je faisais bien d'obéir à votre secret désir. Il avait juré d'oublier le passé ; mais il ne l'oublia pas, mon oncle. A peine fûmes-nous mariés, qu'il me soumit à d'étranges et incessantes questions pour obtenir que je lui livrasse le nom de celui qui m'avait perdue. Tour à tour ironique, sévère ou passionné, il promettait de m'aimer toujours, si je voulais lui dire la vérité. Moi qui commençais à le connaître, je ne doutai pas que son intention ne fût de chercher querelle à celui que, dans ses jours d'ironiques et atroces plaisanteries, il appelait son heureux rival.

Mais quand il vit qu'il ne pouvait rien obtenir, que je ne voulais rien avouer, son caractère acerbe et méchant se dévoila tout entier. Il me blessa dans ce que j'aimais et respectais le plus, dans vous, mon oncle ; car il osa me dire que vous aviez été le complice volontaire de mon erreur ; il osa se moquer de votre caractère respectable. Ces terribles scènes se terminaient toujours par ces horribles menaces :

« Prenez garde, Henriette, s'écriait-il ; si vous essayiez de me tromper, ma vengeance serait terrible. »

Je crois néanmoins, mon oncle, que je lui aurais pardonné sa cruauté, si elle avait été causée par la jalousie ; mais de qui aurait-il pu être jaloux, je ne sortais jamais, et nous ne recevions personne.

Vers cette époque, vous cherchâtes à l'attendrir en faveur de sa sœur; il se mit à vous haïr parce que vous l'aviez secourue. Ai-je besoin de vous instruire qu'il m'était interdit de me plaindre, surtout à vous. Ah! il était inutile qu'il me le défendît; pour rien au monde je n'aurais voulu vous avouer combien j'étais malheureuse, car il m'eût semblé que vous eussiez pris mes plaintes pour des reproches. Ainsi, mon oncle, vous avez dû souvent croire que ma contrainte était le résultat de la froideur; je cachais mes larmes et mon désespoir, voilà tout.

M. de Milleville, de son côté, et devant témoins, dissimulait sa dureté sous les dehors d'un homme grave; et en effet, il semblait fort préoccupé d'autre chose encore que de me tourmenter. Plusieurs fois le hasard me fit découvrir qu'il écrivait des lettres qu'on ne portait jamais à la poste. Souvent, le soir, il montait dans une barque, et ne rentrait que fort avant dans la nuit. Je ne lui demandais jamais compte de ses actions; trop heureuse, je l'avoue, quand il n'était pas près de moi.

Que vous dirai-je, enfin, mon oncle, je ne dois rien vous cacher dans la position où je suis. Eh bien! j'en vins à le haïr, à frémir quand je l'entendais approcher. J'essayai bien de me vaincre, mais je ne le pus. Sans doute je devins bien coupable; mais une image trop chère m'occupa de nouveau avec plus de puissance que jamais. Je me demandai pourquoi je me ferais un crime de la conserver, et de me consoler avec elle. Du moment que je cédai à cette obsession, je me sentis presque heureuse. Depuis plusieurs mois, je ne vous voyais que rarement, je n'osai vous dire ce que je souffrais; et je suis persuadée que si j'avais été soutenue par vos conseils, j'aurais eu plus de courage.

Un jour, j'étais sur mon balcon, il y a de cela peu de semaines, M. de Milleville était renfermé dans son cabinet; la veille, il s'était montré plus dur, plus incisif que jamais pour savoir le nom de mon séducteur. Oh! j'en suis sûre, mon oncle, Dieu a réservé à la femme coupable un genre de souffrance que la femme vertueuse ne peut pas connaître quoi qu'il lui arrive; c'est le droit, c'est l'autorité qu'exerce sur elle l'homme à qui elle est liée et la terreur qu'il lui inspire. Ah! qui pourra jamais exprimer la répulsion qui s'empare d'elle, quand elle entend sonner l'heure qui doit la jeter palpitante d'effroi, glacée et tremblante de dégoût, dans les bras de son maître. Ah! ce moment-là, mon oncle, ce moment qui revient chaque soir paye toute une vie de fautes.

Le jour donc où j'étais sur mon balcon, était l'anniversaire de ma naissance. Ce jour-là, j'achevais ma dix-neuvième année. Je me trouvais bien malheureuse, mon oncle; votre amitié ne me semblait plus la même, et je sentais que vous deviez m'accuser d'ingratitude. Je vous savais isolé, et je ne pouvais courir à vous; je ne pouvais rien vous confier, car je vous aurais rendu plus malheureux encore. J'étais sans courage, sans espoir, ma vie me semblait un supplice; et déterminée à endurer les plus cruels traitements, je regardais l'abîme ouvert devant moi comme un refuge où je pouvais trouver la fin de mes maux. Un homme se tenait sur le rivage, à quelques pas de ma fenêtre. Je reconnus Albert...

J'oubliai tout, mon ressentiment, sa perfidie; je jetai un ruban pour qu'il y attachât la lettre qu'il me montrait, et je lui répondis.

Il me prouvait dans sa lettre qu'il n'avait pas été le maître d'agir autrement qu'il l'avait fait; il me reprochait de m'être mariée. Il semblait que je fusse la seule coupable, et il me demandait, pour le consoler du mal que je lui avais fait, de le voir quelquefois.

Il m'était impossible de sortir du château, Albert vint sous le balcon; mais jamais je ne consentis à ce qu'il le franchît.

M. de Milleville partit pour un voyage. Plus libre, alors, je vis ainsi Albert chaque soir à mon balcon; heures douces et terribles, imprégnées de remords et de bonheur !...

La nuit qui précéda le jour où vous m'avez vue arriver ici, il y eut une fête au château de Melmont; Albert ne put venir qu'à la petite pointe du jour. J'avais tant pleuré en l'attendant, que je me livrai avec bonheur au plaisir de l'entendre me répéter qu'il n'était pas coupable de ce retard, J'étais penchée sur le balcon, tout entière au bonheur d'écouter Albert, quand une main rude et froide saisit mon bras.

— Infâme! me dit M. de Milleville, car c'était lui, il est donc vrai qu'une femme une fois avilie ne peut jamais se relever. N'était-ce pas assez d'être une fille perdue sans qu'une seconde faute...

— Ah! m'écriai-je, tuez-moi, tuez-moi, Monsieur; car je l'aime, je n'ai jamais aimé que lui.

— Ah! reprit-il, je vais donc enfin connaître cet homme qui... Et il voulut se pencher sur le balcon; car il entendait Albert qui, n'ayant rien vu, et croyant que je voulais me retirer, me conjurait de lui accorder encore quelques moments.

Résolue à tout employer pour que M. de Milleville ne reconnût pas Albert, je me jetai au-devant de lui. Je suis certaine, mon oncle, que l'intention de M. de Milleville n'était pas de me blesser, ce fut moi qui me précipitai sur le poignard qu'il tenait à la main; ce poignard, vous l'avez vu; il ne sortait jamais sans l'emporter.

— Retirez-vous, vile créature! s'écria M. de Milleville, sans, je crois, s'apercevoir de la blessure qu'il m'avait faite. Et je l'entendis s'écrier encore de la fenêtre : Si vous n'êtes pas un lâche, Monsieur, attendez-moi.

Je restai quelques minutes sans presque rien comprendre à ma position, puis je me traînai sur le balcon. J'aperçus M. de Milleville et Albert marchant avec agitation sur la grève. Je courus à la porte, décidée à descendre et à me jeter entre eux. Que m'importait que M. de Milleville me tuât! Mais ma porte était fermée à double tour, et quand je revins à ma fenêtre ils avaient disparu.

Je passai toute la journée sans entendre parler de personne. Dans l'après-midi, M. de Milleville entra, posa dédaigneusement je ne sais quelle nourriture sur la table, et sortit sans fermer la porte. Alors je me suis échappée, je suis venue à vous, mon oncle, persuadée que vous me défendriez, si cet homme venait me réclamer.

Il ne vient pas, mais qu'a-t-il fait d'Albert, grand Dieu!

— Paix! mon enfant, dis-je doucement, ne prononce plus ce nom. Tu le vois, jamais une faute ne reste impunie. Prie, ma fille, pour que le sang n'ait pas coulé; mais prie surtout pour celui que tu as offensé.

Elle baissa la tête, et promit de ne plus prononcer le nom d'Albert.

Il était cependant impossible que nous restassions dans l'incertitude; il fallait connaître toute l'étendue de notre malheur. J'étais étonné de ne pas avoir vu le docteur depuis plusieurs jours; et quoique je redoutasse ses questions, et aussi ce qu'il pourrait m'apprendre, je me rendis chez lui.

— J'allais sortir, s'écria-t-il en me voyant et en se levant péniblement de son fauteuil, vous saurez que la goutte m'a

tenu cloué jusqu'ici ; je ne suis pas encore bien, mais je voulais vous voir, car je n'ai pas l'habitude d'abandonner mes
amis dans l'affliction. Quoique l'événement soit arrivé depuis
trois jours, le maire vient de me l'apprendre seulement
aujourd'hui ; mais il a été lui-même malade, ce qui me con-
trarie beaucoup, car je n'ai pu le soigner.

— Quel événement ? que voulez-vous dire ?

— Mais l'arrestation de M. de Milleville ; ne le saviez-vous
pas ?

— Mon Dieu ! mon Dieu ! qu'ai-je donc fait pour que tant
de malheur tombe sur ma famille ?

— Écoutez, reprit le docteur, il faut peut-être regarder cet
événement comme un bonheur ; M. de Milleville n'est sans
doute pas coupable, et quelques jours de prison valent
mieux qu'un duel à mort. Vous m'avez reproché quelquefois
d'être indiscret, continua le brave homme, mais croyez que
j'ai de la prudence quand il le faut. Plusieurs habitants du
bourg avaient aperçu M. de Sandoval sous les fenêtres de madame de Milleville.

Je baissai la tête, j'étais aussi malheureux qu'humilié en
apprenant qu'on connaissait la faute d'Henriette. Le docteur
reprit :

— Allons, allons, calmez-vous, tout cela n'est qu'une imprudence de jeune femme, un peu justifiée par la sévérité de
son mari. Je vais me rendre au château, je tâcherai de savoir
quelque chose par madame Durand.

Quoique je fusse bien plus faible que le docteur, je lui
donnai le bras pour le conduire le plus près possible du château ; puis j'attendis son retour assis derrière quelques arbres.

Ah ! ce que je souffris fut horrible ! ce château que j'apercevais lorsque j'avançais la tête pour guetter le retour du
docteur, ce château me semblait l'antre d'où s'étaient échappées toutes les douleurs qui m'avaient accablé, et qui devaient

m'accabler encore. Ah! que la Providence s'était montrée cruelle en jetant sur mes pas un brandon de discorde et d'infortune dans la personne d'Herminie.

Le docteur revint enfin.

— Je pense, me dit-il, que vous pouvez·faire quelque chose pour M. de Milleville : la prêtraille, je vous demande pardon de l'expression, la prêtraille a beaucoup de crédit dans ce moment. Il faut que vous alliez à Paris.

— Avez-vous vu la duchesse ?

— Non. Il y a beaucoup de monde au château, on y prépare des fêtes, on y jouera la comédie; le vicomte de Sandoval apprend un rôle.

— Ah! il en a joué un bien cruel dans notre vie! m'écriai-je.

— Je m'en suis un peu douté depuis longtemps, reprit le docteur; mais ce n'est pas de cela qu'il s'agit dans ce moment. Tenez, mon cher pasteur, quelque peine que j'aurai de vous voir vous éloigner, je crois que vous ferez bien de solliciter une autre cure.

Savez-vous dans quelle prison est M. de Milleville?

— A Paris, à la Conciergerie; c'est ce que j'ai fait dire à cette bavarde de Durand. Allez solliciter, et, de toutes façons, ne restez pas ici.

Je revins au presbytère. Je ne pus me dispenser de dire à Henriette que son mari avait été arrêté; mais je lui montrai une assurance que je n'avais pas. Je ne me souvenais que trop bien de l'homme à la barque, et de ce que j'avais entendu. Je ne lui parlai pas d'Albert, elle était déjà assez malheureuse.

Quel que fût mon désir de partir, je ne pouvais quitter mon poste sans être remplacé.

J'écrivis à monseigneur l'évêque pour lui dire que ma santé et des affaires importantes ne me permettaient plus de rester à Melmont. Aussitôt que mon successeur fut arrivé, je le présentai à mes paroissiens, et je leur dis adieu; un adieu qui devait être éternel.

Je crois qu'ils m'auraient montré plus de regrets avant les événements qui venaient de se passer; mais le malheur qui était tombé sur notre famille, et la honte presque connue d'Henriette, avaient affaibli le respect qu'on me portait jadis. Ne devais-je pas toujours être puni des fautes des autres.

Nous partîmes un soir, Henriette et moi. Ce fut un triste voyage que celui-là: Henriette à demi mourante; moi faible, vieux et malade, quittant ce lieu où j'avais espéré mourir en paix; Marianne laissant derrière elle les cendres de son pauvre mari.

Arrivés à Paris, j'établis Henriette dans un logement, le plus tranquille que je pus trouver. La route avait aggravé ses maux, et mon premier soin fut de voir un médecin; il me donna de l'espérance: n'en donnent-ils pas toujours. Je courus à l'archevêché; je me flattais de trouver quelque protection près de monseigneur. Je n'obtins une audience que le troisième jour, et il me déclara qu'il ne se mêlait point d'affaires politiques, et il ajouta que si M. de Milleville était innocent, il n'avait rien à craindre; que s'il était coupable, il fallait faire un exemple.

Je courus à la prison de la Conciergerie. J'appris que le procès n'était pas encore commencé, qu'on attendait de nouvelles preuves et des témoins; je demandai à voir M. de Milleville, il était au secret jusqu'à ce que l'instruction fût terminée. J'obtins de lui écrire, sous condition de remettre ma lettre ouverte et de ne parler que d'affaires de famille.

Je revins près d'Henriette; malgré tous mes efforts, je ne pus lui cacher le redoublement de mes inquiétudes; aussi elle s'écria :

— Mon oncle ! quel nouveau malheur est-il donc encore arrivé ? Quel qu'il soit, obtenez du moins que je voie M. de Milleville.

— Tu n'aurais pas la force de te traîner jusqu'à lui, mon enfant ; d'ailleurs on ne peut le voir dans ce moment, je vais lui écrire.

— Oui, reprit Henriette, dites-lui qu'il me pardonne pour que je meure résignée.

Quoique ces paroles d'Henriette me brisassent le cœur, je n'osais me flatter qu'elles toucheraient celui de M. de Milleville ; j'écrivis cependant avec autant d'affection que d'humilité. Sa réponse prouvera de nouveau que je devais payer toute ma vie la fatalité qui m'avait fait rencontrer Herminie de Melmont.

« Monsieur, je ne puis ressentir aucune reconnaissance « des protestations de regrets, et même de désespoir, dont « votre lettre est remplie, car je ne crois pas au remords de « celle que vous abritez de votre caractère, dont vous sem- « blez, par là, oublier la sainteté. Les débuts de cette femme « dans la vie ont annoncé ce dont elle serait capable. Quant « à vous, qui m'avez dénoncé pour empêcher un duel qui « blessait les affections de votre nièce, je vous méprise trop « pour jamais consentir à vous revoir.

« Si celle que vous dites si mal doit me précéder dans la « tombe, et ce ne sera que de bien peu, je crois, qu'elle y « emporte ma malédiction.

« J'ai défendu qu'on me remît aucune lettre ; et je crois « avoir le droit de vous demander de m'accorder au moins le « repos et l'oubli. »

Certes, j'avais déjà beaucoup souffert, et je croyais que Dieu m'avait accordé la force de ne pas me révolter contre l'insulte. Je me trompais, oui, je me trompais ; car le sang se porta à ma tête, une sueur froide inonda mon visage, mes dents claquèrent de colère ; heureusement je me jetai à genoux, sans cela j'allais maudire à mon tour.

Je ne dis point à Henriette que j'avais reçu cette indigne réponse ; mais si je ne fis plus aucune démarche pour apaiser M. de Milleville, je ne cessai point de stimuler son avocat par des promesses et des prières.

La santé d'Henriette devenait tous les jours plus mauvaise, les rigueurs de l'hiver augmentaient son mal ; les médecins, il est vrai, me rassuraient toujours. Je les croyais, et ne voyais pas le danger aussi réel qu'il l'était. Cependant sa vie s'avançait comme le procès de M. de Milleville. Son avocat m'avait promis de me faire réserver une place pour le jour du jugement. En attendant, je suivais le procès dans les journaux, et comme il était dans mon caractère confiant d'espérer toujours dans l'indulgence des hommes, je ne pouvais m'imaginer que la punition de ces malheureux fût bien sévère.

Le jour où le jugement devait être prononcé, je me rendis de bonne heure à la place qui m'avait été réservée. Certes, je ne cherchais pas le regard de M. de Milleville, cependant il tomba sur moi. Que de mépris et de haine il renfermait! Ce regard révélait bien toute la dureté de l'âme d'Adrien, cette dureté dont ma pauvre Henriette s'était plainte.

Quand on eut entendu le plaidoyer de chacun des avocats, on demanda aux prévenus s'il n'avaient rien à ajouter. La bouche dédaigneuse de M. de Milleville ne s'ouvrit que pour laisser passer un *non* si hautain, qu'on eût pu croire que c'était lui qui était le juge et non le coupable.

Il était fort tard quand la cour se retira pour délibérer. Je courus chez moi pour savoir comment se trouvait Henriette, et la rassurer sur mon absence ; je lui dis que j'espérais, et que j'étais certain que par la suite M. de Milleville consentirait à me voir et à me laisser plaider sa cause. Henriette ne me sembla pas plus mal ; j'étais d'ailleurs tellement préoccupé par l'événement dont le dénoûment se décidait dans ce moment, que je fis moins d'attention qu'à l'ordinaire à l'état d'Henriette. Je retournai au tribunal; il faisait un temps déplorable, qui semblait d'accord avec ce qui se passait.

Quoique tout fût fermé avec soin, le vent s'infiltrait par les interstices des fenêtres, et agitait la triste lampe suspendue au milieu de la salle. Les spectateurs, qui tous étaient restés, étaient plus pâles de fatigue ; quatre heures d'attente s'écoulèrent encore. Enfin le bruit de la sonnette qui annonçait la cour se fit entendre, les juges reprirent leur place. La gravité qui était empreinte sur leur visage pendant les débats était remplacée par une profonde tristesse. Dieu ne permet pas que ce soit sans terreur que des hommes disposent de la vie de leur semblable.

Les prévenus furent ramenés, tous s'avancèrent d'un pas assuré; Adrien surtout tenait la tête haute et le regard impérieux, et quand il se tourna de mon côté, il sembla y avoir rassemblé autant de mépris pour moi, que de dédain pour la vie.

Tous, excepté un seul qui fut acquitté, furent condamnés à une prison perpétuelle. M. de Milleville fut désigné pour celle de Doullens.

Quand je le vis emmener, je fus tellement atterré que je ne sais comment je me trouvai dans la rue. La pluie était diminuée, mais il faisait un vent humide et chaud, un de ces vents qui vous brisent et vous oppressent. Je pouvais à peine me soutenir sur mes jambes; je n'avais rien pris de la journée; la tête me tournait. Je n'osais rentrer chez moi, tant il était tard ; je voulais d'ailleurs reprendre auparavant assez de calme pour pouvoir cacher à Henriette une partie de la vérité : je me traînai ainsi d'une rue à une autre. Enfin le petit jour parut; j'aperçus un café ouvert, j'y entrai pour réparer mes forces ; mais mon gosier était tellement serré que je n'y pus faire descendre une goutte d'eau. Cependant je restai, une sorte d'anéantissement me fixait à ma place ; ma pauvre tête, si faible, se remplissait de vertiges. Puis, tout à coup, je pensai que la matinée s'avançait ; que ma pauvre Henriette serait inquiète, et je repris bien vite le chemin de notre demeure.

A ma porte, je cherche le concierge pour savoir s'il n'était venu personne ; je craignais tant qu'Henriette ne fût instruite ! Hélas ! je craignais tout, excepté le coup qui allait me frapper. Il n'y avait personne dans la loge du concierge, et je montai.

J'avais une clef de l'appartement, et pensant qu'Henriette reposait, mon intention était d'entrer de suite dans ma chambre pour me remettre un peu. Après avoir ouvert, j'entendis de l'antichambre comme des paroles monotones prononcées à demi voix ; c'était peut-être Henriette et Marianne qui priaient pour le prisonnier. J'avançai doucement dans la chambre d'Henriette, les rideaux de son lit étaient fermés, et Marianne était à genoux. Elle me regarda avec stupeur et les yeux baignés de larmes, et cependant je ne compris pas encore ; je compris si peu, que je dis avec angoisse à Marianne.

— Mon Dieu ! est-ce qu'elle sait la vérité ?

— Elle ne peut plus rien apprendre ; elle ne souffre plus, Monsieur. Elle écarta un des rideaux du lit, et je vis Henriette.

Henriette morte !... morte loin de moi, sans que j'aie pu lui répéter que je lui pardonnais... Ah ! je pleurai avec des larmes de sang cette enfant qui, je l'avais espéré, devait être, malgré les chagrins qu'elle m'avait causés, la dernière joie de ma vieillesse. Je murmurais, j'allais accuser la Providence, mais Marianne me présentant le livre de prières qu'elle tenait au moment de mon arrivée, me dit doucement :

— Moi seul l'ai assistée, je vous attendais à chaque minute ; je ne savais où aller chercher un prêtre. Elle est morte résignée, en pardonnant à ceux qui lui ont fait tant de mal ; elle est morte en vous bénissant. Ne voulez-vous pas prier pour son âme.

Je me mis à genoux près des restes d'Henriette, et je ne les abandonnai que quand il fallut les rendre à la terre.

Quoique j'habite depuis treize ans la plus bruyante capitale du monde, je n'ai jamais vécu dans une plus entière solitude. Seul, pour jamais seul, servi par une étrangère, car j'ai aussi vu mourir ma pauvre Marianne, qu'ai-je à dire de moi ? Ma vie fut incomplète, inutile, puisque je n'ai pu préserver ceux que j'aimais des malheurs qui sont tombés sur leur jeunesse.

Mon cher Edgard, ma bien-aimée Henriette m'ont précédé dans la tombe, et je n'ai reçu le dernier soupir ni de l'un ni de l'autre.

Marianne m'a bien des fois raconté la fin d'Henriette. On dit que l'extrême tendresse s'alarme facilement. Moi, je crois, au contraire, qu'elle rend plus crédule ; car je n'avais jamais pu me persuader qu'Henriette fût en danger. Heureusement, quand elle est partie pour toujours, elle est partie sans avoir su la condamnation de M. de Milleville ; elle est partie résignée et souriant à la mort ; elle était si malheureuse ! Sur cette âme passionnée, l'amitié d'un pauvre vieillard n'était pas assez puissante.

Elle avait dit à Marianne que je prierais pour elle ; pauvre Henriette ! Dieu lui pardonnera, si son nom n'est pas le dernier qui soit sorti de ses lèvres.

Depuis treize ans, je n'ai pas quitté le logement que j'occupais avec ma nièce. Je ne conçois pas la douleur qui fuit
le souvenir; je m'entoure, au contraire, de tout ce qui lui a
appartenu. Tant que Marianne a vécu, j'allais souvent avec
elle visiter la tombe d'Henriette. Mais Marianne aussi m'a
laissé. J'ai fait placer la fidèle servante aux pieds de sa
jeune maîtresse; et comme un avare qui convoite un trésor,
je tâcherai de conserver un petit coin de terre à côté de ma
nièce.

La prière et la solitude m'ont rendu le calme et la résignation. Je vivrais entièrement seul, si je n'avais trouvé,
dans la maison que j'occupe, un bon et honnête vieillard,
avec qui je me sens heureux de partager une partie de ce
que je possède; mais il faut toujours que je sois inquiet de
l'avenir de quelqu'un.

Que deviendra ce pauvre ami quand je ne serai plus; c'est
un homme bien né, qui conserve non les goûts du monde,
mais celui de se tenir au courant de tout ce qui paraît en
littérature. Je lui ai lu quelques pages de mes mémoires, en
ne disant le nom de personne.

Ne m'assurait-il pas, il y a quelque temps, que je devrais
publier ces mémoires : assurément, je ne les ai pas écrits pour
cela, mais si ces pauvres pages pouvaient jamais être utiles
à une personne que j'estime, je les laisserais à ce vieil ami.
Oui, je le ferai; ma pension s'éteint avec moi, le prix de ce
manuscrit pourra au moins servir à quelque chose.

Il y a trois ou quatre ans que j'ai été désigné pour desservir la petite église de Sainte-Valère. Un matin, qu'il pleu-
vait horriblement, et que le vent m'empêchait de bien m'en-
velopper de ma soutane et de tenir mon parapluie, un
leste et brillant équipage passa si près de moi, que je n'eus
que le temps de m'effacer contre le mur. Il est très-possible
que l'état dans lequel je me trouvai parut très-ridicule: la

voiture avait entraîné mon parapluie, mon chapeau était tombé, et ma tête chauve recevait les torrents d'eau qui tombaient d'une gouttière sous laquelle je m'étais maladroitement placé. Une jeune femme et un jeune homme se donnèrent la peine de baisser la glace pour me regarder et s'égayer à mes dépens, j'entendis leurs bruyants éclats de dire. En ramassant mon chapeau, en cherchant à saisir mon parapluie, je levai les yeux et je reconnus Albert de Sandoval.

Sans doute, c'était sa jeune femme qui était près de lui. Eh bien! je ressentis de la pitié, en non pas de la colère; et ce fut lui qui baissa son regard devant le mien. Cependant je fus malade, durant plusieurs jours, !de l'effet qu'avait produit sur moi cette rencontre; depuis longtemps ma santé est si chancelante, et j'aurais tant besoin d'un entier repos de corps! Mais le curé qui dessert Sainte-Valère, ainsi que moi, est plus infirme, plus vieux que je ne le suis encore, et je suis appelé à le remplacer souvent.

Ah! depuis trois ans, que j'ai entendu d'étranges, de terribles révélations! Que de fois j'ai été tenté de m'écrier: Ah! taisez-vous, par pitié, taisez-vous, ne m'apprenez pas tout ce qui se trouve de misères et de crimes dans le fond du cœur humain.

Je me sens tellement affaibli, que je crains de ne pouvoir de longtemps...

Quel étrange événement! Oh! Providence, que tes décrets sont cruels, et qu'il est vrai qu'il n'est pas une faute dont on ne reçoive un sévère châtiment! Ma main tremble plus fort, mes yeux ne peuvent supporter le poids de mes paupières, un vide affreux m'entoure; mon Dieu! donnez-moi la force de vider ce calice.

Hier, oui, c'était hier, je venais de prier sur la tombe d'Henriette, il était tard, et j'allais essayer de me reposer, quand on vint m'avertir de la sacristie de Sainte-Valère, qu'une vieille femme était venue plusieurs fois réclamer les secours de la religion pour une mourante. Je ne devais point balancer à remplir mon devoir, et je me rendis à Sainte-Valère. La vieille femme était encore là, je la suivis sans faire attention ni à la rue, ni à la magnificence de l'hôtel, dont elle me fit monter le large escalier. Cet escalier, nous le quittâmes pour en prendre un obscur et étroit qui conduisait aux mansardes de l'hôtel. Je m'attendais à trouver là une personne attachée à la maison. Quand ma conductrice ouvrit la porte, j'entendis une voix faible et creuse demander :

— Est-ce vous enfin, Durand ?

— Oui, Madame, c'est moi, c'est moi, avec un prêtre.

Le jour touchait à sa fin, et la chambre, quoique petite, était obscure ; mademoiselle Durand, je n'avais fait aucune attention à ce nom, me conduisit au chevet d'un lit placé dans un coin. J'entendis que la vieille fille cherchait à rallumer le feu pour se procurer de la lumière ; elle n'y put réussir sans doute, car elle sortit. Pendant cette courte absence, j'essayai de me calmer, et je m'étonnais de ne pouvoir y réussir ; un serrement de cœur, une émotion que je ne pouvais m'expliquer me remplissait d'effroi.

Quand la lumière reparut, je reportai les yeux vers la mourante, puis de sa couche tout autour de moi ; rien n'était en rapport. Celle que je venais assister portait sur elle quelques vêtements et des dentelles qui faisaient un singulier contraste avec le grenier et le grabat où elle se trouvait. Elle tourna de mon côté ses yeux éteints ; je crus que la terre avait rejeté sa proie... cette misère qui m'entourait était la même que celle qui environnait la marquise de Melmont, c'était la même beauté mourante, et cependant je ne devinai pas. Comment l'aurais-je pu ? Herminie abandonnée, reléguée dans un grenier !... C'était elle, pourtant ; mon cœur, que e sentis déchiré, me l'assura plus encore.

Elle parla; elle parla d'une voix basse, éteinte. Je l'entendais sans bien la comprendre; elle parlait de fautes, de malheurs, de remords, d'ingratitude. Herminie s'animait peu à peu, sa voix reprenait son expression stridente et amère; elle se souleva enfin avec une énergie extraordinaire, sa main se leva, elle allait maudire.

— Non, non, m'écriai-je en saisissant cette main, non; oh! ma fille, souvenez-vous de la sacristie de la petite église de Melmont.

Elle tressaillit; ses yeux, déjà vitrés, se tournèrent de mon côté.

— Encore vous! me dit-elle d'une voix brisée.

— Encore moi, répétai-je, qui viens prier avec vous.

— Prier, reprit-elle, prier; Dieu voudra-t-il m'entendre? N'ai-je pas été fille désobéissante, épouse adultère, mère ambitieuse et faible? Mais il m'a bien punie, celui pour qui je me suis montrée si généreuse, celui qui m'a rendue cruelle pour une jeune fille que j'aurais dû protéger, ne fût-ce que parce qu'elle vous appartenait! Ah! vous lui demanderez aussi de me pardonner, n'est-ce pas, vous lui direz...

— Je ne lui dirai plus rien, elle est morte.

— Morte! morte si jeune! Ah! que cette mort est aveugle et injuste! Eh bien! reprit-elle après avoir versé quelques larmes, eh bien! elle est vengée: Albert a épousé une femme riche, noble, mais qui ne l'a jamais aimé. Perfide envers Henriette, il a rencontré une perfide; cette femme le domine sans l'aimer, il lui obéit par faiblesse, mais il se ruine au jeu. Je lui ai tout donné, peu à peu je me suis dépouillée; je ne savais pas lui résister quand il pleurait à mes pieds, et voilà où il m'a laissé exiler, dans le grenier de mon hôtel. Ma présence gênait sa femme; c'est un monstre qui n'a de la femme que l'enveloppe. Enfin elle ne me devait rien, elle ; je l'avais choisie parce qu'elle était noble et riche, mais Albert, mais mon fils... continua-t-elle d'une voix étranglée, il m'a laissé mettre dans ce grenier, il est parti me sachant bien mal ; et sans Durand, qui me soigne par charité, sans vous à qui Dieu apprend à pardonner, je mourrais seule, sans secours...

Mais ai-je le droit de me plaindre, continua-t-elle en se tordant sur sa couche, n'ai-je pas repoussé ma mère, ne l'ai-je pas laissée à ma porte sans pain, sans asile ?

Et la malheureuse s'agitait d'une manière effrayante, et des visions terribles semblaient la tourmenter. Je cherchai à la calmer, je lui répétai avec émotion que Dieu pardonnait, et ne demandait qu'un mot de repentir, qu'une larme sincère, et je tombai à genoux près de sa couche en la suppliant de revenir à lui.

— Il faut donc pardonner ? dit-elle d'une voix éteinte. Ah ! savez-vous qu'avant de vous voir je ne rêvais que vengeance ; savez-vous que j'aurais donné, là, tout de suite, le reste de mon sang, déjà glacé, pour me venger de celle qui m'a enlevé le dernier trésor auquel je tenais : la tendresse d'Albert ?

— Il faut pardonner, répétai-je toujours, Dieu à son tour pardonnera.

— Eh bien donc, reprit-elle en prenant un papier caché sous son chevet, prenez ceci. Je sais qu'Albert s'est mis dans la dépendance de sa femme ; un jour, il peut être malheureux, vous lui remettrez ce papier, et il retrouvera une somme importante qui assurerait aussi du pain à son père, à son père qui m'a tant offensée. Oh ! celui-là, celui-là, voilà le plus grand coupable !

— Albert ignore-t-il que cette somme vous restait ?

— Il le sait, il le sait, balbutia-t-elle ; il s'est sans doute étonné que j'aie tant souffert de la misère, puisque je pouvais faire autrement ; mais je ne croyais pas mourir, et je voulais conserver cet argent pour ramener Albert près de moi. Cachez bien, gardez prudemment cet argent ; quant à ma fidèle Durand, son sort est assuré.

Je n'entendis plus que des paroles incohérentes, remplies de regrets, de remords et de désespoir.

Ah ! que je viens de souffrir, et que de larmes et de prières j'ai répandues sur ses mains glacées, qui ne voulaient pas se joindre ; enfin, cependant, elle m'entendit, Dieu eut pitié d'elle et de moi. Près d'expirer, Herminie ouvrit ses yeux mourants qui distinguaient à peine le jour, et sa main saisit le crucifix que j'approchais de ses lèvres ; elle le serra sur sa poitrine, et prononça d'une voix éclatante :

—Mon Dieu ! je viens à vous avec confiance, pardonnez-moi comme je pardonne à ceux qui m'ont offensée.

Non, je ne pourrai faire comprendre le sentiment qui me saisit à la vue de ce corps immobile ; il me sembla que quelque chose venait de se détacher de moi. Je me jetai la face contre terre, je criai *pardon ;* car ma douleur était trop violente, trop incisive pour ne pas être criminelle. Hélas! je n'avais pas cessé de l'aimer ; malgré le mépris qu'elle aurait dû m'inspirer, son image, cachée au fond de mon cœur, avait été plus... Paix, mon Dieu, paix à sa cendre, et bientôt à la mienne !

. . . .

J'espérais que mon repentir et la patience avec laquelle j'avais souvent supporté mes peines m'obtiendraient la miséricorde de Dieu, il veut m'éprouver jusqu'à ma dernière heure : que sa volonté soit faite, et qu'il permette que je l'accepte sans murmure.

J'avais préparé à Sainte-Valère un modeste mais convenable service ; je croyais qu'on abandonnerait, morte, celle que, vivante, on avait reléguée dans un grenier, celle qu'on avait laissée mourir seule. Mais quand je suis retourné à

l'hôtel de Melmont, la vanité s'était réveillée ; on avait descendu la bierre qui renfermait lady Lattimer dans une des
plus belles pièces de l'hôtel, on l'avait couverte d'un linceul
de velours armorié ; des prêtres priaient, des cierges brûlaient. Albert de Sandoval, revenu ou rappelé, a conduit sa
mère au cimetière ; il lui fera élever un mausolée de marbre
et de bronze.

J'ai suivi le convoi à pied, le clergé était cependant en
voiture ; mais je suis un vieux prêtre obscur... J'ai vu la terre
tomber lourde et pressée sur le corps d'Herminie, d'Herminie morte !... Je ne pouvais, je ne puis me le persuader,
moi qui ai reçu son dernier soupir...

Mais hâtons-nous, mes forces s'éteignent. Quand je rentrai
chez moi, la journée était bien avancée. Ma vieille bonne,
qui n'a pas le zèle de ma pauvre Marianne, ma vieille bonne
m'avait laissé seul pour aller voir ses enfants. Je crois qu'on
l'a éloignée à dessein ; mais à quoi me servirait de le lui
dire, elle le nierait ; je ne veux pas lui donner le prétexte
de mentir. La soirée s'avançait, je priais encore pour Elle et
pour Henriette, on sonna à ma porte ; j'hésitais à aller ouvrir, mais peut-être était-ce un devoir à remplir, et je me
traînai vers la porte.

Albert de Sandoval poussa la porte que je tenais entr'ouverte, et, après l'avoir refermée avec soin, il me suivit dans
mon cabinet. Je ne le reconnus pas d'abord, il était enveloppé dans un large manteau, il cachait son visage ; mais
que pouvais-je craindre, que pouvait-on me prendre ? la
vie ; valait-elle la peine de me la disputer ? Dieu est le maître.
Quelque répugnance que j'éprouvais, je sentais que je ne
pouvais refuser de l'entendre.

— Monsieur, me dit-il en se plaçant en face de moi, lady
Lattimer vous a remis le reçu d'une somme considérable, je
viens réclamer ce reçu.

— Quand ce que vous avancez serait vrai, Monsieur, ce n'est point sur votre réclamation que je dois remettre ce qui m'a été confié, ce sera quand et comment je le jugerai convenable, et je ne vous reconnais aucun droit de forcer ma volonté.

— Je m'attendais à cette réponse, reprit-il avec amertume; on sait que les gens de votre clique, sous prétexte de faire du bien à l'âme des mourants, ne négligent pas leurs intérêts. Mais j'ai des preuves, et...

— Des preuves, et lesquelles, Monsieur?

— Vous vous croyiez seul avec lady Lattimer, mais Durand était là, Durand veillait à ce qu'une femme presque folle ne dépouillât pas son fils.

— Vous saviez qu'elle était votre mère et vous avez pu la traiter comme vous l'avez fait! m'écriai-je en reculant avec dégoût...

— Trêve de morale, rendez-moi ce papier.

— Je le garde pour le jour où, malheureux et repentant, vous connaîtrez le prix de l'argent et vous saurez vous faire une existence.

— Paix! s'écria-t-il en frappant du poing sur le coin de mon bureau, voulez-vous, oui ou non, me remettre le papier?

Je secouai la tête et ne répondis pas; alors, hors de lui, exaspéré par mon sang-froid, n'ayant plus sa raison, l'insensé a levé un poignard sur ma poitrine. Je ne me sentis aucun effroi, il m'avait fait bien plus de mal quand il m'avait enlevé ma pauvre Henriette, quand il l'avait déshonorée.

— Le papier, répétait-il en grinçant des dents et en me lançant des regards terribles.

Je demeurai immobile.

— Obstiné vieillard, vous voulez donc me forcer à vous assassiner?

Et son poignard piqua ma main que j'avançais machinalement.

— Ce serait un crime inutile, dit-il enfin après un moment de réflexion, et il me repoussa dans mon large fauteuil de cuir.

Là sa main brutale serra les miennes d'un lien et attacha un mouchoir sur ma bouche, puis il osa me fouiller, sans respect pour mon âge, pour mon caractère, pour les larmes qui coulaient malgré moi sur mes joues, larmes que je donnais à la pitié, à l'indignation, mais non pas à la colère; je n'en ressentais point, car n'est-il pas le plus à plaindre celui qui peut opprimer un vieillard, un prêtre.

Le hasard ou plutôt son mauvais génie servit son crime, Albert trouva le papier et me le montra avec un geste de triomphe; puis il me jeta dédaigneusement la clef de mon bureau et me dégagea alors de mes liens; mes membres étaient engourdis, mais quand il fut près de la porte de l'appartement, j'étais parvenu à me débarrasser du mouchoir qui couvrait mes lèvres, et levant la main, je m'écriai :

— Puisse Henriette ne pas être vengée!

L'abbé de Brévanes mourut peu de jours après avoir écrit ces dernières lignes; son âme noble, simple et candide fut rejoindre son Créateur; pas un murmure, pas une parole de ressentiment ne s'échappa de ses lèvres. Une seule personne va souvent visiter sa tombe, placée, ainsi qu'il l'avait désiré, près de celle d'Henriette et de Marianne; c'est le pauvre vieillard à qui il a laissé ce manuscrit.

FIN.

F. AUREAU. — IMPRIMERIE DE LAGNY